깨우자!
독해력!

중등 국어 어휘 2 수능편

WRITERS

미래엔콘텐츠연구회

이은영　상현중 교사

COPYRIGHT

인쇄일 2022년 11월 21일(1판1쇄)
발행일 2022년 11월 21일

펴낸이 신광수
펴낸곳 ㈜미래엔
등록번호 제16-67호

교육개발1실장 하남규
개발책임 이충선
개발 장경주, 황혜민, 이은지

콘텐츠서비스실장 김효정
콘텐츠서비스책임 이승연

디자인실장 손현지
디자인책임 김기욱
디자인 윤지혜, 김단비

CS본부장 강윤구
CS지원책임 강승훈

ISBN 979-11-6841-426-6

" 독해력을 깨울 시간!"

어휘는 어렵고, 지문은 길어서 읽기가 힘들어.
나, 이대로 괜찮을까?

걱정하지 마! 너희 선배들도 다 같은 고민을 했거든.
그런 고민이 하나하나 모여서 만들어진 게 바로,
깨독이야!

국어가 어렵다는 생각은 버려.
네 안의 독해력을 깨우면
국어가 이렇게 쉬웠다고? 소리가 저절로 나올 걸~

우리 함께 독해력을 깨울 시간이야!

구성과 특징

1 어휘 알아보기

매일매일 다양한 주제의 어휘를 생생하게 익혀요.

일일 퀘스트

배울 어휘를 확인하고 퀘스트를 수행하여
자신의 어휘 실력을 성장시켜요.

주제

주제별로 자주 나오는 어휘를 모아 함께
익혀요.

어휘 알아보기 속 표기 알아 두기

예문 어휘의 쓰임을 익힐 수 있도록 쉽고 풍부한 예문을 제시했어요.

실전 어휘력과 수능 감각을 동시에 기를 수 있는 교육청 및 평가원 기출 예문을 제시했어요.

유의 뜻이 비슷한 어휘   **반의** 뜻이 반대인 어휘   **참고** 함께 익히면 좋은 개념이나 어휘

2 어휘 확인하기

여러 가지 문제를 해결하며 어휘 실력을 쌓아요.

✦ 십자말풀이 또는 어휘
퍼즐을 풀며 익힌 어휘
를 재미있게 점검해요.

TIP 문제 속 낯선 어휘
의 뜻을 바로 확인해요.

중등 필수 어휘로
깨우자 독해 어휘력!

3 종합 문제 한 주간 배운 어휘를 복습하며 어휘 실력을 다져요.

❶ 어휘로 수능 연습하기

기출 지문이나 작품을 응용한 수능형 어휘 문제를
풀어 보며 수능 실전 감각을 깨워요.

❷ 어휘 더하기

간단한 문제와 함께 독해에 도움이 되는 한자 성어를
익혀 탄탄한 어휘 실력을 완성해요.

모바일 진단 평가

✦ '학습 전 – 학습 중간 – 학습 완료 후' 총 3회의 모바일 진단 평가로
   자신의 어휘 실력을 진단해요.

✦ 수능 국어 예상 등급과 학습 처방을 통해 스스로 실력을 점검해요.

진단 평가

QR 코드를
찍어 봐!

차례

진단 평가
3회

✦ 쪽지 시험

✦ 바른답·알찬풀이

학습 계획표

30일 완성

	1일	2일	3일	4일	5일	6일
1주	○ 월 일	○ 월 일	○ 월 일	○ 월 일	○ 월 일	○ 월 일
	10~15쪽	16~21쪽	22~27쪽	28~33쪽	34~39쪽	40~45쪽

✏️복습할 어휘를 써요.

	7일	8일	9일	10일	11일	12일
2주	○ 월 일	○ 월 일	○ 월 일	○ 월 일	○ 월 일	○ 월 일
	48~53쪽	54~59쪽	60~65쪽	66~71쪽	72~77쪽	78~83쪽

	13일	14일	15일	16일	17일	18일
3주	○ 월 일	○ 월 일	○ 월 일	○ 월 일	○ 월 일	○ 월 일
	86~91쪽	92~97쪽	98~103쪽	104~109쪽	110~115쪽	116~121쪽

	19일	20일	21일	22일	23일	24일
4주	○ 월 일	○ 월 일	○ 월 일	○ 월 일	○ 월 일	○ 월 일
	124~129쪽	130~135쪽	136~141쪽	142~147쪽	148~153쪽	154~159쪽

	25일	26일	27일	28일	29일	30일
5주	○ 월 일	○ 월 일	○ 월 일	○ 월 일	○ 월 일	○ 월 일
	162~167쪽	168~173쪽	174~179쪽	180~185쪽	186~191쪽	192~197쪽

나만의 학습 계획을
세워 보자!

15일 완성

1주	1일	2일	3일	4일	5일
	○ 월 일	○ 월 일	○ 월 일	○ 월 일	○ 월 일
	10~21쪽	22~33쪽	34~45쪽	48~59쪽	60~71쪽

2주	6일	7일	8일	9일	10일
	○ 월 일	○ 월 일	○ 월 일	○ 월 일	○ 월 일
	72~83쪽	86~97쪽	98~109쪽	110~121쪽	124~135쪽

3주	11일	12일	13일	14일	15일
	○ 월 일	○ 월 일	○ 월 일	○ 월 일	○ 월 일
	136~147쪽	148~159쪽	162~173쪽	174~185쪽	186~197쪽

목표 달성!

깨독 어휘편을 완벽하게
사용하는 Tip

❶ 필기 도구와 깨독 어휘 책 준비하기 ✏
❷ 계획표에 날짜를 적으며 나만의 계획표 만들기 🗒
❸ 계획표에 따라 공부하고 ○ 에 ✓표 하기
❹ 복습이 필요한 어휘를 메모하여 나만의 단어장 만들기

1주차

현대시와 관련한 어휘 ❶

일일 퀘스트

▶ 어휘 책을 펼쳐 보아요.

▶ 아는 어휘에 ○표 해요. (/ 17)

시상 전개	시적 대상	어조	결단	고뇌하다
고목	낯간지럽다	더디다	사명	사상
설핏	심연	안식	육중하다	
찌뿌드드하다		파리하다	함북	

▶ 십자말풀이를 완성해요. (/ 10)

▶ 확인 문제로 복습해요. (/ 15)

나의 어휘 경험치

주제 1   화자와 관련한 개념어

시상 전개

1회 ☐
2회 ☐

시 詩
생각 想
펴다 展
열다 開

화자가 자신의 생각이나 감정을 효과적으로 드러내기 위해 시를 구성한 방법.

(실전) 점층적 **시상 전개**를 통해 화자의 고조된 감정을 강조하고 있다. | 21 고2 11월

(참고) 선경후정 먼저 자연 경치를 보여 주고, 나중에 화자의 정서를 표현하는 시상 전개 방식.
수미상관 시의 처음과 마지막에 동일하거나 유사한 시구를 배치하는 시상 전개 방식.
시상 시에 나타난 화자의 생각이나 감정.

시적 대상

1회 ☐
2회 ☐

시 詩
과녁 的
대답하다 對
코끼리 象

시에서 화자가 중요하게 바라보는 대상. 시에서 화자가 주로 이야기하는 사물, 상대, 혹은 어떠한 소재 등을 뜻한다. 시에서 화자가 무엇에 대해 이야기하고 있는지 보면 시적 대상을 찾을 수 있다.

(실전) 색채어의 대비를 통해 **시적 대상**을 생생하게 드러내고 있다. | 22 고2 6월

(참고) 시적 화자 시 속에서 말하는 사람.

어조

1회 ☐
2회 ☐

말씀 語
고르다 調

시에서 화자가 사용하는 특징적인 말의 느낌이나 억양, 즉 화자의 말투. 감정을 나타내는 시어나 서술어의 종결 어미를 통해 드러난다.

(예문) 김소월의 시 「먼 후일」의 화자는 '잊었노라'와 같은 단정적 **어조**를 사용하여 단호한 태도를 드러내고 있다.

(실전) 명령적 **어조**를 통해 현실에 대한 비판 의식을 드러내고 있다. | 22 고1 6월

(참고) 영탄적 어조 감탄사나 감탄형 어미를 이용해 감정을 강하게 표현하는 어조.
체념적 어조 어쩔 수 없는 상황에서 포기하고 단념하는 마음을 드러내는 어조.

1회 ☐
2회 ☐

결단
결정하다 決
끊다 斷

결정적인 판단을 하거나 단정을 내림. 또는 그런 판단이나 단정.

(예문) 이러지도 저러지도 못하는 상황에서 그는 어렵사리 **결단**을 내렸다. / 그 일은 대통령의 지시와 **결단**으로 진행되었다.

(유의) 결심 할 일에 대하여 어떻게 하기로 마음을 굳게 정함.

1회 ☐
2회 ☐

고뇌하다
괴롭다 苦
괴로워하다 惱

괴로워하며 생각을 하고 고민하다.

(실전) 해소하기 어려운 문제적 상황에 당면하여 **고뇌하는** 태도가 드러나 있다. ㅣ17시행 수능

(유의) 번뇌하다 마음이 시달려서 괴로워하다.

1회 ☐
2회 ☐

고목
옛 古
나무 木

주로 키가 큰 나무로, 여러 해 자라 더 크지 않을 정도로 오래된 나무.

(예문) 이 마을엔 몇백 년 묵은 **고목**이 있다. / 울창한 **고목**들을 내려다보니 마음이 차분해져.

(참고) 고목(枯木) 말라서 죽어 버린 나무.

1회 ☐
2회 ☐

낯간지럽다

너무 보잘것없거나 염치없는 짓이 되어 남 보기에 부끄럽다.

(예문) 사랑한다는 말을 **낯간지럽게** 어떻게 대놓고 하니? / 변변한 작품 하나 쓰지 못한 나에게 작가라는 호칭은 **낯간지러웠다**.

1회 ☐
2회 ☐

더디다

어떤 움직임이나 일에 걸리는 시간이 오래다.

(예문) 아이들과 보폭을 맞추려고 하니 걸음이 **더뎌진다**. / 힘든 순간은 꼭 시간이 **더디게** 흘러간다.

1회 ☐
2회 ☐

사명
부리다 使
목숨 命

맡겨진 임무.

(예문) 고 장기려 박사는 의사로서의 **사명**에 충실한 삶을 살았다.

(실전) 선생은 독립을 다시 찾는 것을 일생의 **사명**으로 여겼다. ㅣ22시행 6월 모평

(유의) 임무 맡은 일. 또는 맡겨진 일.

(참고) 숙명 날 때부터 타고난 정해진 운명. 또는 피할 수 없는 운명.

1회 ☐
2회 ☐

사상
생각 思
생각 想

1) 어떠한 사물에 대하여 가지고 있는 구체적인 사고나 생각.

(예문) **사상**의 자유는 곧 토론과 논쟁의 자유를 말한다. / 그 작품은 우리나라 사람의 생활과 **사상**을 담고 있다.

2) 지역, 사회, 인생 등에 관한 일정한 인식이나 견해.

(예문) 그는 헤겔의 **사상**을 연구했다. / 이 작품에는 삶과 예술이 하나라는 **사상**이 담겨 있다.

설핏

1) 해의 밝은 빛이 약해진 모양.

(예문) 해가 **설핏** 기울 무렵 집에 도착했다. / **설핏** 기운 햇살이 방 안을 비추었다.

2) 잠깐 나타나거나 떠오르는 모양.

(예문) 창문으로 검은 물체의 윤곽이 **설핏** 보였다. / 머릿속을 **설핏** 스치는 생각이 있었다.

3) 풋잠이나 얕은 잠에 빠져든 모양.

(예문) 책을 읽다가 **설핏** 잠이 들었다. / **설핏** 잠이 들었다가 전화벨 소리에 잠이 깼다.

심연

깊다 深
못 淵

1) 깊은 못.

(예문) 새벽빛이 **심연**과도 같이 푸르고 짙다. / 나는 깊디깊은 호수의 **심연**을 들여다보았다.

2) 좀처럼 빠져나오기 힘든 구렁을 비유적으로 이르는 말.

(예문) 나는 부상으로 선수 생활을 그만둔 후 절망의 **심연**으로 떨어졌다. / 그는 깊은 **심연**에 빠졌다.

(참고) 나락 벗어나기 어려운 절망적인 상황을 비유적으로 이르는 말.

안식

편안하다 安
숨쉬다 息

편히 쉼.

(예문) 도시에 찌들었던 그는 고향에서 **안식**을 찾았다. / 예술 작품은 기쁨뿐만 아니라 사람의 내부에 평화와 **안식**을 준다.

육중하다

고기 肉
무겁다 重

크고 둔하고 무겁다.

(예문) **육중한** 철문이 철꺼덩 닫혔다. / **육중한** 체구의 남자가 나를 향해 걸어왔다.

(유의) 묵직하다 다소 큰 물건이 보기보다 제법 무겁다.

찌뿌드드하다

1) 몸살이나 감기 등으로 몸이 무겁고 거북하다.

(예문) 비가 오면 몸이 **찌뿌드드하다**. / 찬바람을 오래 맞았더니 온몸이 **찌뿌드드하다**.

2) 표정이나 기분이 밝지 못하고 매우 언짢다.

(예문) 잠을 설쳐 표정이 **찌뿌드드하다**. / 나는 **찌뿌드드한** 기분을 떨치려고 여행을 떠났다.

3) 비나 눈이 올 것같이 날씨가 매우 흐리다.

(예문) 날씨가 **찌뿌드드하여** 외출을 하지 않았다. / 하늘이 **찌뿌드드하고** 바람이 많이 분다.

파리하다

몸이 마르고 낯빛이나 살색이 핏기가 전혀 없다.

(예문) 그는 겁에 질려 안색이 **파리해졌다**. / 그녀는 몸이 **파리하게** 여위어 있었다.

함뿍

물이 쪽 내배도록 젖은 모양.

(예문) 소나기에 **함뿍** 젖었다. / 간밤 보슬비를 **함뿍** 머금은 숲은 연둣빛으로 반짝였다.

01 다음 뜻풀이를 보고 십자말풀이를 완성하시오.

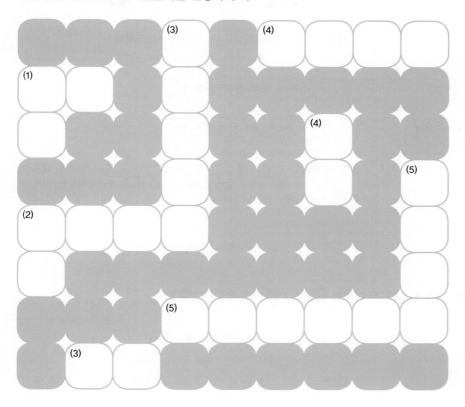

가로

(1) 어떠한 사물에 대하여 가지고 있는 구체적인 사고나 생각.

(2) 괴로워하며 생각을 하고 고민하다.

(3) 편히 쉼.

(4) 시에서 화자가 중요하게 바라보는 대상.

(5) 몸살이나 감기 등으로 몸이 무겁고 거북하다.

세로

(1) 맡겨진 임무.

(2) 주로 키가 큰 나무로, 여러 해 자라 더 크지 않을 정도로 오래된 나무.

(3) 너무 보잘것없거나 염치없는 짓이 되어 남 보기에 부끄럽다.

(4) 물이 쭉 내배도록 젖은 모양.

(5) 몸이 마르고 낯빛이나 살색이 핏기가 전혀 없다.

[02~04] 빈칸에 들어갈 어휘를 〈보기〉에서 골라 알맞게 활용하여 쓰시오.

보기

육중하다　　　　파리하다　　　　찌뿌드드하다

---

02 둔탁하고 [＿＿＿＿＿＿＿] 소음에 모두 깜짝 놀랐다.

03 나는 몸이 [＿＿＿＿＿＿＿] 느낌이 들어 기지개를 켰다.

04 [＿＿＿＿＿＿＿] 몰골로 괜찮다고 손사래 치는 그를 보니 안쓰러움이 밀려왔다.

　　　　　　　　TIP 손아랫사람이나 약자의 딱한 형편이 마음이 아프고 가여움.

[05~06] 다음 중 밑줄 친 어휘와 바꿔 쓰기에 가장 적절한 것은?

05
> 그녀는 끝이 보이지 않는 절망의 심연에서 헤매고 있었다.

① 결심　　　　② 나락　　　　③ 성자　　　　④ 자아　　　　⑤ 훈장

06
> 시인은 더 적절한 시어를 찾으려고 고뇌하고 있었다.

① 고민하고　　② 대립하고　　③ 세뇌하고　　④ 아파하고　　⑤ 번거로워 하고

[07~08] 제시된 초성과 뜻을 참고하여 빈칸에 들어갈 알맞은 어휘를 쓰시오.

07 **ㄱㄷ** : 결정적인 판단을 하거나 단정을 내림. 또는 그런 판단이나 단정.

　→ 민호는 (　　　　　　　)을/를 내린 듯 단호하게 "아뇨."라고 말했다.

08 **ㅅㅍ** : 풋잠이나 얕은 잠에 빠져든 모양.

　→ (　　　　　　　) 잠들었던 그는 초인종 소리에 잠이 깼다며 볼멘소리를 했다.

　　　　　　　TIP 서운하거나 성이 나서 퉁명스럽게 하는 말투.

[09~10] 다음 문장에 알맞은 어휘를 고르시오.

09 할머니는 여름이면 집 앞에 있는 (고목 / 심연) 아래에서 더위를 피하신다.

10 정치인의 (사명 / 안식)은 국민 모두가 행복하게 살 수 있는 국가를 만드는 데 있다.

[11~13] 다음 빈칸에 들어갈 어휘를 찾아 연결하시오.

11 그의 상처는 매우 (   ) 회복되었다.   •   • ㉠ 고뇌할

12 나는 진로 문제로 (   ) 수밖에 없었다. •   • ㉡ 더디게

13 쏟아지는 찬사에 (   ) 견딜 수 없었다. •   • ㉢ 낯간지러워

[14~15] 다음 대화를 보고 물음에 답하시오.

> 선생님: 오늘 배울 작품은 이육사의 「광야」입니다. 이 작품은 강렬하고 힘찬 (㉠   )을/를 통해 주제 의식을 드러내고 있는 것이 특징입니다. 또한 시간의 흐름에 따라 ㉡시상 전개가 이루어지지요.
> 도희: (㉠   )이/가 무슨 뜻인가요?
> 선생님: (㉠   )은/는 화자가 사용하는 특징적인 말의 느낌이나 억양을 뜻합니다.

14 ㉠에 들어갈 어휘로 가장 적절한 것은?

① 결단   ② 사명   ③ 사상   ④ 시상   ⑤ 어조

15 다음 중 ㉡의 방법에 속하지 <u>않는</u> 것을 골라 ✕표 하시오.

(1) 선경후정   (   )

(2) 수미상관   (   )

(3) 1인칭 시점 (   )

퀘스트 성공!

현대시와 관련한 어휘 ❷

▶ 어휘 책을 펼쳐 보아요.

▶ 아는 어휘에 ○표 해요. (　 / 17)

대구법	심상	형상화	가까스로	곱살스럽다
관조	교만하다	뇌다	받들다	성찰
아물거리다	연민	예찬	자조	
중언부언하다		천연덕스럽다		회고

나의 어휘 경험치

▶ 십자말풀이를 완성해요. (　 / 9)

▶ 확인 문제로 복습해요. (　 / 16)

주제 1　**표현과 관련한 개념어**

1회 □
2회 □

대구법

대답하다 對
구절 句
법도 法

비슷한 형식과 문장 구조를 지닌 구절이나 문장을 짝지어 표현하는 방법. 시에서 운율을 드러내는 방법으로 흔히 쓰인다.

(예문) 김영랑의 「돌담에 속삭이는 햇발」의 시구 '새악시 볼에 떠 오는 부끄럼같이 / 시의 가슴에 살포시 젖는 물결같이'는 **대구법**을 통해 리듬감을 형성하고 있다.

(실전) **대구법**을 활용하여 운율을 형성하고 있다. | 18 고2 11월

(참고) **열거법** 내용적으로 연결되거나 비슷한 어구를 여러 개 늘어놓아 전체의 내용을 강조하는 수사법.

1회 □
2회 □

심상

마음 心
코끼리 象

감각에 의하여 얻어진 현상이 마음속에서 재생된 것. 시어를 통해 마음속에 떠오르는 구체적인 인상을 말한다. 심상은 시각, 청각, 후각, 미각, 촉각, 공감각적 심상 등이 있다.

(실전) 후각적 **심상**을 활용하여 대상의 속성을 부각하고 있다. | 22 고2 3월

(참고) **공감각적 심상** 청각의 시각화, 시각의 청각화, 시각의 촉각화 등 하나의 감각이 동시에 다른 영역의 감각을 불러일으킴으로써 일어나는 심상.

1회 □
2회 □

형상화

형상 形
코끼리 象
되다 化

모습이 분명히 나타나 있지 않은 것을 명확한 형상으로 나타내는 것. 시에서는 심상, 비유 등의 방법을 활용하여 정서나 분위기를 불러일으키고 대상을 구체적이고 생생하게 표현하는 것을 말한다.

(실전) 봄날의 보리밭 풍경을 제시하여 화자가 떠올리는 고향의 모습을 **형상화**하고 있다.
| 22 고1 3월

가까스로
1회 ☐
2회 ☐

1) 애를 써서 매우 힘들게.

예문 나는 **가까스로** 웃음을 참았다. / 보채던 아이가 **가까스로** 잠이 들었다.

유의 겨우 어렵게 힘들여.

2) 겨우 빠듯하게.

예문 **가까스로** 차 시간에 맞추었다. / 시험을 **가까스로** 통과했다.

곱살스럽다
1회 ☐
2회 ☐

얼굴이나 성미가 예쁘장하고 얌전한 데가 있다.

예문 그는 **곱살스러운** 목소리를 지녔다. / 승준이는 말씨와 행동이 **곱살스러워** 쉽게 호감을 산다.

관조
1회 ☐
2회 ☐
보다 觀
비추다 照

고요한 마음으로 사물이나 현상을 관찰하거나 비추어 봄.

예문 그 곡은 지나온 삶에 대한 **관조**가 드러난다.

실전 자연의 모습을 **관조**하는 화자의 태도가 드러난다. | 16 고1 6월

교만하다
1회 ☐
2회 ☐
교만하다 驕
게으르다 慢

잘난 체하며 남을 무시하고 말이나 행동이 건방지다.

예문 그 애는 자기 실력이 가장 뛰어나다고 **교만하게** 굴었다. / 그는 **교만하여** 스승의 충고를 무시했다.

유의 오만하다 태도나 행동이 건방지거나 거만하다.

반의 겸손하다 남을 존중하고 자기를 내세우지 않는 태도가 있다.

뇌다
1회 ☐
2회 ☐

지나간 일이나 한 번 한 말을 여러 번 거듭 말하다.

예문 나는 그 단어를 잊지 않으려고 몇 번이나 **뇌어** 보았다. / 그는 마음속으로 안 된다고 **뇌었으나** 그것을 입 밖으로 내지 않았다.

유의 되뇌다 같은 말을 되풀이하여 말하다.

받들다
1회 ☐
2회 ☐

1) 공경하여 모시다. 또는 소중히 대하다.

실전 위로 부모의 제사를 **받들고** 아래로 평생을 온전케 할 것이니 어찌 즐겁지 아니하리오. | 22 고2 3월

2) 가르침이나 명령, 의도 등을 소중히 여기고 마음속으로 따르다.

예문 국민의 뜻을 **받들다**. / 나는 선생님의 뜻을 **받들** 생각이 없다.

3) 물건의 밑을 받쳐 올려 들다.

예문 깨지기 쉬운 물건이니 잘 **받들어** 옮겨야 한다. / 나는 찻잔을 **받들어** 할아버지께서 따라 주시는 차를 받았다.

1회 ☐ 2회 ☐	**성찰** 살피다 省 살피다 察	자기의 마음을 반성하고 살핌. (예문) 인간은 **성찰**을 통해 잘못을 뉘우치고 발전한다. / 연말을 맞이하여 지난 일 년간 있었던 일을 되돌아보고 **성찰**하였다.

1회 ☐ 2회 ☐	**아물거리다**	1) 작거나 희미한 것이 보일 듯 말 듯 하게 조금씩 자꾸 움직이다. (예문) 어둠 속에서 희미한 빛이 **아물거렸다**. / 봄이 되어 아지랑이가 **아물거린다**. 2) 말이나 행동 등을 시원스럽게 하지 못하고 꼬물거리다. (예문) **아물거리다**가 차 시간 놓쳤다. / **아물거리지** 말고 서둘러라. 3) 정신이 자꾸 희미해지다. (예문) 졸려서 정신이 **아물거린다**. / 배가 고프니 기운이 빠져 눈앞이 **아물거린다**.

1회 ☐ 2회 ☐	**연민** 불쌍히 여기다 憐 근심하다 憫	불쌍하고 가련하게 여김. (예문) 길 잃은 강아지를 보고 **연민**을 느꼈다. (실전) 자신과 같이 억울한 처지에 놓인 사람들에 대한 **연민**의 감정을 드러내고 있다. ┃22 고1 3월

1회 ☐ 2회 ☐	**예찬** 예도 禮 기리다 讚	무엇이 훌륭하거나 좋거나 아름답다고 찬양함. (실전) 다양한 감각적 심상을 사용하여 대상을 **예찬**하고 있다. ┃22 고1 6월 (유의) **찬양** 아름답고 훌륭함을 크게 기리고 드러냄.

1회 ☐ 2회 ☐	**자조** 스스로 自 비웃다 嘲	자기를 비웃음. (예문) 그는 **자조** 섞인 미소를 지었다. / 그의 입가에 **자조**의 웃음이 스쳤다. (실전) **자조**적 어조를 통해 과거의 행동에 대한 화자의 자책감을 드러내고 있다. ┃17 고1 6월

1회 ☐ 2회 ☐	**중언부언하다** 거듭 重 말씀 言 다시 復 말씀 言	이미 한 말을 자꾸 되풀이하다. (예문) 그는 마음이 찜찜한 듯 **중언부언하였다**. / 이 글은 너무 **중언부언하여** 요점이 잘 전달되지 않는다.

1회 ☐ 2회 ☐	**천연덕스럽다** 하늘 天 그러하다 然	시치미를 뚝 떼어 겉으로는 아무렇지 않은 체하는 태도가 있다. (예문) 그는 **천연덕스럽게** 거짓말을 한다. / 우리는 그들의 행동을 전혀 보지 못한 것처럼 **천연덕스럽게** 앉아 있었다.

1회 ☐ 2회 ☐	**회고** 돌아오다 回 돌아보다 顧	지나간 일을 돌이켜 생각함. (실전) '가마괴'와 '백구'는 모두 화자가 과거의 사건을 **회고**하는 계기가 되는 대상이다. ┃22 고3 4월 (유의) **회상** 지난 일을 돌이켜 생각함. 또는 그런 생각.

어휘 확인하기 02일

01 다음 뜻풀이를 보고 십자말풀이를 완성하시오.

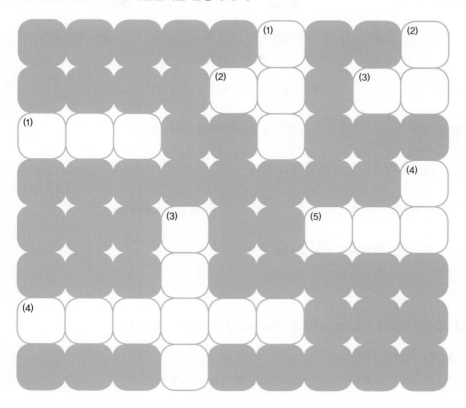

가로

(1) 비슷한 형식과 문장 구조를 지닌 구절이나 문장을 짝지어 표현하는 방법.

(2) 감각에 의하여 얻어진 현상이 마음속에서 재생된 것.

(3) 자기를 비웃음.

(4) 시치미를 뚝 떼어 겉으로는 아무렇지 않은 체하는 태도가 있다.

(5) 공경하여 모시다. 또는 소중히 대하다.

세로

(1) 모습이 분명히 나타나 있지 않은 것을 명확한 형상으로 나타내는 것.

(2) 고요한 마음으로 사물이나 현상을 관찰하거나 비추어 봄.

(3) 애를 써서 매우 힘들게.

(4) 지나간 일이나 한 번 한 말을 여러 번 거듭 말하다.

[02~06] 빈칸에 들어갈 어휘를 〈보기〉에서 골라 알맞게 활용하여 쓰시오.

보기 ◆

| 뇌다 | 교만하다 | 곱살스럽다 | 중언부언하다 | 천연덕스럽다 |

---

02 그녀는 [　　　　　　] 행동 덕에 친구들에게 인기가 많다.

03 토끼의 [　　　　　　] 거짓말에 용왕은 깜빡 속고야 말았다.

04 그는 사업에 성공하고 큰 돈을 벌게 되자 [　　　　　] 굴었다.

05 중요한 회의에 지각을 한 그는 [　　　　　] 변명을 늘어놓았다.

06 나는 실수하지 않으려고 발표할 내용을 마음속으로 [　　　　　　] 있었다.

[07~09] 제시된 초성과 뜻을 참고하여 빈칸에 들어갈 알맞은 어휘를 쓰시오.

07 **ㅈㅈ**: 자기를 비웃음.

　　→ 나는 친구의 조언을 무시했던 과거의 나에게 (　　　　　　) 섞인 웃음을 지었다.

08 **ㄱㄲㅅㄹ**: 애를 써서 매우 힘들게.

　　→ 식당에 사람이 너무 많아서 (　　　　　) 자리를 잡고 앉았다.

09 **ㅅㅅ**: 감각에 의하여 얻어진 현상이 마음속에서 재생된 것.

　　→ 시각적 (　　　　　　)을/를 잘 표현한 시를 읽으니 마치 눈앞에 그림이 펼쳐지는 것 같다.

[10~12] 다음 문장에 알맞은 어휘를 고르시오.

10 그는 자신의 일생을 (받드는 / 회고하는) 자서전을 썼다.

11 그녀는 아름다운 자연을 (교만 / 예찬)하는 시를 대거 발표했다.

12 뉴스에서 전쟁으로 살던 집을 떠나는 난민들의 모습에 (연민 / 오만)을 느꼈다.

[13~14] 다음 중 밑줄 친 어휘의 뜻으로 알맞은 것을 고르시오.

13

> 눈물이 고여 그의 뒷모습이 아지랑이처럼 <u>아물거렸다</u>.

(1) 말이나 행동 따위를 시원스럽게 하지 못하고 꼬물거리다. (　　　)
(2) 작거나 희미한 것이 보일 듯 말 듯 하게 조금씩 자꾸 움직이다. (　　　)

14

> 그는 돌아가신 할아버지의 뜻을 <u>받들어</u> 학교를 세웠다.

(1) 소중히 대하다. (　　　)
(2) 물건의 밑을 받쳐 올려 들다. (　　　)
(3) 가르침이나 명령, 의도 등을 소중히 여기고 마음속으로 따르다. (　　　)

아이템 발견!

[15~16] 다음 시를 읽고, 설명에 알맞은 어휘를 고르시오.

> (가) 돌에 / 그늘이 차고, //
> 따로 몰리는 / 소소리바람. //
> 앞섰거니 하여 / 꼬리 치날리어 세우고, //
> 종종 다리 까칠한 / 산새 걸음걸이.　　　　　　－ 정지용, 「비」 중에서
>
> (나) 죽는 날까지 하늘을 우러러
> 한 점 부끄럼이 없기를,
> 잎새에 이는 바람에도
> 나는 괴로워했다.　　　　　　　　　　　－ 윤동주, 「서시」 중에서

15　(가)의 화자는 자연의 풍경을 섬세하게 묘사할 뿐 그 어떤 감정 표현도 드러내지 않는다. 따라서 이 시의 성격은 (관조 / 자조)적이다.

16　(나)의 화자는 양심에 부끄럽지 않은 삶을 살기를 바라며 자신의 삶을 되돌아보며 반성하고 있다. 따라서 이 시의 성격은 (성찰 / 심상)적이다.

현대시와 관련한 어휘 ❸

▶ 어휘 책을 펼쳐 보아요.

▶ 아는 어휘에 ○표 해요. (　/ 16)

내재적 관점		도치법	설의법	노상
목가적	선회하다	에다	외지	
움트다	적막하다	타전	포성	
함축하다	환기하다	흉년	흐드러지다	

나의 어휘 경험치

▶ 십자말풀이를 완성해요. (　/ 10)

▶ 확인 문제로 복습해요. (　/ 14)

주제1 감상과 관련한 개념어

1회 ☐
2회 ☐

내재적 관점

안 內
과녁 的
보다 觀
있다 在
점 點

작품의 내용, 형식 등 작품 내부에 있는 요소에 주목하여 작품을 감상하는 관점. 시에서는 시어, 운율, 심상, 표현법, 화자의 정서, 소재 등의 요소에 집중하여 감상하는 것을 말한다.

(예문) 내재적 관점은 작가의 생애, 작품의 창작 배경 등은 고려하지 않는다. / '김소월의 시 「진달래꽃」은 7·5조 3음보 율격으로 운율을 형성한 시이다.'와 같은 감상을 내재적 관점이라고 한다.

(참고) 외재적 관점 작품 외부에 있는 요소에 주목하여 작품을 감상하는 관점. 작가와 사회 현실, 독자와의 영향 관계 등에 집중하여 감상하는 것을 말한다.

1회 ☐
2회 ☐

도치법

거꾸로 倒
두다 置
법도 法

어떤 뜻을 강조하거나 변화된 느낌을 주기 위하여 문장 안에서 말의 순서를 바꾸어 쓰는 표현 방법.

(예문) '나는 먹었다, 밥을.'은 도치법이 사용된 표현이다.

(실전) 도치의 방식으로 시상을 마무리하여 시적 의미를 강조하고 있다. | 22 고1 6월

1회 ☐
2회 ☐

설의법

베풀다 設
의심하다 疑
법도 法

쉽게 판단할 수 있는 사실을 의문 형식으로 표현하여 상대가 스스로 판단하게 하는 표현 방법. 독자가 스스로 생각해 보게 하여 의미를 강조하려는 의도이다.

(예문) '공든 탑이 무너지랴?'는 설의법을 사용하여 탑이 무너지지 않을 것임을 강조한다.

(실전) 설의적 표현을 사용하여 화자의 확신을 드러내고 있다. | 22 고2 3월

(참고) 영탄법 감탄사나 감탄 조사 등을 이용하여 기쁨·슬픔·놀라움과 같은 감정을 강하게 나타내는 수사법. '아아!', '오!', '보았는고!' 등이다.

1회 ☐
2회 ☐

노상

길 路
위 上

길거리나 길의 위.

(예문) 허가 없이 **노상**에서 장사하는 것은 불법이다. / 이 주변은 **노상**에 주차하는 것을 금지하고 있다.

1회 ☐
2회 ☐

목가적

치다 牧
노래 歌
과녁 的

농촌처럼 소박하고 평화로우며 서정적인. 또는 그런 것.

(예문) 작가는 삭막한 현실과 대비되는 **목가적**인 시풍을 선보였다. / 그는 퇴직 후에 귀향하여 **목가적**인 삶을 지내고 있다.

(참고) 서정적 정서를 듬뿍 담고 있는. 또는 그런 것.

1회 ☐
2회 ☐

선회하다

돌다 旋
돌아오다 回

둘레를 빙글빙글 돌다.

(실전) 마을 어귀의 얼어붙은 개천 위로 물오리들이 종종걸음을 치거나 주위를 **선회하고** 있었다. | 14 고3 3월

1회 ☐
2회 ☐

에다

1) 칼 등으로 도려내듯 베다.

(예문) 밤바람이 코끝을 **에어** 낼 것처럼 세차다. / 빈속에 매운 떡볶이를 먹었더니 속을 칼로 **에는** 듯이 쓰라리다.

2) 마음을 몹시 아프게 하다.

(예문) 갑자기 가슴을 **에는** 듯한 슬픔이 몰아쳤다. / 사고로 가족을 잃은 유가족을 보고 마음이 **에는** 듯했다.

1회 ☐
2회 ☐

외지

바깥 外
땅 地

1) 자기가 사는 곳 밖의 다른 고장.

(예문) 그는 **외지**에서 십 년 전에 이사 왔다. / **외지**에 간 친구에게서 편지가 왔다.

(유의) 타지 다른 지방이나 지역.

2) 나라 밖의 땅.

(예문) **외지**에 나온 한국인 기술자들은 누구보다 열심히 일했다. / 외교관 신분으로 **외지**에서 근무를 하게 되었다.

3) 식민지를 본국에 상대하여 이르는 말.

(예문) **외지** 사람들은 자기 나라 말을 사용했다가 잡혀가는 일이 수두룩했다. / **외지**의 백성들은 본국의 수탈을 피해 깊은 산속으로 숨어들었다.

(반의) 내지 외국이나 식민지에서 본국을 이르는 말.

1회 ☐
2회 ☐

움트다

1) 풀이나 나무의 싹이 새로 돋아 나오기 시작하다.

(예문) 화분에서 파릇파릇 싹이 **움트고** 있었다. / 나뭇가지에서 잎사귀가 **움트기** 시작했다.

2) 기운이나 생각 등이 새로이 일어나다.

(예문) 그들 사이에 사랑이 **움트기** 시작했다. / 역전할 수 있다는 희망이 **움텄다**.

적막하다

고요하다 寂
쓸쓸하다 寞

1) 고요하고 쓸쓸하다.

(예문) 집안이 **적막하여** 친구들을 불렀다. / 눈 덮인 들판은 한없이 **적막하였다**.

2) 의지할 데 없이 외롭다.

(예문) 그의 삶은 부모 형제 없이 **적막하였다**. / 그녀의 편지에는 외롭고 **적막한** 신세가 드러났다.

타전

치다 打
번개 電

전보나 무전을 침.

(예문) 무전기가 고장 나서 **타전**이 불가능했다. / 그는 다급한 표정을 지으며 긴급 명령을 부대에 **타전**했다.

포성

대포 砲
소리 聲

대포를 쏠 때에 나는 소리.

(예문) 시내에 갑자기 **포성**이 울려 시민들이 대피하는 소동이 벌어졌다. / 정적을 깨뜨리는 **포성**이 울렸다.

함축하다

머금다 含
쌓다 蓄

1) 겉으로 드러내지 아니하고 속에 간직하다.

(예문) 그녀는 속으로 불만을 **함축한** 채 웃었다. / 그가 **함축하고** 있던 분노가 결국 폭발했다.

2) 말이나 글이 많은 뜻을 담고 있다.

(실전) (가)의 '별'은 화자가 지향하는 가치를 **함축하고** 있다는 점에서 (나)의 '숲'과 유사하군. | 15 고1 3월

환기하다

부르다 喚
일어나다 起

주의나 여론, 생각 등을 불러일으키다.

(실전) 계절감을 **환기하는** 사물을 통해 자연의 모습을 드러내고 있다. | 22 고1 3월

(참고) 환기(換氣)하다 탁한 공기를 맑은 공기로 바꾸다.

흉년

흉하다 凶
해 年

(비유적으로) 양이나 소득이 매우 적은 경우.

(예문) 경기가 나쁘니 영화 산업도 **흉년**이다. / 올해는 우리 팀 메달 농사가 **흉년**이다.

(반의) 풍년 (비유적으로) 양이나 소득이 매우 많은 경우.

흐드러지다

1) 매우 탐스럽거나 한창 싱싱하게 우거져 있다.

(예문) 화단에 **흐드러지게** 핀 철쭉과 진달래가 눈을 어지럽힌다. / 담벼락에 덩굴장미의 꽃들이 **흐드러져** 있다.

2) 매우 흐뭇하거나 많아서 넉넉하다.

(예문) 방에서 **흐드러진** 웃음소리가 들려왔다. / 배우와 관객들이 어우러져 **흐드러지게** 춤을 추었다.

01 다음 뜻풀이를 보고 십자말풀이를 완성하시오.

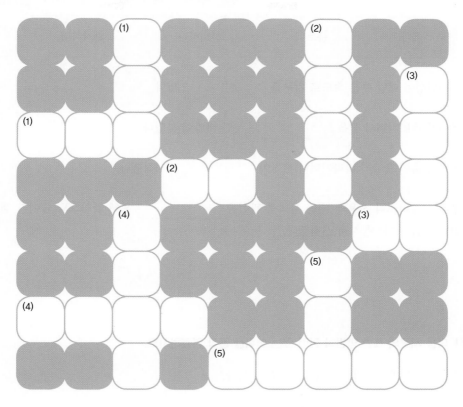

가로

(1) 어떤 뜻을 강조하거나 변화된 느낌을 주기 위하여 문장 안에서 말의 순서를 바꾸어 쓰는 표현 방법.

(2) (비유적으로) 양이나 소득이 매우 적은 경우.

(3) 마음을 몹시 아프게 하다.

(4) 주의나 여론, 생각 등을 불러일으키다.

(5) 작품의 내용, 형식 등 작품 내부에 있는 요소에 주목하여 작품을 감상하는 관점.

세로

(1) 쉽게 판단할 수 있는 사실을 의문 형식으로 표현하여 상대가 스스로 판단하게 하는 표현 방법.

(2) 고요하고 쓸쓸하다.

(3) 말이나 글이 많은 뜻을 담고 있다.

(4) 둘레를 빙글빙글 돌다.

(5) 농촌처럼 소박하고 평화로우며 서정적인. 또는 그런 것.

[02~05] 빈칸에 들어갈 어휘를 〈보기〉에서 골라 알맞게 활용하여 쓰시오.

┌─────────────── ◆ 보기 ◆ ───────────────┐
에다   움트다   선회하다   환기하다
└──────────────────────────────────────┘

02 인공위성이 매일 빠른 속도로 지구를 [   ] 있다.

03 날씨가 추워지면서 살을 [   ] 듯한 바람이 불었다.

04 화단의 흙이 조금씩 갈라지더니 새싹이 [   ] 시작했다.

05 우리는 플라스틱 사용에 대한 사회적 관심을 [   ] 위해 플라스틱 줄이기 캠페인 진행을 돕는 자원봉사를 시작했다.

[06~07] 다음 시구의 표현 방법과 관련 있는 어휘를 골라 연결하시오.

06 지금은 남의 땅 — 빼앗긴 들에도 봄은 오는가? •

• ㉠ 도치법

07 나는 아직 기다리고 있을 테요, 찬란한 슬픔의 봄을 •

• ㉡ 설의법

[08~11] 밑줄 친 어휘의 쓰임이 알맞으면 ○에, 틀리면 ×에 표시하시오.

08 무더위에 <u>노상</u>에서 장사를 하니 진이 빠진다. (○ , ×)

09 그 통신은 흥미로운 뉴스를 전 세계에 <u>타전</u>했다. (○ , ×)

10 이번 설 연휴엔 친척 어르신들이 많이 오셔서 세뱃돈이 <u>흉년</u>이다. (○ , ×)

11 맹렬하던 <u>포성</u>이 멎고 적의 공격도 점차 줄어들자 우리는 한숨을 돌렸다. (○ , ×)

12 〈보기〉의 빈칸에 공통으로 들어갈 표현으로 가장 적절한 것은?

─────◆ 보기 ◆─────

• 그는 어릴 때 고향을 떠나 (   )에서 수십 년을 살았다.

• 그녀는 (   )에서 유학 중인 딸이 아프진 않은지 걱정했다.

① 노상　　　　　　② 외지　　　　　　③ 타전

④ 포성　　　　　　⑤ 흉년

아이템
발견!

13 다음 중 밑줄 친 ㉠, ㉡의 문맥적 의미로 가장 적절한 것은?

• 공연 내내 객석에서는 ㉠흐드러진 웃음소리가 끊이질 않았다.

• 노인은 가족이나 친구 없이 ㉡적막하기 짝이 없는 생활을 하고 있었다.

	㉠	㉡
①	매우 흐뭇하거나 넉넉한.	마음을 몹시 아프게 하기.
②	매우 흐뭇하거나 넉넉한.	의지할 데 없이 외롭기.
③	매우 탐스럽거나 한창 싱싱한.	고요하고 쓸쓸하기.
④	매우 탐스럽거나 한창 싱싱한.	의지할 데 없이 외롭기.
⑤	보기가 좋고 끌리는 데가 있는.	마음을 몹시 아프게 하기.

14 다음 대화를 읽고 작품을 내재적 관점으로 감상한 친구의 이름을 쓰시오.

은주: 화자는 '님은 갔습니다'라는 시구를 반복하고, '님은 갔지마는 나는 님을 보내지 아니
하였습니다.' 같은 역설적인 표현을 사용했어. '님'에 대한 사랑이 정말 깊은가 봐.

현서: 이 작품은 일제 강점기에 쓰인 시래. 그런 배경을 고려한다면 화자가 말하는 '님'이란
'조선의 독립'을 의미하는 것이 아닐까?

(　　　　　　)

고전 시가와 관련한 어휘

▶ 어휘 책을 펼쳐 보아요.

▶ 아는 어휘에 ○표 해요. (/ 16)

강호가도	사설시조	향가	골계미
낙락장송	독수공방	무릉도원	백이숙제
부귀공명	숭고미	안빈낙도	일편단심
자규	풍류	해학	홍진

▶ 십자말풀이를 완성해요. (/ 10)

▶ 확인 문제로 복습해요. (/ 14)

나의 어휘 경험치

주제 1 **고전 시가와 관련한 개념어**

1회 ☐
2회 ☐
강호가도
강 江   호수 湖
노래 歌   길 道

벼슬을 하지 않고 산속에 묻혀 살면서 자연에서 한가롭게 생활하는 삶의 정서를 표현한 조선 시대의 시가 문학.

(예문) 송순은 **강호가도**의 선구자로 손꼽힌다. / 윤선도의 「어부사시사」는 아름다운 경치와 임금의 은혜에 감사하는 유교적 이념을 결합시켜 표현한 **강호가도**의 대표작이다.

1회 ☐
2회 ☐
사설시조
말씀 辭   말씀 說
때 時   고르다 調

초장·중장이 제한 없이 길며, 종장도 길어진 시조. 조선 중기 이후 발달한 것으로 산문적 성질을 띠며 평민들의 생활 감정을 진솔하게 표현하거나 현실에 대한 풍자와 해학을 담은 작품들이 많다.

(예문) 조선 후기 평민 의식이 성장하면서 평시조의 형식을 깨는 **사설시조**가 유행하였다.

(실전) **사설시조**에서의 해학성은 독자가 화자와 거리를 두되 관용의 시선을 보내는 데서 발생한다. | 15시행 9월 모평

(참고) 평시조 삼장 형식으로 이루어진 가장 기본적이고 대표적인 시조. 초장이 3·4·3(4)·4, 중장이 3·4·4(3)·4, 종장이 3·5·4·3조로, 글자는 모두 45자 안팎이며, 각 장은 4음보로 이루어진다.

1회 ☐
2회 ☐
향가
시골 鄕
노래 歌

향찰로 기록한 신라 때의 노래. 민요적·불교적인 내용으로, 작가층은 주로 승려나 화랑이었다. 한자의 음과 뜻을 빌려 적는 향찰로 기록되었다.

(예문) **향가**는 현재 『삼국유사』에 14수, 『균여전』에 11수로 모두 25수가 전한다. / **향가**의 형식은 시가 몇 줄로 되어 있는지에 따라 4구체, 8구체, 10구체로 나누어진다.

1회 ☐
2회 ☐

골계미

익살스럽다 滑
상고하다 稽
아름답다 美

풍자나 해학 등의 방법으로 현실을 우스꽝스럽게 표현할 때 느껴지는 아름다움.

(예문) 김유정의 「봄봄」은 **골계미**가 넘치는 작품이라고 평가받는다. / 양반을 풍자하는 탈춤에서는 **골계미**가 잘 드러난다

(참고) **비장미** 인간의 의지가 현실적 상황에 부딪혀 좌절될 때 느껴지는 아름다움.

1회 ☐
2회 ☐

낙락장송

떨어지다 落
떨어지다 落
길다 長
소나무 松

가지가 길게 축축 늘어진 키가 큰 소나무. 고전 시가에서 주로 지조와 절개가 굳은 사람을 비유적으로 표현할 때 사용된다.

(예문) 키가 큰 **낙락장송**에서 뻗어 내린 가지들이 바람에 휘날렸다. / 조선 초기의 충신인 성삼문은 자신의 시조에서 단종에 대한 충성심을 '**낙락장송**'에 빗대어 표현하였다.

1회 ☐
2회 ☐

독수공방

홀로 獨
지키다 守
비다 空
방 房

혼자서 지내는 것.

(예문) 함께 자취하던 친구가 시골집에 가서 요즈음은 나 혼자 **독수공방**이다. / 외지로 나가 근무하는 사람들은 **독수공방**에서 오는 향수병을 앓기 쉽다.

(참고) **독거** 혼자서 지내는 것.

1회 ☐
2회 ☐

무릉도원

굳세다 武
큰 언덕 陵
복숭아나무 桃
근원 源

사람들이 꿈꾸는 이상적인 곳을 비유적으로 이르는 말. 무릉의 한 어부가 복숭아꽃이 핀 숲속 물길을 따라갔다가, 어떤 굴 속에서 진나라의 난리를 피하여 온 사람들이 사는 별천지를 발견했다는 이야기에서 유래하였다.

(실전) '**무릉도원**이 예 아니냐'는 화자가 자연을 이상향의 이미지와 연결시켜 이상적인 유흥의 공간으로 제시한 것으로 볼 수 있겠군. | 19 고3 3월

1회 ☐
2회 ☐

백이숙제

맏 伯
오랑캐 夷
아재비 叔
가지런하다 齊

중국 주나라와 은나라 때의 형제인 백이와 숙제를 아울러 이르는 말. 섬기던 왕에 대한 절개를 지키려고 산에 들어가 고사리만 캐어 먹다가 굶어 죽었다고 전해져, 지조와 절개를 상징할 때 자주 인용된다.

(실전) **백이숙제**는 주린 염치로 청루 소년이 웃었으니, 부질없는 청렴 말고 저 자식들 굶겨 죽이겠으니, 아주버님네 집에 가서 쌀이 되나 벼가 되나 얻어 옵소. | 14시행 6월 모평

1회 ☐
2회 ☐

부귀공명

부유하다 富
귀하다 貴
공 功
이름 名

재산이 많고 지위가 높으며 공을 세워 이름을 떨침.

(예문) 그는 **부귀공명**을 누렸지만 자식이 없어서 근심이었다. / 그에게는 **부귀공명**이 뜬구름처럼 덧없이 느껴졌다.

(참고) **부귀빈천(富貴貧賤)** 재산이 많고 지위가 높은 것과 가난하고 천한 것을 아울러 이르는 말.
부귀영화(富貴榮華) 재산이 많고 지위가 높으며 귀하게 되어서 세상에 드러나 온갖 영광을 누림.

| 1회 ☐
2회 ☐ | **숭고미**
높다 崇
높다 高
아름답다 美 | 압도적인 자연 풍경처럼 인간이 도달할 수 없는 높은 경지에서 느끼는 아름다움. 놀라움, 공경심, 위대함 등의 느낌을 준다.
(예문) 이 작품은 위대한 자연 앞에서 압도당하는 인간의 모습을 통해 **숭고미**를 드러낸다. / '**숭고미**'는 대상을 우러러보고 그 속성을 본받고자 하는 감정과 관련이 있다.
(참고) **우아미** 조화로움과 균형에서 느끼는 아름다움. 자연을 벗 삼아 살아가는 강호가도 시가에서 많이 드러남. |

| 1회 ☐
2회 ☐ | **안빈낙도**
편안하다 安
가난하다 貧
즐기다 樂
길 道 | 가난한 생활을 하면서도 편안한 마음으로 도를 즐겨 지킴.
(실전) 이때 사대부들이 지향했던 자연은 세속적 이익과 동떨어진 검소하고 청빈한 삶의 공간이자 **안빈낙도**의 공간이었다. ǀ 17 고2 6월
(참고) **청빈** 성품이 깨끗하고 재물에 대한 욕심이 없어 가난함. |

| 1회 ☐
2회 ☐ | **일편단심**
하나 一 조각 片
붉다 丹 마음 心 | 한 조각의 붉은 마음이라는 뜻으로, 변하지 않는 진실하고 굳은 마음을 이르는 말.
(예문) 신하는 임금을 **일편단심**으로 섬겨야 한다. / 조국을 향한 그의 **일편단심**은 변하지 않을 것이다. |

| 1회 ☐
2회 ☐ | **자규**
아들 子
법 規 | 뻐꾸기와 비슷한 작은 새. 고전 시가에서 한의 정서를 상징하는 소재로 자주 사용되었으며, '두견이', '귀촉도', '불여귀'라고도 한다.
(예문) 내 님은 오지 않고 **자규**만 슬프게 우는구나.
(실전) (가)의 '새'와 (나)의 '**자규**'는 모두 화자의 감정이 이입된 대상물이군. ǀ 22시행 6월 모평 |

| 1회 ☐
2회 ☐ | **풍류**
바람 風
흐르다 流 | 멋스럽고 풍치가 있는 일. 또는 그렇게 노는 일.
(실전) 화자는 '면앙정' 주변의 자연에 대한 인식과 함께 **풍류** 지향적인 태도를 드러내고 있다. ǀ 22 고1 3월 모평
(유의) **음풍농월**(吟風弄月) 맑은 바람과 밝은 달을 대상으로 시를 짓고 흥취를 자아내어 즐겁게 놂.  |

| 1회 ☐
2회 ☐ | **해학**
고르다 諧
희롱하다 謔 | 익살스럽고도 품위가 있는 말이나 행동.
(예문) 해학은 등장인물의 어리숙함이나 말장난 등에서 발생한다.
(실전) 해학을 유발하는 요소에는 상황적 요소와 언어적 요소가 있다. ǀ 22 고1 3월
(참고) **풍자** 현실의 부정적 현상이나 모순 등을 빗대어 비웃으면서 씀. |

| 1회 ☐
2회 ☐ | **홍진**
붉다 紅
티끌 塵 | 번거롭고 속된 세상을 비유적으로 이르는 말.
(예문) 이제는 의연히 세상 일을 잊고 **홍진**에서 벗어나고 싶다. / 이 시조에서는 속세를 **홍진**이라 여기며 자연 속에서 살고자 하는 화자의 태도를 확인할 수 있다. |

어휘 확인하기 04일

01 다음 뜻풀이를 보고 십자말풀이를 완성하시오.

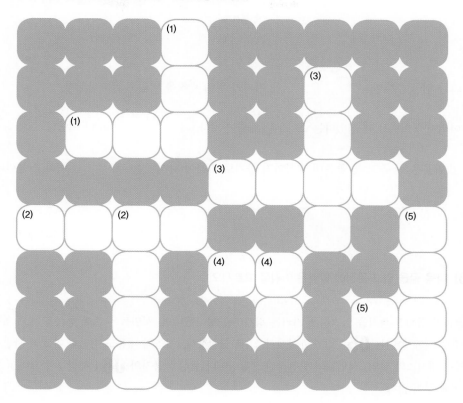

가로

(1) 풍자나 해학 등의 방법으로 현실을 우스꽝스럽게 표현할 때 느껴지는 아름다움.

(2) 가난한 생활을 하면서도 편안한 마음으로 도를 즐겨 지킴.

(3) 혼자서 지내는 것.

(4) 현실의 부정적 현상이나 모순 등을 빗대어 비웃으면서 씀.

(5) 향찰로 기록한 신라 때의 노래.

세로

(1) 압도적인 자연 풍경처럼 인간이 도달할 수 없는 높은 경지에서 느끼는 아름다움.

(2) 가지가 길게 축축 늘어진 키가 큰 소나무.

(3) 재산이 많고 지위가 높으며 공을 세워 이름을 떨침.

(4) 뻐꾸기와 비슷한 작은 새.

(5) 벼슬을 하지 않고 산속에 묻혀 살면서 자연에서 한가롭게 생활하는 삶의 정서를 표현한 시가 문학.

[02~04] 빈칸에 들어갈 어휘를 〈보기〉에서 골라 쓰시오.

> ✦ 보기 ✦
>
> 낙락장송　　　　　　무릉도원　　　　　　일편단심

02　그는 임금에 대한 [　　　　　　]을 지키기 위해 관직을 버리고 은거하였다.

03　아버지가 어렸을 때 심었다는 소나무는 세월이 지나 [　　　　　　]이 다 되었다.

04　이 마을은 산 좋고 물 좋은데 인심까지 좋기로 소문이 나서 [　　　　　　]이라고 불린다.

[05~06] 다음 글을 읽고 문장에 알맞은 어휘를 고르시오.

> 　　양반들이 정해진 형식을 엄격하게 지키는 평시조를 창작했다면, 서민들은 주로 형식을 깨고 초장과 중장을 길게 늘이는 **05** (향가 / 사설시조)를 창작했다. 시조의 내용도 딱딱한 유교적 관념을 다루었던 평시조와 달리, 서민들의 일상적인 생활상이나 현실을 풍자와 **06** (해학 / 숭고미)(으)로 풀어낸 것이 많다.

[07~09] 〈보기〉의 글자 카드를 사용하여 다음 빈칸에 들어갈 알맞은 어휘를 쓰시오.

> ✦ 보기 ✦
>
> 풍　　홍　　이　　류　　백　　제　　진　　숙

07　그는 [　　　　　　]을/를 피해 시골에서 조용히 살았다.

08　그는 벼슬을 포기하고 시골에 묻혀 [　　　　　　]을/를 즐겼다.

09　나는 [　　　　　　]처럼 산에 들어가 고사리를 캐 먹으며 살더라도 신념을 굽히지 않을 것이다.

[10~12] 다음 빈칸에 들어갈 어휘를 찾아 연결하시오.

10 조선 전기 (　　　)을/를 노래한 시조들은 자연과 더불어 사는 삶을 노래했다. ·

· ㉠ 자규

11 이순신 장군은 (　　　)을/를 바라지 않고 오직 나라를 지키는 것만을 생각했다. ·

· ㉡ 강호가도

12 옛 시조에서 (　　　)은/는 화자가 지닌 한의 정서를 상징하는 소재로 쓰이는 경우가 많았다. ·

· ㉢ 부귀공명

13 다음 글의 내용과 관련 있는 어휘로 가장 적절한 것은?

> 신라 경덕왕 때 월명사라는 승려가 살았다. 월명사는 누이가 죽자 명복을 비는 재를 올리면서 노래를 지어 불렀는데, 문득 바람이 불어 종이돈이 서쪽(극락세계)으로 날아갔다고 한다. 이 노래가 「제망매가」로, 향찰로 기록되어 삼국유사에 전해지고 있다.

① 향가　　　② 판소리　　　③ 평시조　　　④ 현대시　　　⑤ 사설시조

퀘스트 성공!

14 다음 밑줄 친 부분의 의미를 표현한 한자 성어로 가장 적절한 것은?

> 귀뚜라미, 저 귀뚜라미, 불쌍하구나 저 귀뚜라미,
> 어찌된 귀뚜라미인가, 지는 달 새는 밤에 긴 소리 짧은 소리 마디마디 슬픈 소리 저 혼자 계속 울면서 사창에서 설핏 든 잠을 살뜰히도 깨우는구나.
> 두어라, 비록 미물이지만 임 없이 홀로 있는 방에 내 뜻 알아 줄 것은 저 귀뚜라미뿐인가 하노라.

① 독수공방　　② 무릉도원　　③ 부귀공명　　④ 안빈낙도　　⑤ 일편단심

05일 수필과 관련한 어휘

일일 퀘스트

▶ 어휘 책을 펼쳐 보아요.

▶ 아는 어휘에 ○표 해요. (/ 17)

경수필	중수필	설	각박하다	무심결
부음	신작로	우두커니	원천	
일가견	조잡하다	즐비하다	증표	
청승맞다	촉진하다	터득하다	퇴락하다	

▶ 십자말풀이를 완성해요. (/ 10)

▶ 확인 문제로 복습해요. (/ 15)

나의 어휘 경험치

주제 1 수필과 관련한 개념어

1회 ☐
2회 ☐
경수필
가볍다 輕
따르다 隨
붓 筆

생활 주변에서 일어나는 사소한 일을 소재로 가볍게 쓴 수필. 감성적·주관적·개인적·정서적 특성을 지니며, 다양한 소재를 바탕으로 누구나 쓸 수 있고 글쓴이의 개성이 잘 드러난다는 특징이 있다.

(예문) **경수필**에는 편지글이나 기행문, 일기문 등이 있다. / **경수필**은 가벼운 소재를 다루는 것이 많다.

(참고) 수기 자기의 생활이나 체험을 직접 쓴 기록.
신변잡기 자신의 주변에서 일어나는 여러 가지 일을 적은 수필체의 글.

1회 ☐
2회 ☐
중수필
무겁다 重
따르다 隨
붓 筆

주로 무거운 내용을 담고 있는 논리적이고 객관적인 수필. 비개성적인 것으로, 비평적 수필·과학적 수필 등이 있다. 사회적인 문제나 전문 분야에 대한 내용을 담고 있는 경우가 많다.

(예문) 칼럼이나 평론 등은 **중수필**에 해당한다. / **중수필**은 시사적이며 사색적이고 이론적인 성격이 강하다.

1회 ☐
2회 ☐
설
말씀 說

사물의 이치를 해석하고 자신의 의견을 덧붙이는 고전 수필의 한 갈래. 대부분 비유나 풍자 등의 표현 방법을 사용하여 교훈적인 내용을 전달한다.

(실전) **설**은 일반적으로 두 단계의 구조로 나뉜다. 글쓴이의 개인적인 경험을 들려주는 전반부와 그로부터 얻은 결과를 독자에게 전하는 후반부로 구분된다. | 20 고1 6월

(참고) 이치 정당하고 도리에 맞는 원리. 또는 근본이 되는 목적이나 중요한 뜻.

각박하다

각박하다 刻
야박하다 薄

1) 인정이 없고 삭막하다.

(실전) '나'는 삶의 현장에서 돈이 우선인 세상과 사람들의 **각박한** 인심을 경험한다. | 19 고1 9월

(유의) **야박하다** 마음이 너그럽지 못하고 인정이 없다.

2) 땅이 거칠고 기름지지 아니하다.

(예문) 자갈이 섞인 **각박한** 땅이라 농사를 짓기 어려웠다. / 거름기 없는 **각박한** 땅에서도 생명력 강한 잡초들은 자라고 있었다.

무심결

없다 無
마음 心

아무런 생각이 없어 스스로 깨닫지 못하는 사이.

(예문) 딴 생각을 하며 걷다가 **무심결**에 약속 장소를 지나쳤다.

(실전) 여러분이 제 발표를 통해 그동안 **무심결**에 지나쳤던 공공 디자인에 많은 관심을 기울이면 좋겠습니다. | 18 고2 9월

부음

부고 訃
소리 音

사람이 죽었다는 것을 알리는 말이나 글.

(예문) 사람들은 함께 일하던 동료의 갑작스러운 **부음**을 듣고 충격에 빠졌다. / 아버지의 부음을 듣고 나서부터 아무것도 먹을 수가 없었다.

(참고) **부고** 사람의 죽음을 알림. 또는 그런 글.

신작로

새롭다 新　짓다 作
길 路

자동차가 다닐 수 있을 정도로 넓게 새로 낸 길.

(예문) 마을에 **신작로**가 뚫려 버스가 다닐 수 있게 되었다. / 오래간만에 고향에 가니 **신작로**가 생겨 있었다.

우두커니

넋이 나간 듯이 가만히 한자리에 서 있거나 앉아 있는 모양.

(예문) 그는 동상처럼 **우두커니** 서 있었다. / 나는 모래사장에 한참을 **우두커니** 앉아 있었다.

(참고) **오도카니** 작은 사람이 넋이 나간 듯이 가만히 한자리에 서 있거나 앉아 있는 모양.

원천

근원 源
샘 泉

1) 물이 흘러나오는 근원.

(예문) 그 강의 **원천**은 어디일까? / 산꼭대기에서 흐르는 작은 물줄기가 바로 한강의 **원천**이다.

2) 사물의 근원.

(예문) 지혜의 **원천**은 무언가를 배우고자 하는 마음에 있다.

(실전) 이용악과 이시영의 시 세계에서 고향은 창작의 **원천**이 되는 공간이다. | 20시행 수능

일가견

하나 一
집 家
보다 見

어떤 분야에 대하여 자기 나름대로 경지나 체계를 이룬 견해.

(예문) 그는 외국인이지만 한식에 대해서 **일가견**이 있다. / 환경 문제를 해결하려면 이 분야에 **일가견**이 있는 전문가를 찾아야 한다.

조잡하다

거칠다 粗
섞이다 雜

말이나 행동, 솜씨 등이 거칠고 잡스러워 품위가 없다.

(예문) 그것은 플라스틱으로 **조잡하게** 만든 장난감이었다. / **조잡한** 솜씨로 만든 음식이지만 정성이 깃들어 있다.

(참고) 조악하다 거칠고 나쁘다.

즐비하다

빗 櫛
견주다 比

빗살처럼 줄지어 빽빽하게 늘어서 있다.

(예문) 축제가 한창인 광장에는 푸드 트럭이 양옆으로 **즐비했다**.

(실전) 백성들이 **즐비하게** 모여 살면서 어떤 한 사람이 이웃과 다투어 잘잘못을 가리지 못하였는데 공평한 말을 잘하는 어르신에게 가서 이 문제를 바로잡았다. | 19 고2 11월

증표

증거 證
표 票

증명하거나 증거가 될 만한 표.

(예문) 친구들과 우정의 **증표**로 예쁜 팔찌를 맞췄다.

(실전) 인향은 자신의 분신에 해당하는 상징적 **증표**를 한림에게 전달하고 있다. | 20 고3 3월

청승맞다

궁상스럽고 처량하여 보기에 몹시 언짢다.

(예문) 나는 의자에 홀로 앉아 **청승맞게** 울기 시작했다. / 주아는 슬픈 노래는 **청승맞아** 싫다고 했다.

촉진하다

재촉하다 促
나아가다 進

다그쳐 빨리 나아가게 하다.

(예문) 자외선이 피부 노화를 **촉진한다**는 연구 결과가 있다. / 이 약은 소화를 **촉진하여** 배탈이 났을 때 먹으면 도움이 된다.

터득하다

펴다 攄
얻다 得

깊이 생각하여 이치를 깨달아 알아내다.

(예문) 작업 요령을 **터득하자** 일이 훨씬 수월해졌다.

(실전) '누구보다 일찍 나를 숨기는 방법'을 **터득했다**고 한 것은, '나'가 자신의 내면을 어른들에게 보여 주지 않기 위해 일찍부터 노력해 온 결과로 볼 수 있겠군. | 21 고3 3월

퇴락하다

무너지다 頹
떨어지다 落

1) 낡아서 무너지고 떨어지다.

(실전) 부벽루는 자연과 인간사를 대비하는 **퇴락한** 공간으로, 역사적 전환기를 맞는 지식인이 역사의 유한함에 대해 무상감을 느끼는 장소이다. | 22 고2 6월

2) 지위나 수준 등이 뒤떨어지다.

(예문) 오랜만에 무대에 오른 가수가 음색이 **퇴락했다**는 평을 받고 슬퍼하였다. / 권위적이고 수직적인 조직 문화는 평등을 중시하는 시대의 흐름에 따라 점차 **퇴락하였다**.

(참고) 퇴색하다 (비유적으로) 무엇이 낡거나 몰락하면서 그 존재가 희미해지거나 볼품없이 되다.

01 다음 뜻풀이를 보고 십자말풀이를 완성하시오.

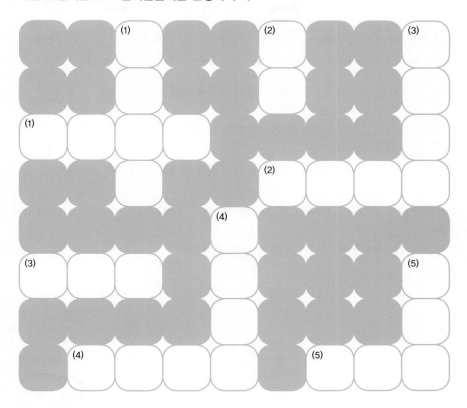

가로

(1) 다그쳐 빨리 나아가게 하다.

(2) 깊이 생각하여 이치를 깨달아 알아내다.

(3) 어떤 분야에 대하여 자기 나름대로 경지나 체계를 이룬 견해.

(4) 말이나 행동, 솜씨 등이 거칠고 잡스러워 품위가 없다.

(5) 생활 주변에서 일어나는 사소한 일을 소재로 가볍게 쓴 수필.

세로

(1) 인정이 없고 삭막하다.

(2) 사람이 죽었다는 것을 알리는 말이나 글.

(3) 낡아서 무너지고 떨어지다.

(4) 빗살처럼 줄지어 빽빽하게 늘어서 있다.

(5) 주로 무거운 내용을 담고 있는 논리적이고 객관적인 수필.

[02~06] 빈칸에 들어갈 어휘를 〈보기〉에서 골라 알맞게 활용하여 쓰시오.

보기

| 조잡하다 | 즐비하다 | 촉진하다 | 터득하다 | 퇴락하다 |

02 정부는 수출을 [   ] 위한 다양한 정책을 내놓았다.

03 아이들이 [   ] 만든 모형은 하루를 못 가서 망가지고 말았다.

04 그는 [   ] 기와집을 고쳐 멋들어진 전통 찻집으로 바꾸어 놓았다.

05 요즘 한창 축제 중인 거리의 양 옆에는 먹거리를 파는 노점들이 [   ] 늘어서 있다.

06 ○○ 중학교는 학생들이 기본적인 생활 금융 지식을 [   ] 수 있도록 경제 교실을 운영하고 있다.

경험치 획득!

[07~10] 다음 빈칸에 들어갈 어휘를 찾아 연결하시오.

07 반지는 흔히 약혼이나 결혼의 (   )로 쓰인다.　　　　　　　　　　　　　　　　　• ㉠ 증표

08 마을에 (   )이/가 생기고 난 뒤 거리에 차들이 많아졌다.　　　　　　　　　　　　• ㉡ 무심결

09 그녀는 (   )에 말을 내뱉고는 당황스러운 표정을 지었다.　　　　　　　　　　　• ㉢ 신작로

10 아버지는 음식도 제대로 드시지 않고 밤늦도록 (   ) 앉아서 한숨만 쉬셨다.　　• ㉣ 우두커니

[11~12] 다음 문장에 알맞은 어휘를 고르시오.

11 살아가는 데 필요한 물건을 소유하지 않을 수는 없다. 하지만 물건을 소유하는 데서 행복의 (부음 / 원천)을 발견하려고 집착하면 오히려 불행해질 수 있다.

12 산문 문학의 한 갈래인 수필은 시대를 기준으로 현대 수필과 고전 수필로 나눌 수 있는데 고전 수필의 대표적인 형식으로는 (설 / 경수필 / 중수필)이 있다. 주로 우화적 사건이나 사물에 관한 경험담을 제시하고 이에 대한 글쓴이의 의견을 이끌어 내는 방식으로 구성되어 있어서 현대 수필과 닮은 점이 많다.

13 다음 중 밑줄 친 어휘의 쓰임이 적절하지 <u>않은</u> 것은?

① 어디선가 <u>청승맞은</u> 노래가 들려왔다.

② 나는 연습을 통해 자연스럽게 요령을 <u>터득했다</u>.

③ 허허벌판이었던 곳에 고층 아파트들이 <u>즐비하게</u> 들어서 있었다.

④ 삼십 년 동안 교직에 계셨던 아버지는 교육에 <u>일가견</u>을 갖고 계신다.

⑤ 오랫동안 연락이 되지 않았던 친구의 <u>부음</u>을 듣고 축하 인사를 보냈다.

14 다음 중 짝지어진 두 어휘 간의 관계가 <u>다른</u> 하나를 고르시오.

① 원천 – 근원   ② 무심결 – 무심코   ③ 터득하다 – 깨닫다

④ 각박하다 – 야박하다   ⑤ 청승맞다 – 칠칠맞다

15 다음 중 밑줄 친 어휘의 문맥적 의미가 <u>다른</u> 하나는?

① 텃밭의 땅이 <u>각박해서</u> 거름을 주었다.

② 물가가 오르자 시장의 인심도 <u>각박해졌다</u>.

③ 승규는 이웃과 단절된 도시 생활이 <u>각박하게</u> 느껴졌다.

④ 이 노래는 <u>각박하고</u> 치열한 삶을 살아가는 현대인을 위로한다.

⑤ 김 선생님은 <u>각박한</u> 현실에도 꾸준히 사랑과 나눔을 실천하여 모범이 되고 있다.

01 다음 시구에 쓰인 표현 방법을 〈보기〉에서 찾아 빈칸에 알맞은 어휘를 쓰시오.

┌─────────────────── 보기 ───────────────────┐
│   대구법   도치법   설의법   열거법   영탄법   │
└──┘

(1) 그곳이 차마 꿈엔들 잊힐리야.   – 정지용, 「향수」 중에서

→ [   ]을 통해 잊힐 리 없다는 의미를 강조하고 있다.

(2) 나는 지으리, 나의 집을,   – 김소월, 「나의 집」 중에서

→ [   ]을 통해 '나의 집'에 독자가 주목하게 하고 있다.

(3) 돌담에 속삭이는 햇발같이 / 풀 아래 웃음 짓는 샘물같이 – 김영랑, 「돌담에 속삭이는 햇발」 중에서

→ [   ]을 통해 운율을 형성하고 있다.

(4) 별 하나에 추억과 / 별 하나에 사랑과 / 별 하나에 쓸쓸함과 / 별 하나에 동경과 / 별 하나에
시와 / 별 하나에 어머니, 어머니,   – 윤동주, 「별 헤는 밤」 중에서

→ '추억, 사랑, 쓸쓸함' 등을 나열하는 [   ]을 통해 정서를 강조하고 운율감을
형성하고 있다.

(5) 아아, 늬는 산ㅅ새처럼 날아갔구나!   – 정지용, 「유리창」 중에서

→ [   ]을 통해 화자의 감정을 표출하고 있다.

02 다음 중 풍년 : 흉년 과 의미 관계가 같은 것으로 짝지어진 것은?

┌──┐
│   올해는 고등어가 풍년 이었다. 김 씨는 쉴 새 없이 그물을 거두었지만 폭락한 고등어 │
│ 가격에 수중에 떨어지는 돈은 흉년 이나 다름없었다. 그래도 김 씨는 그물이 무거운 편이 │
│ 훨씬 흡족했다.   │
└──┘

① 결단 : 결심   ② 고뇌 : 번뇌   ③ 각박하다 : 야박하다
④ 교만하다 : 겸손하다   ⑤ 육중하다 : 묵직하다

[03~04] 다음 중 밑줄 친 어휘의 뜻으로 알맞은 것을 찾아 ○표 하시오.

03

> 초기의 컴퓨터 하드웨어는 아주 <u>조잡하였고</u> 값도 비쌌다.

(1) 빗살처럼 줄지어 **빽빽하게** 늘어서 있다.   (   )
(2) 말이나 행동, 솜씨 등이 거칠고 잡스러워 품위가 없다. (   )

04

> 선생님은 교탁을 두들기며 학생들의 주의를 <u>환기했다</u>.

(1) 탁한 공기를 맑은 공기로 바꾸다.   (   )
(2) 주의나 여론, 생각 등을 불러일으키다.   (   )

05 다음 중 밑줄 친 어휘의 쓰임이 적절하지 <u>않은</u> 것은?

① 비행기가 공중을 <u>선회하고</u> 있다.
② 저렇게 <u>아물거리고</u> 야무진 아이는 처음 본다.
③ 그는 영상 촬영에 <u>일가견</u>이 있는 것으로 알려져 있다.
④ 동생이 온종일 <u>찌뿌드드한</u> 얼굴로 우울하게 앉아 있다.
⑤ <u>낯간지러워서</u> 아버지에게 직접 말을 한 적은 없지만 나는 아버지를 가장 존경한다.

06 다음 중 밑줄 친 부분을 바꿔 쓴 표현으로 적절하지 <u>않은</u> 것은?

① 나는 그녀의 말을 <u>무관심하게</u> 지나쳐 버렸다. → 무심결에
② 그는 가족도 없이 홀로 <u>궁상스럽고 처량하게</u> 살고 있다. → 청승맞게
③ 그는 지난 삶을 <u>돌이켜 생각하면서</u> 눈물을 흘리기 시작했다. → 회고하면서
④ 그는 말이 막히는지 아까부터 <u>이미 한 말을 자꾸 되풀이했다.</u> → 중언부언했다
⑤ 여러 차례 시험에 떨어진 그는 <u>자기를 비웃으며</u> 스스로를 원망했다. → 자조하며

07 다음 중 빈칸에 들어갈 어휘를 순서대로 바르게 짝지은 것은?

> • 바닥에 떨어진 돈을 얼른 주워 주머니에 넣는 그의 표정은 너무도 (   ).
> • 굉음을 내며 쉴 새 없이 떨어지는 거대한 폭포를 보니 압도되는 듯한 (   )가 느껴진다.
> • 푸른 풀밭에서 소들이 한가롭게 풀을 뜯는 모습은 보는 이에게 (   )인 느낌을 준다.

① 교만했다 – 숭고미 – 관조적 　　② 파리했다 – 숭고미 – 해학적

③ 흐드러졌다 – 비장미 – 관조적 　　④ 곱살스러웠다 – 비장미 – 목가적

⑤ 천연덕스러웠다 – 숭고미 – 목가적

08 다음 문장의 빈칸에 들어갈 수 <u>없는</u> 어휘는?

> • 그는 (   )을/를 누릴 뜻을 버리고 고향으로 돌아갔다.
> • 그는 (   )(으)로 사랑하는 사람이 돌아오기를 기다렸다.
> • 그녀는 생사를 알 길 없는 남편을 기다리며 (   )(으)로 지내고 있다.
> • 그는 벼슬을 사양하고 초야에 묻혀 직접 밭을 일구며 (   )하는 삶을 살았다.

① 독수공방 　　　② 무릉도원 　　　③ 부귀공명

④ 안빈낙도 　　　⑤ 일편단심

09 다음 중 ㉠~㉤의 문맥적 의미로 적절하지 <u>않은</u> 것은?

> 　그는 어머니의 ㉠<u>부음</u>을 듣고 고향으로 내려가며, 서울에는 올라오지 않겠다고 고집을 부리셨던 어머니의 모습을 떠올렸다. 마을에 ㉡<u>신작로</u>가 생겼다고 좋아하셨던 어머니, 그러나 마을의 상징이었던 ㉢<u>고목</u>이 잘려 나가고 그 자리에 ㉣<u>즐비하게</u> 늘어서는 자동차를 보며 안타까워하셨던 어머니. 이제 어머니를 뵐 수 없는 고향은 ㉤<u>적막하기</u> 그지없을 것이다.

① ㉠: 사람이 죽었다는 것을 알리는 말이나 글.

② ㉡: 자동차가 다닐 수 있을 정도로 넓게 새로 낸 길.

③ ㉢: 주로 키가 큰 나무로, 여러 해 자라 더 크지 않을 정도로 오래된 나무.

④ ㉣: 빗살처럼 줄지어 빽빽하게 늘어서 있다.

⑤ ㉤: 인정이 없고 삭막하다.

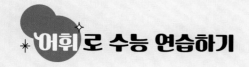

[10~11] 다음 시를 읽고, 물음에 답하시오. | 19 고2 6월

▶ 어휘 체크　☐ 돌담　☐ 굳다　☐ 드리우다　☐ 더듬다

잃어버렸습니다. / 무얼 어디다 잃었는지 몰라 / 두 손이 주머니를 더듬어 / 길에 나아갑니다.

돌과 돌과 돌이 끝없이 연달아 / 길은 돌담을 끼고 갑니다.

담은 쇠문을 굳게 닫아 / 길 위에 긴 그림자를 ㉠드리우고

길은 아침에서 저녁으로 / 저녁에서 아침으로 통했습니다.

돌담을 더듬어 눈물짓다 / 쳐다보면 하늘은 부끄럽게 푸릅니다.

풀 한 포기 없는 이 길을 걷는 것은 / 담 저쪽에 내가 남아 있는 까닭이고,

내가 사는 것은, 다만, / 잃은 것을 찾는 까닭입니다.

– 윤동주, 「길」

10 이 시의 화자에 대한 이해로 가장 적절한 것은?

① 화자는 돌담을 관조하고 있다.
② 화자는 자신의 삶을 성찰하고 있다.
③ 화자는 돌담의 굳은 성질을 예찬하고 있다.
④ 화자는 담 저쪽 세상에 대해 풍자하고 있다.
⑤ 화자는 물건을 잃어버린 일을 해학적으로 표현하고 있다.

11 다음 중 ㉠과 바꿔 쓸 수 있는 어휘로 가장 적절한 것은?

① 깔고　　　　　② 늦추고　　　　　③ 가라앉고
④ 걷어내고　　　⑤ 북돋우고

▶ 어휘 체크 ☐ 공명 ☐ 부귀 ☐ 삼공 ☐ 운치 ☐ 세도가 ☐ 필마

공명도 잊었노라 부귀도 잊었노라

세상 번우(煩憂)한 일 다 주어 잊었노라
　　　괴롭고 근심스러운.
내 몸을 내마저 잊으니 남이 아니 잊으랴.

삼공이 귀하다 한들 강산과 바꿀쏘냐
삼정승인 영의정, 좌의정, 우의정을 일컫는 말.
조각배에 달을 싣고 낚싯대를 흩던질 제

이 몸이 이 청흥(淸興) 가지고 만호후(萬戶侯)인들 부러우랴.
　　　맑은 흥과 운치.　　　재력과 권력을 겸비한 제후 또는 세도가.
헛글고 싯근 문서 다 주어 내던지고
흐트러지고 시끄러운.
필마(匹馬) 추풍에 채찍을 쳐 돌아오니

아무리 매인 새 놓는다 한들 이토록 시원하랴.

　　　　　　　　　　　　　　　　– 김광욱, 「율리유곡」 중에서

12 이 시를 이해한 내용으로 가장 적절한 것은?

① 대화의 형식을 통해 대상을 예찬하고 있다.

② 도치법을 통해 화자의 심정을 드러내고 있다.

③ 설의법을 통해 화자의 심리를 표출하고 있다.

④ 열거법을 통해 대상의 속성을 표현하고 있다.

⑤ 세속적 가치를 잊지 못해 갈등하는 화자의 모습을 드러내고 있다.

13 다음 중 이 시의 화자의 태도와 거리가 먼 어휘는?

① 풍류　　　　　② 홍진　　　　　③ 강호가도

④ 안빈낙도　　　⑤ 음풍농월

어휘 더하기

▶ '心(마음 심)'이 들어가는 한자 성어

마음 심

노심초사
수고롭다 勞 마음 心 그을리다 焦 생각 思

몹시 마음을 쓰며 애를 태움.

수구초심
머리 首 언덕 丘 처음 初 마음 心

여우가 죽을 때에 머리를 자기가 살던 굴 쪽으로 둔다는 뜻으로, 고향을 그리워하는 마음을 이르는 말.

이심전심
쓰다 以 마음 心 전하다 傳 마음 心

마음과 마음으로 서로 뜻이 통함.

절치부심
끊다 切 이 齒 썩다 腐 마음 心

몹시 분하여 이를 갈며 속을 썩임.

[01~04] 빈칸에 들어갈 한자 성어를 〈보기〉에서 골라 쓰시오.

┌─────────────── ◆ 보기 ◆ ───────────────┐
│ 노심초사   수구초심   이심전심   절치부심 │
└───────────────────────────────────────┘

01 그는 거짓말이 탄로 날까 봐 (　　　　　)하였다.

02 그는 (　　　　　)하여 다음 경기에서 우승을 거머쥐었다.

03 (　　　　　)(이)라고 나이가 드니 고향 생각이 더욱 많이 난다.

04 두 사람 사이에는 어느덧 (　　　　　)(으)로 우정이 싹트고 있었다.

답 **01** 노심초사　**02** 절치부심　**03** 수구초심　**04** 이심전심

2주차

현대 소설과 관련한 어휘 ❶

▶ 어휘 책을 펼쳐 보아요.

▶ 아는 어휘에 ○표 해요. (/ 17)

나의 어휘 경험치

복선	개성적 인물		입체적 인물	
괴이하다	규명하다	길조	너끈하다	다반사
삭막하다	여지없다	일렁이다	적적하다	칠흑
타향살이	판가름하다	혈혈단신	환락	

▶ 어휘 퍼즐을 완성해요. (/ 9)

▶ 확인 문제로 복습해요. (/ 14)

주제1 인물, 사건과 관련한 개념어

1회 □
2회 □
복선
엎드리다 伏
선 線

1) 만일의 경우에 대비하여 남모르게 미리 꾸며 놓은 일.

(예문) 민서는 말을 할 때 항상 나중을 대비해 **복선**을 까는 버릇이 있다. / 그는 어리숙한 행세를 하며 뒤로는 자신의 아들을 출세시키기 위한 **복선**을 마련했다.

2) 소설이나 희곡 등에서, 앞으로 일어날 사건에 대하여 미리 독자에게 암시하는 일. 어떤 사건이 우발적으로 일어나는 것이 아니라는 인상을 주어 사건과 사건의 연결에 진실성을 준다.

(예문) 영화의 치밀한 **복선**과 완성도 높은 이야기에 관객들의 재관람이 이어졌다.

(실전) 주인공의 위기를 암시하는 **복선**이 된다. | 14 고2 6월

1회 □
2회 □
개성적 인물
낱 個   성품 性
과녁 的
사람 人   만물 物

사회나 집단의 보편적 성격과는 구별되는 독자적인 성격을 지닌 인물.

(예문) 소설의 인물은 성격의 개성에 따라 전형적 인물, **개성적 인물**로 나눌 수 있다. / 현대 소설에 등장하는 인물들은 주로 **개성적 인물**이다.

(반의) **전형적 인물** 어떤 사회 계층이나 직업, 세대를 대표하는 성격을 지닌 인물.

(참고) **개성적** 다른 사람이나 개체와 뚜렷이 구별되는. 또는 그런 것.

1회 □
2회 □
입체적 인물
서다 立   몸 體
과녁 的
사람 人   만물 物

작품 속에서 사건의 전개와 환경의 변화에 따라 성격이 변화·발전하는 인물.

(예문) 소설의 인물은 성격의 변화의 유무에 따라 평면적 인물과 **입체적 인물**로 나눌 수 있다. / 그가 맡은 배역은 악인이지만 이따금 선한 모습을 보여 주는 **입체적 인물**이다.

(반의) **평면적 인물** 작품 속에서 처음부터 끝까지 성격이 변하지 않는 인물.

(참고) **입체적** 사물을 여러 각도에서 종합적으로 파악하는. 또는 그런 것.

1회 ☐ 2회 ☐ **괴이하다** 기이하다 怪 다르다 異	정상적이지 않고 별나며 괴상하다. (예문) 한밤중에 산속에서 **괴이한** 울음소리가 들려왔다. / 근거를 알 수 없는 **괴이한** 소문이 퍼져 마을 분위기가 흉흉해졌다. (유의) **이상야릇하다** 정상적이지 않고 별나고 괴상하며 묘하다.

1회 ☐ 2회 ☐ **규명하다** 꼴 糾 밝다 明	어떤 일을 자세히 따져서 사실을 밝히다. (예문) 주민들은 화재의 진상을 빠르게 **규명해** 달라고 경찰에 요구했다. (실전) 첨단 과학의 발전에도 불구하고 생명체의 존재 원리와 이유를 정확히 **규명하는** 과제는 아직 진행 중이다. ㅣ 17시행 수능

1회 ☐ 2회 ☐ **길조** 길하다 吉 조 兆	좋은 일이 있을 조짐. (예문) 아버지는 돼지가 나온 꿈을 **길조**라고 여겼다. / 주연이는 아침 등굣길에 좋아하는 노래가 나오자 시험을 잘 볼 **길조**라고 생각했다. (반의) **흉조** 불길한 징조.

1회 ☐ 2회 ☐ **너끈하다**	무엇을 하는 데에 모자람이 없이 넉넉하다. (예문) 이 가방이면 외투를 넣기에 **너끈한** 크기이다. / 이 노트북은 영상 편집도 **너끈하게** 할 수 있는 성능을 갖추었다.

1회 ☐ 2회 ☐ **다반사** 차 茶 밥 飯 일 事	차를 마시고 밥을 먹는 일이라는 뜻으로, 보통 있는 일을 이르는 말. (예문) 동생은 거짓말을 **다반사**로 한다. / 형준이는 게임을 하다가 학원에 지각을 하는 것이 **다반사**였다. (유의) **예삿일** 보통 흔히 있는 일.

1회 ☐ 2회 ☐ **삭막하다** 동아줄 索 없다 莫	1) 쓸쓸하고 막막하다. (예문) 전쟁은 활기가 넘치던 마을을 아무것도 없는 **삭막한** 곳으로 만들었다. (실전) '눈 속'을 헤치고 '약'을 구해 온 아버지의 사랑은 **삭막한** 현실을 극복할 수 있는 인간애로 확장될 수 있겠군. ㅣ 21 고1 6월 2) 잊어버리어 생각이 아득하다. (예문) 예전의 기억이 **삭막하다**. / 여기가 어디인지 기억이 **삭막하다**.

1회 ☐ 2회 ☐ **여지없다** 남다 餘 땅 地	더 어찌할 나위가 없을 만큼 가차 없다. 또는 달리 어찌할 방법이나 가능성이 없다. (예문) 이번 일은 변명의 **여지없는** 우리의 잘못이다. (실전) 교통 신호등이나 길거리의 간판을 가리면 잘 자라던 나뭇가지도 **여지없이** 가지치기를 당한다. ㅣ 17 고3 10월

2
주
차

일렁이다

1회 ☐
2회 ☐

1) 크고 긴 물건 등이 이리저리 크게 흔들리다.

(예문) 바람이 불 때마다 나뭇가지들이 **일렁인다**. / 태풍이 오자 파도가 높이 **일렁였다**.

2) 촛불 등이 이리저리 흔들리다.

(예문) 촛불에 그림자가 벽에 **일렁였다**. / 우리는 말없이 **일렁이는** 모닥불을 바라보았다.

3) 마음에 어떤 감정이 생기다.

(예문) 경기에 대한 기대와 불안에 마음이 **일렁였다**. / 그 애의 눈은 슬픔으로 **일렁였다**.

적적하다

1회 ☐
2회 ☐

고요하다 寂
고요하다 寂

1) 조용하고 쓸쓸하다.

(예문) 자식들이 모두 독립해서 나간 뒤로 집안 분위기가 **적적해졌다**. / 홀로 **적적하게** 지내시는 어르신들의 말벗이 되어드렸다.

2) 하는 일 없이 심심하다.

(예문) 손님이 없는 가게는 **적적하고** 한산하다. / 약속이 취소되어 휴일을 **적적하게** 보냈다.

칠흑

1회 ☐
2회 ☐

옻 漆
검다 黑

옻칠처럼 검고 광택이 있음. 또는 그런 빛깔.

(예문) 누나의 **칠흑** 같은 머리가 바람에 날리고 있다. / 밤이 되자 주변이 **칠흑같이** 어두워져 아무것도 볼 수 없었다.

타향살이

1회 ☐
2회 ☐

다르다 他
시골 鄕

자기 고향이 아닌 다른 고장에서 사는 일.

(예문) 나는 고등학교를 졸업하고 지금까지 **타향살이**를 하고 있다. / 그는 가족들과 영상 통화를 하며 **타향살이**의 외로움을 달랬다.

(유의) 객지살이 자기 집을 멀리 떠나 임시로 있는 곳에서 살아가는 생활.

판가름하다

1회 ☐
2회 ☐

1) 옳고 그름이나 우열 등을 판단하여 가르다.

(예문) 우리는 회의를 통해 행사 개최 여부를 **판가름하기로** 했다. / 그의 말이 진짜인지 가짜인지 **판가름할** 수 없었다.

2) 이기고 지는 것이나 생사를 결판내다.

(예문) 이 회의가 회사의 운명을 **판가름할** 것이다. / 두 팀은 승패를 **판가름할** 수 없을 정도로 비슷한 실력을 갖추고 있다.

혈혈단신

1회 ☐
2회 ☐

외롭다 孑 외롭다 孑
홀 單   몸 身

마음을 기대거나 도움을 받을 곳이 없는 외로운 몸.

(예문) 김 선생님은 5년 동안 그 섬에 **혈혈단신**으로 있으며 아이들을 가르쳤다. / 안 박사는 **혈혈단신**으로 독일에 머물며 연구를 계속했다.

환락

1회 ☐
2회 ☐

기쁘다 歡
즐기다 樂

아주 즐거워함. 또는 아주 즐거운 것.

(예문) 임금이 **환락**에 빠져 나랏일을 돌보지 않자 국민들은 혼란에 빠졌다. / 그는 **환락**을 멀리하고 남을 도우며 조용히 살아갔다.

01 다음 뜻에 알맞은 어휘를 찾아 가로, 세로, 대각선으로 표시하시오.

규	헛	개	성	적	인	물	벼	락
세	명	고	전	타	삭	막	하	다
장	간	하	하	일	소	설	만	들
길	소	문	다	렁	판	리	오	기
조	너	진	마	이	가	가	름	근
이	끈	엄	복	다	름	다	퇴	로
동	하	마	선	실	하	반	환	헛
괴	이	하	다	없	다	사	기	락

(1) 쓸쓸하고 막막하다.

(2) 보통 있는 일을 이르는 말.

(3) 촛불 등이 이리저리 흔들리다.

(4) 정상적이지 않고 별나며 괴상하다.

(5) 아주 즐거워함. 또는 아주 즐거운 것.

(6) 어떤 일을 자세히 따져서 사실을 밝히다.

(7) 옳고 그름이나 우열 등을 판단하여 가르다.

(8) 사회나 집단의 보편적 성격과는 구별되는 독자적인 성격을 지닌 인물.

(9) 소설이나 희곡 등에서, 앞으로 일어날 사건에 대하여 미리 독자에게 넌지시 암시하는 일.

[02~05] 빈칸에 들어갈 어휘를 〈보기〉에서 골라 쓰시오.

◆ 보기 ◆

| 길조 | 칠흑 | 타향살이 | 혈혈단신 |

02 그는 성공의 꿈을 안고 [   ](으)로 외국으로 건너갔다.

03 한밤중의 갑작스러운 정전으로 거리가 [   ]같이 어두워졌다.

04 그는 부산 토박이였으나 서울로 직장을 옮기면서 자연스럽게 [   ]을/를 하게 되었다.

05 대나무에 꽃이 피는 것은 보기 힘든 현상이라서, 사람들은 대나무 꽃이 피면 [   ](이)라고 좋게 여겼다.

[06~08] 다음 문장에 알맞은 어휘를 고르시오.

06 그 등산로는 천천히 올라도 세 시간이면 정상에 도착하기에 (너끈하다 / 삭막하다).

07 경기에서 패배한 축구팀 주장은 변명의 (여지없는 / 유례없는) 패배였다면서 고개를 숙였다.

08 감염병 대책으로 인해 이웃과의 소통이 줄어들자 (괴이해하는 / 적적해하는) 분들이 많아졌다.

[09~11] 다음 밑줄 친 어휘의 뜻을 찾아 연결하시오.

09 파도가 크게 <u>일렁였다</u>.　　·

10 불꽃이 바람에 <u>일렁이고</u> 있다.　·

11 가슴속에서 분노가 <u>일렁이고</u> 있었다.

　　·　ⓘ 마음에 어떤 감정이 생기다.

　　·　ⓛ 촛불 등이 이리저리 흔들리다.

　　·　ⓒ 크고 긴 물건 등이 이리저리 크게 흔들리다.

12 다음 빈칸에 들어갈 어휘로 가장 적절한 것은?

> 황순원의 「소나기」에서 비를 맞은 소녀는 앓게 되고, 결국 죽게 된다. 이로 볼 때 '망그러진 꽃묶음'은 소녀의 죽음을 암시하는 (　　　)의 역할을 하는 소재이다.

① 갈등　　　　② 반전　　　　③ 복선　　　　④ 배경　　　　⑤ 주제
　　　　　　TIP 사건, 일 등의 흐름이나 형세가 뒤바뀜.

13 다음 중 ㉠, ㉡에 들어갈 어휘를 적절하게 짝지은 것은?

> 「하늘은 맑건만」에서 주인공 '문기'는 어떤 계층이나 세대를 대표하기보다는 개별적이고 독자적인 성격을 지닌 (　㉠　)이다. 한편 '수만'은 주인공인 '문기'를 나쁜 길로 빠지게 하고 한결같이 문기를 괴롭히는 인물인데, 이렇듯 작품 속에서 성격이 변하지 않는 인물을 (　㉡　)이라고 한다.

　　　　　　㉠　　　　　　　　㉡
① 개성적 인물　　　　입체적 인물
② 개성적 인물　　　　평면적 인물
③ 입체적 인물　　　　평면적 인물
④ 전형적 인물　　　　입체적 인물
⑤ 전형적 인물　　　　평면적 인물

14 다음 중 밑줄 친 어휘의 쓰임으로 적절하지 <u>않은</u> 것은?

① 왕은 <u>환락</u>을 멀리하고 백성들을 다스리는 데 힘써야 한다.
② 사고의 원인을 <u>규명하기</u> 위하여 특별 조사단이 파견되었다.
③ 나무는 거의 없고 콘크리트 건물들만 보이니 도시 풍경이 <u>삭막하다</u>.
④ 심사 위원들은 두 작품 중 대상을 <u>판가름하기</u> 위해 꼼꼼히 평가하였다.
⑤ 업무가 많아 한 달 내내 야근하는 일을 해서 일찍 퇴근하는 날은 <u>다반사</u>였다.

경험치 획득!

현대 소설과 관련한 어휘 ❷

▶ 어휘 책을 펼쳐 보아요.

▶ 아는 어휘에 ○표 해요. (/ 17)

삽화적 구성	액자식 구성	입체적 구성
간드러지다	간청하다	득의만만하다	무상하다
미덕	분별하다	비굴하다	야멸차다	애달프다
우격다짐	임기응변	천성	푸대접	호의호식

▶ 십자말풀이를 완성해요. (/ 8)

▶ 확인 문제로 복습해요. (/ 14)

나의 어휘 경험치

주제1 소설의 구성과 관련한 개념어

1회 □
2회 □

삽화적 구성

꽂다 揷
과녁 的
얽다 構
말하다 話
이루다 成

이야기 흐름 중간에 여러 가지 일화가 삽입되어 있는 구성. 전체 이야기 속에 짧은 이야기들이 개연성이나 인과 관계 없이 나열되어 있다.

(예문) 박태원의 「천변풍경」은 **삽화적 구성** 방식을 취하고 있다. / 박지원의 「민옹전」은 등장인물과 관련된 여러 개의 삽화를 나열하는 **삽화적 구성**을 통해 민옹이라는 인물상을 그려낸 작품이다.

(참고) **삽화** 어떤 이야기나 사건의 줄거리에 끼인 짤막한 토막 이야기.
일화 어떤 사람이나 일에 관한 흥미로운 이야기.

1회 □
2회 □

액자식 구성

이마 額
법 式
얽다 構
아들 子
이루다 成

액자처럼 하나의 이야기(외부) 속에 또 하나의 이야기(내부)가 들어 있는 구성. 외부 이야기가 액자의 역할을 하고, 내부 이야기가 전달하려는 핵심 이야기가 되는 경우가 많으며 내부 이야기를 독자에게 생생하게 전달할 수 있다.

(예문) 꿈을 소재로 한 작품들은 대개 **액자식 구성**이다.

(실전) **액자식 구성**을 통해 사건의 전모를 구체적으로 밝히고 있다. ㅣ22 고2 3월

1회 □
2회 □

입체적 구성

서다 立
과녁 的
얽다 構
몸 體
이루다 成

사건이 시간적 순서에 따르지 않고 전개되는 구성.

(예문) 「숙향전」은 동일한 시간에 특정한 한 공간에서 인물들이 각각 겪은 환상 체험을 제시하는 **입체적 구성**을 통해 그 공간에서 일어난 일들을 서로 다른 입장에서 이해할 수 있게 한 작품이다. / 과거와 현재를 교차하는 **입체적 구성**을 통해 사건을 입체적으로 전개하고 있다.

(반의) **평면적 구성** '과거-현재-미래'와 같이 시간적 흐름에 따라 사건을 제시하는 구성.

1회 □
2회 □

간드러지다

목소리나 맵시 등이 사람의 마음을 움직일 만큼 예쁘고 애교가 있으며, 멋들어지게 보드랍고 가늘다.

(예문) 민희는 **간드러지게** 웃고 있다. / 윤규의 **간드러진** 노랫소리에 사람들이 빠져들었다.

1회 □
2회 □

간청하다

정성 懇
청할 請

간절히 부탁하다.

(예문) 그는 다시 한번 기회를 달라고 **간청했다**. / 친구에게 다시 생각해 보라고 **간청했다**.

(실전) 영철은 몇 번이고 유림에게 **간청하였으나** 유림은 끝내 영철의 청을 흘려듣고 들어주지 아니하였다. | 17 고3 7월

1회 □
2회 □

득의만만하다

얻다 得　　뜻 意
차다 滿　　차다 滿

뜻한 것을 이루어 뽐내는 기색이 가득하다.

(예문) 금메달을 딴 양궁 선수는 **득의만만한** 표정으로 시상대에 올랐다. / 첫 월급을 탄 언니는 **득의만만한** 표정으로 나에게 용돈을 주었다.

(참고) 기고만장(氣高萬丈) 일이 뜻대로 잘될 때, 우쭐하여 뽐내는 기세가 대단함.

1회 □
2회 □

무상하다

없다 無
항상 常

1) 시간이 가면서 모든 것이 변하므로 보람이나 쓸모가 없어 헛되고 허전하다.

(예문) 나이가 들어서 그런지 세월의 **무상함**이 느껴진다.

(실전) '떠 있음'이라는 말에는 '가변적, 유동적'이라는 의미와 '덧없다, **무상하다**'는 의미가 중첩되어 있다. | 20 고1 9월

(참고) 인생무상(人生無常) 인생이 보람이 없어 허전함.

2) 일정하지 않고 늘 변하는 데가 있다.

(예문) 봄에는 날씨가 **무상하다**. / 구름의 모습은 매우 **무상하다**.

1회 □
2회 □

미덕

아름답다 美
덕 德

칭찬을 받을 만큼 아름답고 훌륭한 태도나 행위.

(실전) 근면, 검소, 협동은 우리 겨레의 **미덕**이다. | 21 고2 6월

(참고) 악덕 도덕에 어긋나는 나쁜 마음이나 나쁜 짓.

1회 □
2회 □

분별하다

나누다 分
다르다 別

1) 종류나 성질이 다른 것을 구별하여 가르다.

(예문) 병아리는 암수 **분별**이 어렵다. / 방 안은 사물을 **분별하기** 어려울 정도로 어두웠다.

2) 바른 생각이나 판단을 하다.

(예문) 이 책은 가짜 뉴스가 난무하는 시대에 올바른 정보를 **분별하는** 방법을 알려 준다. / 서율이는 매사 꼼꼼하고 사리를 **분별할** 줄 아는 성격이다.

1회 □
2회 □

비굴하다

낮다 卑
굽다 屈

용기나 줏대가 없이 남에게 굽히기 쉽다.

(예문) 그는 사장에게 잘 보이기 위해 매우 **비굴하게** 행동했다. / 그는 적에게 살려 달라고 **비굴하게** 애원했다.

1회 ☐
2회 ☐

야멸차다

1) 자기만 생각하고 남의 사정을 돌볼 마음이 거의 없다.

(예문) 월세를 내지 못하자 집주인은 **야멸차게** 당장 방을 비우라고 하였다. / 용우는 오랫동안 자신을 도와주던 사람을 **야멸차게** 쫓아냈다.

2) 태도가 차고 야무지다.

(예문) 내가 부탁을 **야멸차게** 거절하자 친구의 표정이 굳어졌다. / 그는 실수한 동생에게 **야멸차게** 쏘아붙였다.

1회 ☐
2회 ☐

애달프다

1) 마음이 안타깝거나 쓰라리다.

(예문) 버려진 강아지의 **애달픈** 사연에 마음이 아프다. / 친구가 짝사랑을 포기하지 못하는 이유를 들으니 내 마음이 다 **애달팠다**.

2) 애처롭고 쓸쓸하다.

(예문) 라디오에서 구슬프고 **애달픈** 가락의 노래가 흘러나왔다. / 홀로 사시는 옆집 할머니의 모습이 **애달파** 나는 가끔 할머니를 찾아가 말벗을 해 드린다.

1회 ☐
2회 ☐

우격다짐

억지로 우겨서 남을 복종하게 함. 또는 그런 행위.

(예문) 그는 상대방을 무시하고 **우격다짐**으로 행동하였다. / 원칙과 절차를 모조리 무시하고 **우격다짐**으로 밀어붙인 정책은 국민들의 큰 반발을 샀다.

1회 ☐
2회 ☐

임기응변

임하다 臨 틀 機
응하다 應 변하다 變

그때그때 처한 상황에 맞게 바로 결정하거나 처리함.

(예문) 나는 **임기응변**으로 재치 있게 대답하였다.

(실전) **임기응변**으로 자신이 처한 위기에서 벗어나려 하는군. | 17 고2 3월

1회 ☐
2회 ☐

천성

하늘 天
성품 性

본래 타고난 성격이나 성품.

(예문) 그는 **천성**이 착해서 늘 좋게만 생각한다. / 도영이는 **천성**이 순해서 잘 울지 않았다.

(실전) 그는 **천성**이 어질었고 마음 또한 착했다. | 18 고2 9월

1회 ☐
2회 ☐

푸대접

기다리다 待
접하다 接

정성을 들이지 않고 아무렇게나 하는 대접.

(예문) 초라한 행색의 노인은 가게 주인에게 **푸대접**을 받았다. / 그는 주변 사람들의 멸시와 **푸대접**을 이겨 내고 크게 성공하였다.

(유의) 냉대 정없이 차갑게 대함.

(참고) 박대 1) 성의 없이 아무렇게나 대접함.
　　　　 2) 인정 없이 모질게 대함.

1회 ☐
2회 ☐

호의호식

좋다 好 옷 衣
좋다 好 먹다 食

좋은 옷을 입고 좋은 음식을 먹음.

(예문) 그 부자는 평생 **호의호식**하며 지냈다. / 토끼는 용궁에 가면 **호의호식**을 할 수 있다는 거북이의 꾐에 넘어갔다.

어휘 확인하기 08일

01 다음 뜻풀이를 보고 십자말풀이를 완성하시오.

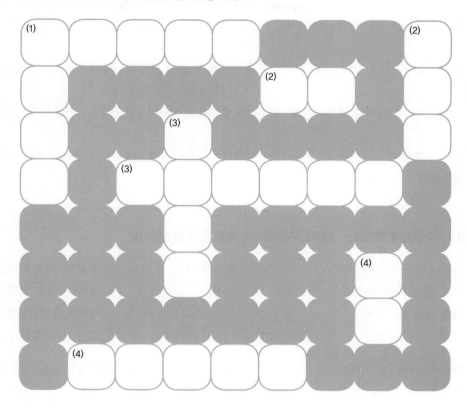

 가로

(1) 목소리나 맵시 등이 사람의 마음을 움직일 만큼 예쁘고 애교가 있으며, 멋들어지게 보드랍고 가늘다.

(2) 칭찬을 받을 만큼 아름답고 훌륭한 태도나 행위.

(3) 일이 뜻대로 되어 뽐내는 기색이 가득하다.

(4) 전체 이야기 흐름 중간에 여러 가지 일화가 삽입되어 있는 구성.

세로

(1) 간절히 부탁하다.

(2) 정성을 들이지 않고 아무렇게나 하는 대접.

(3) 좋은 옷을 입고 좋은 음식을 먹음.

(4) 타고난 성격이나 성품.

[02~05] 다음 문장에 알맞은 어휘를 고르시오.

02 쓸쓸한 왕릉을 보니 권력이나 역사도 (무상하다 / 무성하다)는 생각이 들었다.

03 그 배우는 (가냘픈 / 애달픈) 짝사랑에 빠진 역할을 맡아 시청자들의 마음을 사로잡았다.

04 그녀는 어떤 고난이나 역경이 와도 결코 남에게 무릎을 꿇거나 (불굴하지 / 비굴하지) 않았다.

05 농부는 추운 날씨에 찾아온 고양이를 (야멸차게 / 옹골차게) 쫓아내지 못하고 헛간 한쪽을 내주었다.

[06~08] 다음 설명에 해당하는 소설의 구성 방식과 예를 찾아 연결하시오.

06 사건이 시간적 순서에 따르지 않고 과거 등을 오가며 전개되는 구성.

　　• ㉠ 액자식 구성 •

　　• ㉮ '흥부'가 제비 다리를 고쳐 주고 복을 받게 되는 이야기가 시간 순서대로 구성된 「흥부전」

07 액자처럼 하나의 이야기 속에 또 하나의 이야기가 들어 있는 구성.

　　• ㉡ 입체적 구성 •

　　• ㉯ 선계의 인물 '성진'의 이야기 속에, 인간 '양소유'의 삶이 꿈속 이야기로 구성된 「구운몽」

08 '과거-현재-미래'와 같이 시간적 흐름에 따라 사건을 제시하는 구성.

　　• ㉢ 평면적 구성 •

　　• ㉰ '나'가 점순이의 현재를 보여 주고, 과거 회상 후에 다시 현재로 이어지도록 구성된 「동백꽃」

[09~11] 다음 밑줄 친 어휘의 쓰임이 알맞으면 ○에, 틀리면 ×에 표시하시오.

09 이 소는 <u>천성</u>이 느긋하고 순해서 싸움소가 되지 못했다. (○ , ×)

10 태원이는 책을 빌려 달라는 동생의 요청에 <u>우격다짐</u>하여 빌려주었다. (○ , ×)

11 영진은 예상 질문이 나온 것에 안도하며 미리 연습한 답안대로 <u>임기응변</u>하였다. (○ , ×)

12 다음 중 빈칸에 들어갈 어휘로 가장 적절한 것은?

> 엄마: 무슨 좋은 일 있니? 들어오는 모습이 아주 (   ) 보이는구나.
> 나: 오늘 교내 토론회에서 우리 팀이 우승을 했거든요.

① 비굴해   ② 애달퍼   ③ 야멸차   ④ 득의만만해   ⑤ 의기소침해

13 〈보기〉의 빈칸에 공통으로 들어갈 어휘의 기본형으로 가장 적절한 것은?

> ─────── 보기 ───────
> • 안개가 짙게 끼어 지척을 (   ) 수 없었다.
> • 책을 많이 읽으면 자연스럽게 사리를 (   ) 능력이 생긴다.
> • 점점 복잡해지는 현대 사회에서는 옳고 그름을 (   ) 줄 아는 지혜가 필요하다.

① 기별하다   ② 분배하다   ③ 분별하다   ④ 분석하다   ⑤ 선별하다

14 다음 중 밑줄 친 부분을 바꿔 쓴 표현으로 적절하지 <u>않은</u> 것은?

① 이 식당은 손님을 <u>박대한다</u>는 소문이 났다. → 푸대접

② 그녀는 남의 일을 자기 일처럼 돕는 <u>훌륭한 태도</u>를 지녔다. → 미덕을

③ 그는 상사에게 자리를 자기에게 주기를 <u>간절히 부탁하였다.</u> → 간청하였다

④ 그는 자기만을 위해 <u>좋은 옷을 입고 좋은 음식을 먹지</u> 않았다. → 호의호식하지

⑤ 가게에 들어서기가 무섭게 종업원의 <u>거친</u> 목소리가 손님을 맞이했다. → 간드러진

아이템 발견!

09일 현대 소설과 관련한 어휘 ❸

▶ 어휘 책을 펼쳐 보아요.

▶ 아는 어휘에 ○표 해요. (/ 18)

반영론	표현론	효용론	고문관	공습
군의관	끄나풀	능선	사상범	상이군인
완장	징용	창공	치하	
폭음	피란민	한나절	휘장	

▶ 어휘 퍼즐을 완성해요. (/ 10)

▶ 확인 문제로 복습해요. (/ 14)

나의 어휘 경험치

주제1 **감상과 관련한 개념어**

1회☐
2회☐
반영론
돌이키다 反
비추다 映
논의하다 論

문학 작품을 시대 현실의 반영으로 보고 문학 작품과 현실 세계와의 관계에 초점을 맞추어 감상하는 태도, 또는 입장. 문학 작품이 당대 현실을 어떻게 반영하는지에 주목하여 감상한다.

(예문) 작품이 창작된 시기와 연관 지어 **반영론**적으로 시를 감상했다. / '1930년대 무기력한 지식인의 모습이 드러나는 작품이야.'와 같이 감상하는 것을 **반영론**적 관점이라고 한다.

(참고) **반영** 다른 것에 영향을 받아 어떤 현상이 나타남. 또는 어떤 현상을 나타냄.

1회☐
2회☐
표현론
겉 表
나타나다 現
논의하다 論

문학 작품을 작가의 체험이나 사상, 감정 등이 표현된 것으로 보고 작품과 작가와의 관계에 초점을 맞추어 작품을 감상하는 태도, 또는 입장. 작가의 성장 환경이나 성격, 사상, 종교, 창작 의도, 작품 경향(세계) 등에 주목하여 감상한다.

(예문) 수업 시간에 시인의 생애와 시를 연결시켜 **표현론**적 관점에서 감상했다. / '작가의 고향이 강원도라서 등장인물들이 사투리를 쓰는 거야.'와 같이 감상하는 것을 **표현론**적 관점이라고 한다.

1회☐
2회☐
효용론
본받다 效
쓰다 用
논의하다 論

문학 작품을 감상하는 독자와의 관계에 초점을 맞추어 작품을 해석하는 태도, 또는 입장. 독자가 작품에서 느끼는 교훈이나 감동, 즉 독자에게 주는 가치에 주목하여 감상한다.

(예문) **효용론**은 독자의 반응에 초점을 둔다. / '나도 주인공처럼 남을 돕고 살아야겠어.'와 같이 감상하는 것을 **효용론**적 관점이라고 한다.

(참고) **효용** 보람 있게 쓰거나 쓰임. 또는 그런 보람이나 쓸모.

고문관

1회 ☐
2회 ☐

돌아보다 顧
묻다 問
벼슬 官

1) 어떤 분야에 대해 의견을 말하거나 도움을 주는 직책.

(예문) 전쟁이 일어나자 정부에서 군사 **고문관**을 파견하였다. / 재정 위기가 닥치자 회사는 재정 **고문관**과 상의하여 대책을 마련했다.

2) 군대나 회사 등에서 말을 잘 알아듣지 못하고 실수가 잦은 사람을 놀림조로 이르는 말.

(예문) 사람들은 어리숙한 그를 **고문관**으로 생각했다. / 그는 사람들의 말을 잘 알아듣지 못해서 **고문관**이라는 별명이 붙었다.

공습

1회 ☐
2회 ☐

비다 空
엄습하다 襲

'공중 습격'을 줄여 이르는 말. 공군이 비행기를 이용하여 총을 쏘거나 폭탄을 떨어뜨려 적을 습격하는 일.

(예문) 어젯밤에 적의 **공습**이 있었다. / 아군 전투기 석 대가 적의 지휘소를 **공습**했다.

군의관

1회 ☐
2회 ☐

군사 軍
의원 醫
벼슬 官

군대에서 다친 군인들을 치료해 주는 의사의 일을 하는 장교.

(예문) 의사인 형은 **군의관**으로 입대했다. / 부상병을 치료하는 **군의관**의 옷은 피범벅이었다.

(유의) 의무관 군대에서 다친 군인들을 치료해 주는 의사의 일을 하는 장교.

끄나풀

1회 ☐
2회 ☐

1) 길지 않은 끈.

(예문) 떠오르는 풍선에 매달린 **끄나풀**을 잡았다. / 피를 멈추게 하려고 **끄나풀**로 동여맸다.

2) 다른 사람이나 단체의 꾐에 넘어가 그들의 지시대로 움직이는 사람을 낮잡아 이르는 말.

(예문) 그는 권력의 **끄나풀**로서 살았다. / 그는 먹고살기 위해 적들의 **끄나풀** 노릇을 하였다.

능선

1회 ☐
2회 ☐

모서리 稜
선 線

산등성이를 따라 죽 이어진 선.

(예문) 등산객들은 **능선**을 타고 산을 내려갔다. / 만주에는 높은 산이 거의 없고 **능선**이 마치 언덕처럼 밋밋한 것이 특징이다.

사상범

1회 ☐
2회 ☐

생각 思
생각 想
범하다 犯

현 사회 체제에 반대하는 정치적, 사회적 의견을 가지고 개혁을 시도함으로써 성립하는 범죄. 또는 그런 죄를 지은 사람.

(예문) 윤동주는 **사상범**으로 일본 경찰에 체포되었다. / 독재 정치 시절에는 정부에 대해 불만을 표시하기만 해도 **사상범**으로 몰렸다.

상이군인

1회 ☐
2회 ☐

상처 傷 상처 痍
군사 軍 사람 人

전투나 군사상 공무 중에 몸을 다친 군인.

(실전) '청년'이 '나라에 몸 바친 나를 뭘로 알고!'라며 병원에서 소란을 피운 것은, **상이군인**으로서 갖는 불만을 말과 행동으로 표출한 것이라고 할 수 있겠군. | 20 고3 3월

1회 ☐ 2회 ☐	**완장** 팔 腕 글월 章	신분이나 지위 등을 나타내기 위해 팔에 두르는 띠.

(예문) **완장**을 찬 사내가 들어왔다. / 주번 **완장**을 찬 영수가 주전자를 들고 교실로 들어왔다.

(실전) 감찰 **완장**의 '앙칼지게 불어제치는 호각 소리'는 개인에게 삶의 방향을 결정하라고 강요했던 전쟁의 폭력성과 연결되는 것이겠군. | 18 고3 3월

1회 ☐ 2회 ☐	**징용** 부르다 徵 쓰다 用	1) 전쟁 등의 위급한 일이 일어났을 때, 나라에서 강제로 국민을 데려다가 일하게 함.

(예문) 무너진 다리 보수를 위해 많은 젊은이들이 **징용**되었다. / 갑작스러운 적군의 침략으로 왕은 군대를 만들기 위해 청년들을 **징용**하였다.

2) 일제 강점기에, 일본 제국주의자들이 조선 사람을 강제로 동원하여 부리던 일.

(예문) 할아버지께서는 일제의 **징용**에 끌려가셨다. / 일제 강점기에는 지원병이라는 허울 좋은 이름으로 강제 **징용**이 이루어졌다.

1회 ☐ 2회 ☐	**창공** 푸르다 蒼 비다 空	맑고 푸른 하늘.

(예문) 독수리가 **창공**을 날아갔다. / 다섯 대의 비행기가 **창공**으로 날아올라 멋진 곡예비행을 선보였다.

1회 ☐ 2회 ☐	**치하** 다스리다 治 아래 下	어떤 나라나 사람에게 다스림을 당하는 상황.

(예문) 일제 **치하**에서 우리말을 지키려는 운동이 활발히 펼쳐졌다. / 일제 식민 **치하** 때 겪었던 나라 잃은 서러움을 아직도 잊지 못한다.

1회 ☐ 2회 ☐	**폭음** 터지다 爆 소리 音	폭발할 때 나는 큰 소리.

(예문) 주민들이 요란한 **폭음**에 놀라 대피하였다. / 폭탄이 터지자 **폭음**이 울리고 파편이 튀어, 나는 순간적으로 몸을 웅크렸다.

1회 ☐ 2회 ☐	**피란민** 피하다 避 어지럽다 亂 백성 民	난리를 피하여 가는 백성.

(예문) 아군이 후퇴하자 거리에는 **피란민**의 행렬이 줄을 이었다.

(실전) 전쟁이 끝나자 객지에서 몰려든 **피란민**에 대한 동네 사람들의 반감을 엿볼 수 있다. | 19 고2 11월

1회 ☐ 2회 ☐	**한나절**	하루 낮의 절반.

(예문) 거기까지 가는 데만 **한나절**은 걸린다. / 그는 그 많은 짐들을 **한나절** 만에 다 정리했다.

1회 ☐ 2회 ☐	**휘장** 휘두르다 揮 휘장 帳	넓은 천을 여러 폭으로 이어서 주위를 빙 둘러치는 막.

(예문) 방 안 침실에 **휘장**이 천장으로부터 드리워졌다. / 혜진은 문을 안쪽에서부터 잠그고 **휘장**을 내려놓았다.

01 다음 뜻에 알맞은 어휘를 찾아 가로, 세로, 대각선으로 표시하시오.

2
주
차

인	간	애	공	습	모	의	군	일
관	고	문	관	창	방	무	의	국
능	점	효	용	모	휘	백	관	반
팔	선	사	치	범	장	성	나	성
반	영	흥	리	하	용	폭	음	파
띠	표	현	창	공	전	쟁	막	론
한	나	절	전	쟁	피	기	대	완
회	상	이	군	인	란	본	선	장

(1) 맑고 푸른 하늘.

(2) 하루 낮의 절반.

(3) 폭발할 때 나는 큰 소리.

(4) 산등성이를 따라 죽 이어진 선.

(5) 전투나 군사상 공무 중에 몸을 다친 군인.

(6) 어떤 나라나 사람에게 다스림을 당하는 상황.

(7) 신분이나 지위 등을 나타내기 위해 팔에 두르는 띠.

(8) 넓은 천을 여러 폭으로 이어서 주위를 빙 둘러치는 막.

(9) 군대에서 다친 군인들을 치료해 주는 의사의 일을 하는 장교.

(10) 군대나 회사 등에서 말을 잘 알아듣지 못하고 실수가 잦은 사람을 놀림조로 이르는 말.

[02~05] 빈칸에 들어갈 어휘를 〈보기〉에서 골라 쓰시오.

┌─────────── 보기 ───────────┐
| 공습 | 창공 | 사상범 | 피란민 |
└──────────────────────────┘

02 전쟁이 나자 부산에는 많은 [   ]이 몰려들었다.

03 적군의 [   ]이 시작되자 사람들은 방공호로 대피하였다.
⑪P 적의 항공기 폭격이나 대포, 미사일 등의 공격을 피하기 위하여 땅속에 파 놓은 굴이나 구덩이.

04 정부의 정책을 비판한 교수가 [   ]으로 경찰에 붙잡혀 갔다.

05 그는 풀밭에 누워 [   ]을 나는 새들을 바라보며 자유로움을 느꼈다.

[06~08] 다음 밑줄 친 어휘의 뜻으로 알맞은 것을 골라 ○표 하시오.

06
> 세계 각국에서 정보기관의 <u>끄나풀</u>들이 활동하고 있었다.

(1) 길지 않은 끈. (   )
(2) 다른 사람이나 단체의 꾐에 넘어가 그들의 지시대로 움직이는 사람. (   )

07
> 그는 입사한 지 3년이 지났지만 일을 잘 처리하지 못해서 5층의 <u>고문관</u>으로 통했다.

(1) 어떤 분야에 대해 의견을 말하거나 도움을 주는 직책. (   )
(2) 군대나 회사 등에서 말을 잘 알아듣지 못하고 실수가 잦은 사람. (   )

08
> 아버지께서는 강제로 징용에 끌려갔으나 해방을 맞이한 날에 구사일생으로 돌아오셨다.

(1) 일제 강점기에, 일본 제국주의자들이 조선 사람을 강제로 동원하려 부리던 일. (   )
(2) 전쟁 등의 위급한 일이 일어났을 때, 나라에서 강제로 국민을 데려다가 일하게 함.
(   )

[09~11] 다음 어휘의 뜻을 찾아 연결하시오.

09 반영론 •

• ㉠ 작품과 독자와의 관계를 중심으로 독자가 작품에서 느끼는 교훈이나 감동에 주목하여 감상하는 관점.

10 표현론 •

• ㉡ 작품과 작가와의 관계에 초점을 두고 작가의 성장 환경이나 작품 경향 등을 고려하여 감상하는 관점.

11 효용론 •

• ㉢ 작품과 현실 세계의 관계와에 초점을 두고 작품에 당대 현실이 어떻게 반영되었는지에 주목하여 감상하는 관점.

12 다음 빈칸에 들어갈 어휘로 가장 적절한 것은?

> 삼촌은 오랫동안 독재 (   )에서 민주주의를 위해 싸웠다.

① 치하   ② 폭음   ③ 휘장   ④ 끄나풀   ⑤ 한나절

13 〈보기〉의 빈칸에 공통으로 들어갈 어휘로 가장 적절한 것은?

> ◆ 보기 ◆
> • 그는 의대를 졸업하고 (   )으로 군 복무 중이다.
> • 전쟁 중에 부상을 당해서 돌아온 병사들을 (   )이 치료했다.
> • 병사들이 폭발물로 부상을 입었으나 다행히 (   )의 치료로 큰 피해가 없었다.

① 징용   ② 군의관   ③ 사상범   ④ 피란민   ⑤ 상이군인

14 다음 중 밑줄 친 어휘의 쓰임이 적절하지 <u>않은</u> 것은?

① 동네 뒷산에 올라가 보니 <u>능선</u>을 따라 꽃이 활짝 피어 있었다.

② 결혼식장 곳곳에 하얀색 <u>휘장</u>을 늘어뜨려 예쁘게 꾸며 놓았다.

③ 그의 형은 훈련 때 입은 부상으로 전역하게 된 <u>상이군인</u>이었다.

④ 그 작업은 <u>한나절</u>이면 되어서, 1시간 만에 금세 끝낼 수 있었다.

⑤ 박 선수는 오늘 처음으로 왼쪽 팔뚝에 주장 <u>완장</u>을 차고 경기를 뛰었다.

퀘스트 성공!

1 0 일

일일 퀘스트

고전 소설과 관련한 어휘

▶ 어휘 책을 펼쳐 보아요.

▶ 아는 어휘에 ◯표 해요. (/ 18)

편집자적 논평		영웅 군담 소설		판소리계 소설
계책	고금	군자	권선징악	규중
노략질	만경창파	삼정승	슬하	시비
아리다	의관	장안	호부호형	혼백

▶ 어휘 퍼즐을 완성해요. (/ 10)

▶ 확인 문제로 복습해요. (/ 15)

나의 어휘 경험치

주제 1 고전 소설과 관련한 개념어

1회 □
2회 □

편집자적 논평

엮다 編
모으다 輯
놈 者
과녁 的
논의하다 論
품평 評

서술자가 진행 중인 사건이나 인물의 언행 등에 대해 자신의 느낌이나 견해를 직접 드러내어 밝히는 방법. 서술자가 작품에 개입하는 것으로, 전지적 작가 시점에서만 일어나고 고전 소설이나 판소리에서 많이 나타난다.

(실전) 태보에 대한 민심을 **편집자적 논평**을 통해 반복적으로 나타내어, 태보가 기우는 국운을 회복한 영웅으로 추대되어 백성들의 지지를 받았음을 보여 주는군. | 21시행 수능

(참고) 논평 어떤 글이나 말, 사건 등에 대하여 옳고 그름이나 좋고 나쁨 등을 판단하여 드러내 알림. 또는 그런 비평.
전지적 작가 시점 서술자가 작품 밖에서 등장인물과 사건에 대해 자유롭게 서술하는 시점으로, 모든 사건의 정황과 등장인물의 생각을 독자에게 알려 줌.

1회 □
2회 □

영웅 군담 소설

꽃부리 英   수컷 雄
군사 軍   말씀 談
작다 小   말씀 說

주인공의 군사적 활약상을 주요 내용으로 하는 군담 소설과 영웅의 일생이라는 이야기 구조를 갖는 영웅 소설이 결합된 고전 소설의 한 유형.

(실전) 진성운을 비롯한 복수의 영웅이 등장하여 활약하는 내용을 담은 **영웅 군담 소설**이다. | 22 고2 6월

1회 □
2회 □

판소리계 소설

매다 系
작다 小
말씀 說

창을 하는 중간에 가락을 붙이지 않고 이야기하듯 말하는 것.
판소리 사설이 정착된 고전 소설의 한 유형. 원래 노래 가사였으므로 형식상 운문체가 드러나며 내용상 서민들의 생활상을 해학으로 구수하게, 혹은 풍자로 신랄하게 표현하는 것이 많다.

(실전) 「배비장전」은 **판소리계 소설**로, 판소리 창자의 말투가 고스란히 드러나 있고, 리듬감이 있는 율문체를 통해 당대 서민들의 삶과 정서를 드러내고 있다. | 18 고1 3월

1회 ☐ 2회 ☐	**계책** 꾀하다 計 꾀 策

어떤 일을 이루기 위하여 꾀나 방법을 생각해 냄. 또는 그 꾀나 방법.

(실전) 행장이 거제에 진을 치고 이순신을 해치기 위해 온갖 **계책**을 내고 있었다. | 20 고1 11월

(유의) **계략** 어떤 일을 이루기 위한 꾀나 수단.

1회 ☐ 2회 ☐	**고금** 옛 古 이제 今

옛날과 지금.

(예문) 그는 **고금**을 통틀어 위대한 철학자로 추앙받고 있다. / 인사말은 **고금**을 막론하고 대인 관계를 부드럽게 만들어 주는 요소이다.

(참고) **동서고금** 동양과 서양, 옛날과 지금을 통틀어 이르는 말.

1회 ☐ 2회 ☐	**군자** 임금 君 아들 子

행실이 점잖고 어질며 덕과 학식이 높은 사람.

(예문) **군자**는 자기 훈련을 통해 스스로 만들어 가는 것이다. / 남이 자기를 알아주지 않아도 화를 내지 않는 사람이 바로 **군자**이다.

(참고) **성인군자** 성인과 군자를 아울러 이르는 말. 성품이 뛰어나고 덕과 학식이 높아 많은 사람들이 본받을 만한 사람을 이른다.
사군자 동양화에서 매화, 난초, 국화, 대나무를 그린 그림. 또는 그 소재.

1회 ☐ 2회 ☐	**권선징악** 권하다 勸 착하다 善 혼나다 懲 악하다 惡

착한 일을 권장하고 못된 일을 벌하는 것.

(실전) 악인의 횡포를 징벌함으로써 **권선징악**의 세계관을 드러내고 있다. | 18시행 수능

(참고) **인과응보(因果應報)** 이전에 행한 선악에 따라 현재의 행복이나 불행이 결정되는 것.

1회 ☐ 2회 ☐	**규중** 도장방 閨 가운데 中

부녀자가 거처하는 곳.

(실전) "낭자는 **규중**의 처자로 밤에 다니기 어려운데, 어떻게 먼 길을 왕래할 수 있다는 것이외까?" | 19 고3 4월

(유의) **규방** 부녀자가 거처하는 방.

1회 ☐ 2회 ☐	**노략질** 노략질하다 擄 노략질하다 掠

떼를 지어 돌아다니며 사람을 해치거나 재물을 강제로 빼앗는 짓.

(예문) 한때 남해안 일대에는 왜구들의 **노략질**이 끊이질 않았다.

(실전) 흉노의 장졸이 기주성 안에 들어가 자칭 천자라 하고 군사로 하여금 인민의 쌀과 곡식을 **노략질**하니, 그 때 백성이 다 견디지 못하여 도망하더라. | 17 고1 6월

1회 ☐ 2회 ☐	**만경창파** 일만 萬 밭 넓이 단위 頃 푸르다 蒼 물결 波

만 이랑의 푸른 물결이라는 뜻으로, 한없이 넓고 넓은 바다를 이르는 말.

(예문) 그녀는 뱃전에 기대서서 **만경창파**를 바라보았다. / 요즘 그의 사업은 마치 **만경창파**에 뜬 작은 배처럼 위태롭기만 하다.

(유의) **만경창해(萬頃滄海)** 만 이랑의 푸른 바다라는 뜻으로, 끝없이 넓고 넓은 바다를 이르는 말.

삼정승

| 1회 ☐ |
| 2회 ☐ |

석 三
정사 政
돕다 丞

의정부에서 국가 주요 정책을 결정하는 일을 맡아보던 세 벼슬. 영의정, 좌의정, 우의정을 이른다.

(예문) **삼정승** 모두 왕 앞에 나가 이번 일은 막아야 한다고 아뢰었다. / 국가의 크고 작은 일을 결정할 때 왕은 **삼정승**과 합의를 해야 했다.

슬하

| 1회 ☐ |
| 2회 ☐ |

무릎 膝
아래 下

무릎의 아래라는 뜻으로, 부모가 자식을 키우고 보살피는 상태. 주로 부모의 보호를 받는 테두리 안을 이른다.

(실전) 경기도 장단에 사는 선비 김 주부는 무남독녀 매화를 **슬하**에 두고 있었다. | 19 고1 6월

시비

| 1회 ☐ |
| 2회 ☐ |

모시다 侍
여자 종 婢

곁에서 시중을 드는 계집종.

(실전) 낭자 **시비**를 명하여 함을 열고 보니 명주 십여 필과 황금 채단이 들었는지라. | 22 고2 3월

(참고) 비복 계집종과 사내종을 아울러 이르는 말.

아뢰다

| 1회 ☐ |
| 2회 ☐ |

말씀드려 알리다.

(예문) 신하들은 임금 앞에 엎드려 간신배들의 소행을 낱낱이 **아뢰었다**. / 그는 주인에게 길을 떠나겠다고 **아뢰고** 집을 나섰다.

(실전) 날이 새어 취성전에 들어가 어젯밤 일을 일일이 **아뢰더라**. | 22시행 6월 모평

의관

| 1회 ☐ |
| 2회 ☐ |

옷 衣
갓 冠

남자의 웃옷과 갓이라는 뜻으로, 남자가 정식으로 갖추어 입는 옷차림을 이르는 말.

(예문) 선비들이 **의관**을 갖추고 앉아 있다. / **의관**은 남루하지만 얼굴에는 기개가 넘쳤다.

장안

| 1회 ☐ |
| 2회 ☐ |

길다 長
편안하다 安

수도라는 뜻으로, '서울'을 이르는 말.

(예문) 남산에 올라가서 **장안**을 내려다보았다. / 새로 생긴 음식점은 **장안**의 화제이다.

(실전) 원수가 군사를 거느리고 천자와 백관과 더불어 **장안**에 도달하였다. | 22 고2 6월

호부호형

| 1회 ☐ |
| 2회 ☐ |

부르다 呼 아버지 父
부르다 呼 형 兄

아버지를 아버지라고 부르고 형을 형이라고 부름.

(예문) "부형이 있으되 **호부호형**을 못하니, 심장이 터질 것 같구나." / 서자 출신인 홍길동은 **호부호형**을 할 수 없었고 출셋길도 막혀 있었다.

혼백

| 1회 ☐ |
| 2회 ☐ |

넋 魂
넋 魄

사람의 몸 안에서 몸과 정신을 다스리며, 몸이 죽어도 영원히 남아 있다는 보이지 않는 존재.

(예문) 사람들은 나라를 위해 희생한 군인들의 **혼백**을 위로하기 위해 제사를 지냈다.

(실전) 남편 춘매가 **혼백**으로 나타나 유씨에게 후생을 기약하고 떠나간다. | 21 고2 11월

(유의) 넋 사람의 몸 안에서 몸과 정신을 다스리며, 몸이 죽어도 영원히 남아 있다는 보이지 않는 존재.

01 다음 뜻에 알맞은 어휘를 찾아 가로, 세로, 대각선으로 표시하시오.

성	규	중	영	웅	혼	서	술	자
오	편	문	시	군	방	백	외	국
군	논	집	비	담	소	망	슬	하
자	평	사	선	판	소	리	장	성
반	호	부	호	형	아	뢰	다	이
두	의	관	부	고	자	종	전	계
도	적	질	전	쟁	금	기	장	피
규	상	노	략	질	란	본	금	안

(1) 옛날과 지금.

(2) 말씀드려 알리다.

(3) 부녀자가 거처하는 곳.

(4) 곁에서 시중을 드는 계집종.

(5) 수도라는 뜻으로, '서울'을 이르는 말.

(6) 행실이 점잖고 어질며 덕과 학식이 높은 사람.

(7) 남자가 정식으로 갖추어 입는 옷차림을 이르는 말.

(8) 무릎의 아래라는 뜻으로, 부모가 자식을 키우고 보살피는 상태.

(9) 떼를 지어 돌아다니며 사람을 해치거나 강제로 재물을 빼앗는 짓.

(10) 사람의 몸 안에서 몸과 정신을 다스리며, 몸이 죽어도 영원히 남아 있다는 보이지 않는 존재.

[02~04] 제시된 초성과 뜻을 참고하여 빈칸에 들어갈 알맞은 어휘를 쓰시오.

02 ㅅ ㅂ : 곁에서 시중을 드는 계집종.

→ 마음이 급한 유씨 부인은 (   )에게 손님이 언제 오는지 물어보았다.

03 ㅈ ㅇ : 수도라는 뜻으로, '서울'을 이르는 말.

→ 어제 간 △△ 분식집은 떡볶이 맛집이라고 (   )에 소문이 나 있었다.

04 ㅎ ㅂ : 사람의 몸 안에서 몸과 정신을 다스리며, 몸이 죽어도 영원히 남아 있다는 보이지 않는 존재.

→ 그는 아버지의 (   )이/가 편히 쉬시기를 바라는 마음으로 유골을 햇볕이 잘 드는 장소에 묻었다.

[05~08] 다음 밑줄 친 어휘의 쓰임이 알맞으면 ○에, 틀리면 ×에 표시하시오.

05 <u>만경창파</u>에 벼가 누렇게 익어 가고 있다.   (○ , ×)

06 조선 시대에 남자들은 <u>규중</u>에 쉽게 발을 들일 수 없었다.   (○ , ×)

07 악한 주인공이 벌을 받는 <u>권선징악</u>의 결말로 드라마가 끝났다.   (○ , ×)

08 홍길동은 어머니를 <u>호부호형</u>하지 못하는 것에 불만을 품고 있었다. (○ , ×)

[09~10] 다음 설명에 해당하는 고전 소설의 유형과 예를 찾아 연결하시오.

09 판소리 사설이 정착된 ·   · ㉠ 판소리계   · ㉮ 박씨 부인이 도술로 외
고전 소설의 유형.   소설   적을 물리치는 「박씨전」

10 영웅의 일생 속에 영 ·   · ㉡ 영웅 군담   · ㉯ 판소리 창자의 말투가
웅이 전쟁에서 활약하   소설   반영되어 운문체가 드
는 내용을 넣은 고전   러나는 「심청전」
소설의 유형.

[11~13] 다음 문장에 알맞은 어휘를 고르시오.

11 아버지는 사기꾼의 (가책 / 계책)에 빠져 전 재산을 모두 날렸다.

12 할아버지는 더운 날씨에도 (의관 / 의식)을 갖추고 외출을 하셨다.

13 조선 시대 영의정, 우의정, 좌의정을 일컬어 (사군자 / 삼정승)(이)라고 한다.

14 다음 중 밑줄 친 어휘의 쓰임이 가장 적절한 것은?

① 윤 선생님은 <u>슬하</u>에 자녀를 몇을 두셨나요?
② 이 건물은 <u>고금</u>에 지어져서 시설이 무척 깨끗하다.
③ 가족이 힘든 일을 겪었을 때 <u>계책</u>을 꾸며 위로해 주었다.
④ 형과 아우는 늘 <u>노략질</u>을 일삼지만 곧바로 화해하곤 한다.
⑤ 자신이 생각한 대로만 일을 진행하려고 하는 그는 <u>군자</u>라고 할 만하다.

경험치 획득!

15 다음 중 ㉠, ㉡에 들어갈 어휘를 바르게 짝지은 것은?

> 학생: 선생님, 책을 보니 「구운몽」에서 "여인의 몸에서는 눈부실 만큼 아름다운 광채가 쏟아져 나왔는데, 마치 이 세상 사람이 아닌 듯했다."를 (㉠)적 논평이라고 하는데, 이것이 무엇인가요?
>
> 선생님: 음. 네가 예로 든 문장에서 '마치 이 세상 사람이 아닌 듯했다.'는 여인이 굉장히 아름다웠다는 말로, 이는 작품 속 등장인물의 생각이 아니라 작품 밖의 (㉡)가 작품에 직접 끼어들어 등장인물인 '여인'에 대하여 평가하는 것이야. 이러한 것을 (㉠)적 논평이라고 해.

	㉠	㉡		㉠	㉡
①	영웅	작가	②	영웅	서술자
③	화자	편집자	④	서술자	편집자
⑤	편집자	서술자			

11일 극, 시나리오와 관련한 어휘

일일 퀘스트

▶ 어휘 책을 펼쳐 보아요.

▶ 아는 어휘에 ○표 해요. (/ 18)

각색	몽타주	방백	배역	암전
연출	원작	난장판	불미스럽다	상책
쑥대밭	윤허하다	이실직고	임종	
입간판	잠입하다	피력하다	화수분	

▶ 어휘 퍼즐을 완성해요. (/ 10)

▶ 확인 문제로 복습해요. (/ 14)

나의 어휘 경험치

주제1 **주제1** 극, 시나리오와 관련한 개념어

각색
1회 ☐
2회 ☐
다리 脚
빛 色

서사시나 소설 등 문학 작품을 연극이나 영화의 각본으로 고쳐 쓰는 일.

(예문) 이 작품은 원작자가 직접 **각색**을 맡은 작품이다.

(실전) 소설을 시나리오로 **각색**할 경우, 갈래의 차이에 따라 여러 가지 변화가 일어난다. | 22 고1 6월

몽타주
1회 ☐
2회 ☐
montage

영화나 사진 등에서 따로따로 촬영한 장면을 잘 떼어 붙여 하나의 새로운 장면이나 내용으로 만드는 것.

(실전) **몽타주** 기법을 사용한 것은 장면과 장면을 연결해 주면서 사건을 압축적으로 전개하고자 했기 때문입니다. | 18 고1 3월

(참고) 클로즈업(close-up) 영화나 텔레비전에서, 등장하는 배경이나 인물의 일부를 화면에 크게 나타내는 일.

방백
1회 ☐
2회 ☐
곁 傍
희다 白

연극에서, 배우의 말이 상대 배우들에게는 들리지 않고 관객만 들을 수 있는 것으로 설정된 대사.

(예문) 그 연극에서 대화는 거의 다 **방백**으로 이루어져 있다. / 이 연극에서 남자 주인공은 상대 배우와 대화를 하다가도 혼자서 독백을 하거나 **방백**을 한다.

(참고) 독백 배우가 상대역 없이 혼자 말하는 행위. 또는 그런 대사.

배역
1회 ☐
2회 ☐
짝 配
부리다 役

영화나 연극, 드라마 등에서, 역할을 나누어 배우에게 맡기는 일. 또는 그 역할.

(예문) 이번 영화의 감독은 주요 **배역**을 신인에게 맡겼다. / 분장실에서는 배우들이 **배역**에 맞는 분장을 하느라 여념이 없었다.

1회 ☐ 2회 ☐	**암전** 어둡다 暗 구르다 轉	연극에서, 무대를 어둡게 한 상태에서 무대 장치나 장면을 바꾸는 일. (예문) 배우들은 **암전**되는 동안 무대 의상을 갈아입으며 바쁘게 움직였다. / 무대가 한동안 **암전**하였다가 밝아지자 배경이 바뀌어 있었다.

1회 ☐ 2회 ☐	**연출** 멀리 흐르다 演 날다 出	1) 영화, 연극, 방송 등에서 각본에 따라 배우의 연기, 무대 장치, 의상, 조명, 분장 등의 여러 부분을 종합적으로 지도하여 작품을 완성하는 일. (실전) 배우의 표정 연기를 통해 긴장감이 고조되도록 **연출**을 하면 좋겠습니다. ㅣ 19 고1 3월 2) 규모가 큰 식이나 집회 등을 총지휘하여 효과적으로 진행함. (예문) 국민들은 올림픽 개회식의 **연출**에 대해 감탄하였다. / 서울시와 문화재청이 공동으로 덕수궁 돌담길에 고종의 장례를 **연출**하는 전시를 마련하였다. 3) 어떤 상황이나 상태를 만들어 냄. (예문) 그녀는 지금 상황이 **연출**이 아니라 실제 상황이 맞냐고 되물었다. / 앞머리를 눈썹 위로 짧게 잘라 귀여운 느낌을 **연출**하였다.

1회 ☐ 2회 ☐	**원작** 근원 原 짓다 作	연극이나 영화의 대본으로 만들거나 다른 나라 말로 고치기 전의 원래 작품. (예문) 이 연극에는 **원작**에 없던 배역이 생겼다. / 이 드라마는 18세기 귀족 사회를 배경으로 한 **원작**을 현대에 맞게 각색한 것이다. (실전) 본격적인 영화 작업에 들어가기 전 감독님은 **원작** 소설을 이해하기 위해 원고지에 한 자 한 자 옮겨 적는다고 하셨다. ㅣ 18 고1 9월

주제 2 극, 시나리오 속 상황과 관련한 어휘

1회 ☐ 2회 ☐	**난장판** 어지럽다 亂 마당 場	여러 사람이 어지러이 뒤섞여 떠들어 대거나 뒤엉켜 뒤죽박죽이 된 곳. 또는 그런 상태. (예문) 우리 집 강아지는 장난기가 많아 집안을 늘 **난장판**으로 만든다. / 관객이 무대에 갑자기 뛰어들어 공연은 **난장판**이 되었다. (유의) **아수라장** 싸움이나 그 밖의 다른 일로 큰 혼란에 빠진 곳. 또는 그런 상태.

1회 ☐ 2회 ☐	**불미스럽다** 아니다 不 아름답다 美	보기에 옳지 못하거나 떳떳하지 못한 데가 있다. (예문) **불미스러운** 일은 숨기려 해도 빠르게 퍼지기 마련이다. / 최근 저희 회사와 관련된 **불미스러운** 일에 대해 안타깝게 생각합니다.

1회 ☐ 2회 ☐	**상책** 위 上 꾀 策	가장 좋은 대책이나 방법. (예문) 나쁜 기억은 빨리 잊는 게 **상책**이다. / 병이 나기 전에 예방하는 것이 **상책**이다. (반의) **하책** 가장 나쁜 대책이나 방법.

쑥대밭

1회 ☐
2회 ☐

매우 어지럽거나 못 쓰게 된 모양을 비유적으로 이르는 말.

(예문) 큰 도시 하나가 화재로 인해 **쑥대밭**이 되었다.

(실전) 경업이 홀로 출전하여 적진을 **쑥대밭**으로 만든 뒤 돌아와 승전고를 울리니 군사들의 사기가 하늘을 찌를 듯 올랐다. | 18 고2 6월

윤허하다

1회 ☐
2회 ☐

진실로 允
허락하다 許

임금이 신하의 청을 허락하다.

(예문) 임금은 비리를 저지른 신하의 징계를 **윤허하였다**. / 이 대감이 왕께 뵙기를 청하자 곧장 들라고 **윤허하셨다**.

이실직고

1회 ☐
2회 ☐

쓰다 以   열매 實
곧다 直   아뢰다 告

숨기거나 거짓말을 하지 않고 사실 그대로 말함.

(예문) 바른대로 **이실직고**하여라. / 나는 어제 있었던 일에 대해 친구에게 **이실직고**하였다.

(유의) 실토 거짓 없이 사실대로 다 말함.

임종

1회 ☐
2회 ☐

임하다 臨
마치다 終

1) 죽음을 맞이함.

(예문) 할아버지께서는 어젯밤 편안하게 **임종**을 하셨다. / 그는 **임종** 당시 아들을 용서한다고 유언을 남겼다.

2) 부모가 돌아가실 때 그 곁에 지키고 있음.

(예문) 자식들이 어머니의 **임종**을 지키려 달려왔다. / 그녀는 홀로 아버지의 **임종**을 지켰다.

입간판

1회 ☐
2회 ☐

서다 立
보다 看
널빤지 板

벽에 기대어 놓거나 길 위에 세워 두는 간판.

(예문) 그녀는 가게 앞에 **입간판**을 세워 두었다. / 밤이 되자 여러 가게에서 내놓은 **입간판** 때문에 길이 혼잡했다.

잠입하다

1회 ☐
2회 ☐

자맥질하다 潛
들다 入

남몰래 숨어들다.

(예문) 형사는 범인을 잡기 위해 그곳에 **잠입하였다**. / 그녀는 생생한 기사를 쓰고 싶다며 현장에 직접 **잠입하겠다**는 뜻을 밝혔다.

피력하다

1회 ☐
2회 ☐

헤치다 披
물방울 떨어지다 瀝

생각하는 것을 털어놓고 말하다.

(예문) 대회에서 1등을 한 영우는 의기양양하게 수상 소감을 **피력하였다**. / 경호는 환경 문제에 대한 자신의 견해를 열성적으로 **피력하였다**.

화수분

1회 ☐
2회 ☐

재물이 계속 나오는 보물단지. 그 안에 온갖 물건을 담아 두면 끝없이 불어나 그 내용물이 줄어들지 않는다는 설화상의 단지를 이른다.

(예문) 그들 부부 사이의 사랑은 **화수분**처럼 마를 줄 몰랐다. / 우리의 지갑은 **화수분**이 아니므로 돈을 아껴 써야 한다.

01 다음 뜻에 알맞은 어휘를 찾아 가로, 세로, 대각선으로 표시하시오.

입	난	장	살	이	인	대	원	작
간	하	책	전	각	색	아	수	라
판	방	백	윤	이	인	명	연	출
부	암	몽	화	이	허	전	오	원
전	지	타	하	수	피	력	로	잠
머	리	주	난	백	분	이	즈	암
배	역	마	전	장	타	서	업	전
풍	다	개	음	분	판	임	종	고

(1) 죽음을 맞이함.

(2) 벽에 기대어 놓거나 길 위에 세워 두는 간판.

(3) 연극에서, 무대를 어둡게 한 상태에서 무대 장치나 장면을 바꾸는 일.

(4) 여러 사람이 어지러이 뒤섞여 떠들어 대거나 뒤엉켜 뒤죽박죽이 된 곳.

(5) 서사시나 소설 등 문학 작품을 연극이나 영화의 각본으로 고쳐 쓰는 일.

(6) 연극이나 영화의 대본으로 만들거나 다른 나라 말로 고치기 전의 원래 작품.

(7) 영화나 연극, 드라마 등에서, 역할을 나누어 배우에게 맡기는 일. 또는 그 역할.

(8) 영화나 사진 등에서 따로따로 촬영한 장면을 잘 떼어 붙여 하나의 새로운 장면이나 내용으로 만드는 것.

(9) 재물이 계속 나오는 보물단지. 그 안에 온갖 물건을 담아 두면 끝없이 불어나 그 내용물이 줄어들지 않는다는 설화상의 단지를 이른다.

(10) 영화, 연극, 방송 등에서 각본에 따라 배우의 연기, 무대 장치, 의상, 조명, 분장 등의 여러 부분을 종합적으로 지도하여 작품을 완성하는 일.

[02~05] 다음 빈칸에 들어갈 어휘를 〈보기〉에서 골라 알맞게 활용하여 쓰시오.

> ─── ✦ 보기 ✦ ───
>
> 윤허하다 　　　　 잠입하다 　　　　 피력하다 　　　　 불미스럽다

02 올림픽은 아무런 사고나 [　　　　　] 일이 없이 무사히 치러졌다.

03 시민 단체 대표와 정부 관계자는 각자의 입장을 강력하게 [　　　　　] 있었다.

04 왕은 총애하던 신하를 유배 보내는 것을 [　　　　　] 나서 매우 괴로워하였다.
　　　 TIP 남달리 귀여워하고 사랑함.

05 우리가 몰래 연구실에 [　　　　　] 이유는 우리는 죄가 없다는 증거를 찾기 위해서였다.

[06~08] 다음 문장에 알맞은 어휘를 고르시오.

06 감기에 걸린 다음 치료하는 것보다는 감기에 걸리지 않도록 예방하는 것이 (상책 / 하책)
이다.

07 지난달에 개봉한 영화에 많은 관객이 몰리면서 영화의 (연출 / 원작) 소설도 덩달아 판매 부
수가 늘었다.

08 배우의 대사가 관객에게는 들리고 상대 배우에게는 들리지 않는 것으로 설정된 (독백 / 방백)
은 연극적 약속이라 할 수 있다.

[09~10] 제시된 초성과 뜻을 참고하여 빈칸에 들어갈 알맞은 어휘를 쓰시오.

09 **ㅆㄷㅂ** : 매우 어지럽거나 못 쓰게 된 모양을 비유적으로 이르는 말.
　　　→ 태풍은 온 나라를 (　　　　　)(으)로 만들어 버렸다.

10 **ㅇㅅㅈㄱ** : 숨기거나 거짓말을 하지 않고 사실 그대로 말함.
　　　→ 친구는 선생님께 그 사건에 대해 (　　　　　)을/를 하지 않고 시치미를
떼었다.

[11~12] 다음 중 밑줄 친 어휘의 뜻으로 알맞은 것을 고르시오.

11

> 그 드라마는 만화를 보는 듯한 <u>연출</u>로 시청자의 눈길을 사로잡았다.

(1) 규모가 큰 식이나 집회 등을 총지휘하여 효과적으로 진행함. ( )

(2) 영화, 연극, 방송 등에서 각본에 따라 모든 일을 지시하고 감독하여 하나의 작품으로 만드는 일. ( )

12

> 아버지는 할아버지의 <u>임종</u>을 지키지 못해서 스스로를 불효자라고 생각하신다.

(1) 죽음을 맞이함. ( )

(2) 부모가 돌아가실 때 그 곁을 지키고 있음. ( )

13 다음 중 밑줄 친 어휘의 쓰임이 적절하지 <u>않은</u> 것은?

레벨 업!

① 가게 앞에 세워 둔 <u>입간판</u>이 태풍에 날아가 버렸다.

② 그녀는 <u>화수분</u>을 얻은 사람처럼 돈을 흥청망청 썼다.

③ 아기가 바닥을 어질러 방을 <u>난장판</u>으로 만들어 놓았다.

④ 해나는 요즘 소설을 시나리오로 바꾸는 <u>각색</u> 작업을 하고 있다.

⑤ 감독은 배우의 얼굴을 화면에 크게 나타내는 <u>몽타주</u> 기법으로 촬영하였다.

14 다음 중 ㉠, ㉡에 들어갈 어휘를 바르게 짝지은 것은?

> 희연: 오늘 본 연극 정말 재미있지 않았어?
>
> 범준: 맞아. 배우들이 맡은 (㉠)들 모두 분장이 감쪽같더라.
>
> 희연: 나는 막이 올라가면서 (㉡)이/가 끝나고 장면이 전환되는 부분에서 앞으로 어떤 일이 벌어질지 무척 궁금했어.

	㉠	㉡		㉠	㉡
①	각색	배역	②	배역	원작
③	배역	암전	④	연출	몽타주
⑤	연출	무대			

2주차 종합 문제 07일~11일

01 다음 감상평과 관련 있는 작품 감상 방법을 〈보기〉에서 골라 쓰시오.

+ 보기 +

반영론   표현론   효용론

(1) 윤동주의 「쉽게 씌어진 시」는 일제 강점기라는 시대 상황을 반영해 보면 더 깊게 시를 감상할 수 있어. → (   )

(2) 김유정의 「봄봄」 속 주인공이 순박한 이유는, 작가가 자신의 고향 사람들을 떠올리며 그들의 순수한 면모를 작품에 담아냈기 때문이 아닐까? → (   )

(3) 채만식의 「당랑의 전설」에서 주인공이 시대에 적응하지 못하고 뒤떨어지는 모습을 통해 독자는 억척스레 전통을 고집하면 안 된다는 교훈을 얻을 수 있겠어. → (   )

02 다음 중 상책 : 하책 과 같은 의미 관계로 짝지어진 것은?

이별의 슬픔은 빨리 잊어버리는 것이 상책 이라고 한다. 하지만 이별의 슬픔을 무조건 잊으려고 하는 것은 하책 이라 할 수 있다. 왜냐하면 감정은 회피하고 숨긴다고 하여 사라지는 것이 아니기 때문이다. 오히려 충분히 슬퍼하고 나면 다시 일어설 힘이 생긴다.

① 넋 : 혼백   ② 계책 : 계략   ③ 규중 : 규방
④ 길조 : 흉조   ⑤ 다반사 : 예삿일

03 다음 중 밑줄 친 어휘의 의미 관계가 다른 하나는?

① 마을 인심이 삭막하다. – 그는 비굴하게 굴었다.

② 그간의 사정을 이실직고했다. – 그는 죄를 실토했다.

③ 의무관에게 진료를 받았다. – 그는 다급히 군의관을 불렀다.

④ 괴이한 소문이 퍼졌다. – 그는 무언가 이상야릇한 분위기가 있다.

⑤ 회의가 난장판이 되었다. – 안경을 찾느라 방을 아수라장으로 만들었다.

04 다음 중 밑줄 친 어휘의 쓰임이 적절하지 <u>않은</u> 것은?

① 멍하니 서서 <u>만경창파</u>를 바라보니 답답했던 속이 좀 시원해졌다.

② <u>임기응변</u>으로 토대를 탄탄하게 쌓아 놓아서 다리가 무너지지 않았다.

③ 범인이 <u>이실직고</u>를 하지 않고 있으니 경찰들은 곤란한 상황에 빠졌다.

④ 대표팀은 예선전에서 한 번 이겼을 뿐인데 <u>기고만장</u>하다가 대패하였다.

⑤ 할아버지는 가족을 모두 북에 두고 <u>혈혈단신</u> 남으로 내려온 것을 후회하셨다.

05 다음 중 어휘의 선택이 적절하지 <u>않은</u> 것은?

- 그녀는 (간드러진 / 윤허하는) 목소리로 노래하였다. ┄┄┄┄┄┄┄┄┄┄┄┄ ①
- 반드시 진실을 (규명하려는 / 잠입하려는) 노력을 해야 한다. ┄┄┄┄┄┄┄┄┄ ②
- 당선자는 (애달픈 / 득의만만한) 표정으로 소감을 발표하였다. ┄┄┄┄┄┄┄ ③
- 이 마을 사람들은 상부상조하는 (미덕 / 악덕)을 지키며 살아오고 있다. ┄┄┄┄ ④
- 구조 대원들은 생존자를 찾기 위해 (칠흑 / 난장판)보다도 깜깜한 바다를 누볐다. ┄ ⑤

06 다음 빈칸에 들어갈 어휘로 가장 적절한 것은?

다영: 이번에 우리들의 하루를 주제로 시나리오를 써 봤는데 평가해 줄 수 있니?

영준: (시나리오를 읽은 후) 음, 재밌다! 그런데 앞부분에 (   ) 기법을 사용해 보면 어때? 학교에 가기 위해 준비하는 장면을 밥 먹는 장면과 가방을 메고 현관에서 신발을 신는 장면, 이렇게 두 장면을 이어 붙여서 표현하면 더 간결한 느낌이 들 거야.

① 암전　　　　② 방백　　　　③ 몽타주　　　　④ 효과음　　　　⑤ 클로즈업

07 다음 빈칸에 공통으로 들어갈 어휘로 가장 적절한 것은?

- 소인은 재물을 주고받고 (   )은/는 아름다운 말을 주고받는다.
- 아버지는 인품이 뛰어나셔서 주변에서 성인(   )(으)로 칭송받으셨다.

① 군자　　　　② 길조　　　　③ 영웅　　　　④ 사상범　　　　⑤ 상이군인

2주차 종합 문제 07일~11일

[08~09] 다음 문장의 밑줄 친 어휘와 같은 뜻으로 쓰인 것을 찾아 ○표 하시오.

08

> 흔들리는 촛불에 친구의 그림자가 <u>일렁였다</u>.

(1) 나는 민수를 볼 때마다 마음이 <u>일렁였다</u>.   (   )
(2) 언덕에서는 불이 <u>일렁이며</u> 타오르고 있었다.   (   )

09

> 나이가 들어서인지 세월의 <u>무상함</u>을 많이 느낀다.

(1) 그의 <u>무상함</u> 때문에 주변 사람들은 상처를 받는다.   (   )
(2) 건강했던 친구가 갑자기 죽다니 인생은 참 <u>무상하다</u>. (   )

10 다음 중 밑줄 친 부분을 바꿔 쓴 표현으로 적절하지 <u>않은</u> 것은?

① 치킨 한 마리 정도는 혼자서도 <u>너끈하다</u>. → 만족하다
② 저 멀리에서 <u>창공</u>을 가르는 비행기 소리가 들려온다. → 하늘
③ 다행히 어머니 <u>임종을 지켜</u> 드렸다. → 돌아가실 때 그 곁에 있어
④ 그녀는 따뜻한 분위기 <u>연출</u>을 위해 방에 무드등을 놓아두었다. → 형성
⑤ 혼자 살게 된 후로 <u>적적하여</u> 반려견을 입양하였다. → 하는 일 없이 심심하여

11 다음 중 ㉠~㉤의 쓰임이 적절하지 <u>않은</u> 것은?

> 선생님: 오늘은 소설에서 당대 현실을 어떻게 ㉠<u>반영</u>하였는지에 초점을 맞추어 문학 작품을 감상해 볼까요?
> 학생 1: 「수난 이대」에서는 주인공 만도가 일제 ㉡<u>치하</u>에서 군수 공장으로 ㉢<u>징용</u>을 간 사건을 통해 우리 민족의 ㉣<u>애달픔</u>을 그리고 있어요.
> 학생 2: 「탈향」에서는 6·25 전쟁 때 피란민이 겪은 고난을 통해 우리 현대사의 아픔을 ㉤<u>판가름</u>하고 있어요.

① ㉠   ② ㉡   ③ ㉢   ④ ㉣   ⑤ ㉤

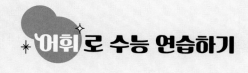

[12~13] 다음 글을 읽고, 물음에 답하시오. | 17시행 수능

> ▶ 어휘 체크　☐ 가소롭다　☐ 화친　☐ 애걸하다
>
> 　박씨가 (　㉠　) 계화로 하여금 외쳐 왈, "무지한 오랑캐야, 너희 왕 놈이 무식하여 은혜지국
> 을 침범하였거니와, 우리 왕대비는 데려가지 못하리라. 만일 그런 뜻을 두면 너희들은 본국에 돌
> 아가지 못하리라." 하니 오랑캐 장수들이 가소롭게 여겨, "우리 이미 화친 언약을 받고 또한 인물
> 이 나의 장중에 매였으니 그런 말은 생심도 말라." 하며, 혹 욕을 하며 듣지 아니하거늘, 박씨가
> 또 계화로 하여금 다시 외쳐 왈, "너희가 일양 그리하려거든 내 재주를 구경하라." 하더니, 이윽
> 고 공중으로 두 줄기 무지개 일어나며, 모진 비가 천지를 뒤덮게 오며, 음풍이 일어나며 백설이
> 　　　　　　　　　　한결같이 그대로. 또는 꼭 그대로.
> 날리고, 얼음이 얼어 군마의 발굽이 땅에 붙어 한 걸음도 옮기지 못하는지라. 그제야 오랑캐 장수
> 들이 황겁하여 아무리 생각하여도 모두 함몰할지라. 마지못하여 장수들이 투구를 벗고 창을 버
> 　겁이 나서 얼떨떨하여.　　　　　　　　　　　결딴이 나서 없어질지라.
> 려, 피화당 앞에 나아가 꿇어 애걸하기를, "오늘날 이미 화친을 받았으나 왕대비는 아니 뫼셔 갈
> 것이니, 박 부인 덕택에 살려 주옵소서."
>
> 　　　　　　　　　　　　　　　　　　　　　　　　　　　　　　　　– 작자 미상, 「박씨전」 중에서

12 윗글에 대한 설명으로 가장 적절한 것은?

① 판소리 사설을 산문화한 판소리계 소설로 운문체가 쓰였다.

② 편집자적 논평을 통해 주인공의 활약상에 대해 평가하고 있다.

③ 독백을 통해 주인공의 내적 갈등과 그 해결 과정을 드러내고 있다.

④ 영웅적인 주인공이 전쟁에서 활약하는 이야기인 영웅 군담 소설이다.

⑤ 이야기 속에 또 하나의 이야기가 들어 있는 액자식 구성으로 전개되고 있다.

13 다음 중 ㉠에 들어갈 어휘로 가장 적절한 것은?

① 부인　　　　　　② 시비　　　　　　③ 신하

④ 장수　　　　　　⑤ 삼정승

▶ 어휘 체크 ☐ 인력거 ☐ 간드러지다 ☐ 경망스럽다 ☐ 역정 ☐ 농

인력거에서 내려선 윤 직원 영감은, 저절로 떠억 벌어지는 두루마기 앞섶을 여미려고 하다가 도로 걷어 젖히고서, ⊙간드러지게 허리띠에 가 매달린 새 파란 염낭끈을 풉니다.

_{허리에 차는 작은 주머니의 하나.}

"인력거 쌕이(삯이) 몇 푼이당가?" / 이 이야기를 쓰고 있는 당자 역시 전라도 태생이기는 하지만, 그 전라도 말이라는 게 좀 경망스럽습니다.

"그저 처분해 줍사요!" (중략)

윤 직원 영감은 더러 역정을 내어 하마 삿대질이라도 할 듯이 한 걸음 나섭니다.

"……자네가 아까 날더러 처분대루 허라구 허잖읏넝가?" / "네에!"

"그렇지……? 그런디 거, 처분대루 허람 말은 맘대루 허람 말이 아닝가?"

인력거꾼은 비로소 속을 알았습니다.

알고 보니 참 기가 막힙니다. 농도 할 사람이 따로 있지요. 웬만하면, 허허! 하고 한바탕 웃어 젖힐 노릇이겠지만 점잖은 어른 앞에서 그럴 수는 없고, 그래 히죽이 웃기만 합니다.

"……그리서 나넌 그렇기 처분대루, 응……? 맘대루 말이네. 맘대루 허라구 허길래, 아 인력거 삯 안 주어도 갱기찮헌 종 알구서, 그냥 가라구 히였지!"

인력거꾼은 이 어른이 끝끝내 농을 하느라고 이러는가 했지만, 윤 직원 영감의 안색이며 말씨며 조금도 그런 내색이 보이지 않습니다.

– 채만식, 「태평천하」 중에서

14 윗글에 대한 설명으로 가장 적절한 것은?

① 인물 간 갈등이 해소되고 있다.

② 긍정적 인물이 전면에 드러나고 있다.

③ 방언을 사용하여 인물을 희화화하였다.

④ 쓸쓸하고 적적한 분위기가 연출되고 있다.

⑤ 사건의 관찰자가 개입하여 인물의 잘못을 판가름하고 있다.

15 다음 중 ⊙의 뜻으로 가장 적절한 것은?

① 정상적이지 않고 별나며 괴상하게.

② 크고 긴 물건 등이 이리저리 크게 흔들리며.

③ 보기에 옳지 못하거나 떳떳하지 못한 데가 있게.

④ 일이 뜻대로 잘될 때, 우쭐하여 뽐내는 기세가 대단하게.

⑤ 목소리나 맵시 등이 마음을 녹일 듯이 예쁘고 애교가 있으며, 멋들어지게 보드랍고 가늘게.

어휘 더하기

▶ '動(움직이다 동)'이 들어가는 한자 성어

경거망동

가볍다 輕 들다 擧 허망하다 妄 움직이다 動

경솔하여 생각 없이 망령되게 행동함. 또는 그런 행동.

경천동지

놀라다 驚 하늘 天 움직이다 動 땅 地

하늘을 놀라게 하고 땅을 뒤흔든다는 뜻으로, 세상을 몹시 놀라게 함을 비유적으로 이르는 말.

動
움직이다 동

요지부동

흔들리다 搖 가다 之 아니다 不 움직이다 動

흔들어도 꼼짝하지 아니함.

행동거지

다니다 行 움직이다 動 들다 擧 그치다 止

몸을 움직여 하는 모든 짓.

[01~03] 빈칸에 들어갈 한자 성어를 〈보기〉에서 골라 쓰시오.

━━◆ 보기 ◆━━

| 경거망동 | 요지부동 | 행동거지 |

01 아무리 설득해도 김 선생의 결심은 (   )이다.

02 저 사람의 (   )이/가 수상하니 잘 지켜보십시오.

03 어디를 가든 (   )을/를 삼가고 매사에 조심해야 한다.

답 **01** 요지부동 **02** 행동거지 **03** 경거망동

진단평가

12일까지 학습을 마쳤으면 QR 코드를 찍어 진단 평가를 해 보세요.

3주차

인문 분야의 글과 관련한 어휘 ❶

▶ 어휘 책을 펼쳐 보아요.

▶ 아는 어휘에 ○표 해요. (　／17)

가설	개연성	귀납 논증	본질	
상관관계	소탐대실	실존	요긴하다	
인지상정	고결하다	교역로	불협화음	
사회주의	전유물	초안	토대	홍익인간

▶ 십자말풀이를 완성해요. (　／10)

▶ 확인 문제로 복습해요. (　／14)

나의 어휘 경험치

주제1 　철학·논리와 관련한 어휘

가설

1회 □
2회 □

거짓 假
말씀 說

어떤 사실을 설명하거나 이론 체계를 이끌어 내려고 임시로 세운 가정.

(예문) 그가 학계에 제시한 **가설**은 20년 만에 증명되었다.

(실전) 사회 현상의 원인을 파악하기 위해 **가설**을 설정하고 실험을 통해 그 타당성을 검증하고 있다. | 20 고1 6월

(참고) 가정 1) 사실이 아니거나 사실인지 아닌지 분명하지 않은 것을 임시로 인정함.
　　　 2) 어떤 논리를 증명하기 위한 근거로 임시의 조건을 둠. 또는 그 조건.

개연성

1회 □
2회 □

덮다 蓋
그러하다 然
성품 性

일반적으로 그 일이 생길 수 있는 가능성.

(예문) 그는 사건 현장에 없었으므로 범인일 **개연성**이 없다.

(실전) 소설에서 시간 지표는 배경을 지시할 뿐만 아니라, 우연하게 일어날 수 있는 사건들에 **개연성**을 부여한다. | 21시행 6월 모평

(참고) 필연성 어떤 일의 결과나 사물의 관계가 반드시 그렇게 될 수밖에 없는 요소나 성질.

귀납 논증

1회 □
2회 □

돌아오다 歸
들이다 納
논의하다 論
증거 證

구체적 사실이나 개별적 원리로부터 일반적인 결론이나 법칙을 이끌어 내는 논리 전개 방식.

(예문) '서연이가 지금껏 본 까마귀는 모두 검었으므로, 모든 까마귀는 검을 것이다.'와 같은 추론을 **귀납 논증**이라고 한다.

(참고) 연역 논증 일반적 사실이나 원리로부터 개별적인 사실이나 특수한 원리를 이끌어 내는 논리 전개 방식.
유추 두 사물이 여러 면에서 비슷하다는 것을 근거로 다른 속성도 비슷할 것이라고 미루어 짐작하는 일.

| 1회 ☐ 2회 ☐ | **본질** 근본 **本** 바탕 **質** | 1) 사물이나 현상의 근본적인 성질이나 모습. |

(예문) 김 교수는 겉으로 드러난 현상보다는 그 **본질**을 파악해야 한다고 말했다. / 서영이의 입장은 나의 생각과 **본질**적인 차이가 있다.

2) 어떤 존재에 관해 '그 무엇'이라고 정의될 수 있는 성질.

(실전) 무엇인가를 쓴다는 것은 연필의 **본질**이므로, 연필의 존재는 그 **본질**로부터 나온다. | 20 고2 6월

| 1회 ☐ 2회 ☐ | **상관관계** 서로 **相** 빗장 **關** 빗장 **關** 걸리다 **係** |

두 가지 가운데 한쪽이 변화하면 다른 한쪽도 따라서 변화하는 관계.

(예문) 폐암과 흡연은 서로 **상관관계**가 있음을 부정하기 어렵다.

(실전) 천장의 높이와 창의력 사이에 **상관관계**가 있다는 연구 결과가 발표되었다. | 19 고1 9월

| 1회 ☐ 2회 ☐ | **소탐대실** 작다 **小** 탐하다 **貪** 크다 **大** 잃다 **失** |

작은 것을 탐하다가 큰 것을 잃음.

(예문) 그는 놀이에서 이기고 싶어서 친구를 속였다가 결국 친구를 잃는 **소탐대실**의 어리석음을 저질렀다.

(참고) 침소봉대 바늘처럼 작은 것을 몽둥이처럼 크다고 한다는 뜻으로, 작은 일을 크게 부풀려서 말함을 비유적으로 이르는 말.

| 1회 ☐ 2회 ☐ | **실존** 열매 **實** 있다 **存** |

1) 실제로 존재함. 또는 그런 존재.

(예문) 배우의 연기가 뛰어나 마치 등장인물이 **실존**하는 것같이 느껴졌다.

(실전) 이 작품은 뛰어난 능력을 가지고 있으나 신분적 한계로 인해 자신의 능력을 펼치지 못했던 **실존** 인물 최치원의 삶을 바탕으로 창작되었다. | 20 고1 3월

2) 실존 철학에서, 자기의 존재를 자각적으로 물으면서 존재하는 인간의 주체적인 상태.

(예문) **실존**은 인간의 주체적 존재성을 강조하는 **실존**주의 사조와 관련되는 개념이다.

(실전) 이전의 철학자들이 인간의 본질이 무엇이냐는 근원적 물음을 탐구했다면, 사르트르는 개개인의 **실존**을 문제 삼았다. | 20 고2 6월

| 1회 ☐ 2회 ☐ | **요긴하다** 중요하다 **要** 팽팽하다 **緊** |

꼭 필요하고 중요하다.

(예문) 그것은 살림할 때 없어서는 안 되는 아주 **요긴**한 물건이다. / 나에게는 필요 없는 물건도 다른 사람에게는 **요긴**하게 쓰일 수 있다.

| 1회 ☐ 2회 ☐ | **인지상정** 사람 **人** 가다 **之** 항상 **常** 뜻 **情** |

사람이면 누구나 가지는 보통의 마음.

(예문) 안타까운 상황에 놓인 사람을 가엾게 여기는 것은 **인지상정**이다.

(실전) 살고 싶고 죽기 싫은 것이 **인지상정**입니다. | 20시행 수능

(유의) 인정 사람이 본래 가지고 있는 온갖 감정이나 마음.

(참고) 측은지심 불쌍히 여기는 마음.

주제 2 역사와 관련한 어휘

1회 ☐
2회 ☐

고결하다

높다 高
깨끗하다 潔

성품이나 인격이 매우 훌륭하고 깨끗하다.

(예문) 조선 시대의 선비들은 **고결한** 지조를 지키며 살고자 했다.

(유의) 고상하다 품위나 몸가짐의 수준이 높고 훌륭하다.

1회 ☐
2회 ☐

교역로

사귀다 交
바꾸다 易
길 路

물건을 사고팔고 하여 서로 바꾸기 위해 지나다니는 길.

(예문) 실크로드는 중국과 로마를 잇는 동서 무역의 **교역로** 역할을 하였다. / 그 상인들은 스스로 **교역로**를 개척하였다.

1회 ☐
2회 ☐

불협화음

아니다 不   돕다 協
화목하다 和   소리 音

어떤 집단 내의 사람들 사이가 원만하지 않음을 비유적으로 이르는 말.

(예문) 양국 사이의 **불협화음**은 주로 외교적 갈등으로 인한 것이었다.

(유의) 마찰 이해나 의견이 서로 다른 사람이나 집단이 충돌함.

1회 ☐
2회 ☐

사회주의

모이다 社   모이다 會
주인 主   옳다 義

개인의 재산을 인정하지 않고 생산 수단을 사회화하여 자본주의를 넘어서는 사회 제도를 실현하려는 사상. 또는 그 운동.

(예문) **사회주의** 국가에서는 모든 생산 수단을 나라의 소유로 한다.

(참고) 자본주의 자본을 생산 수단으로 가진 사람이 이익을 얻기 위해 생산 활동을 하도록 보장하는 사회 경제 체제.

1회 ☐
2회 ☐

전유물

오로지 專
있다 有
만물 物

혼자 독차지하여 가지는 물건.

(예문) 전근대 시대에서 예술이나 문화는 귀족들의 **전유물**로 여겨졌으나 현대 사회에서는 그렇지 않다.

(참고) 독점 혼자서 모두 차지함.

아무도 안줘!

1회 ☐
2회 ☐

초안

풀 草
책상 案

1) 원고나 문서 등을 처음 대강 적음. 또는 그 원고나 문서.

(예문) 드디어 연설문의 **초안**을 작성하였다.

2) 안건이나 계획 등을 처음 대강 정함. 또는 그 안건이나 계획.

(예문) 그는 문제를 해결할 **초안**을 잡아 보았다.

1회 ☐
2회 ☐

토대

흙 土
돈대 臺

어떤 일이나 사물의 바탕이 되는 기초.

(예문) 그의 의로운 행동이 역사 발전의 **토대**를 마련하였다.

(실전) 이 기술은 생명 과학 연구를 더욱 발전시키는 **토대**가 될 것입니다. | 20 고2 11월

1회 ☐
2회 ☐

홍익인간

넓다 弘   더하다 益
사람 人   사이 間

널리 인간을 이롭게 함.

(예문) 우리나라의 건국 이념은 널리 인간을 이롭게 한다는 **홍익인간**이다.

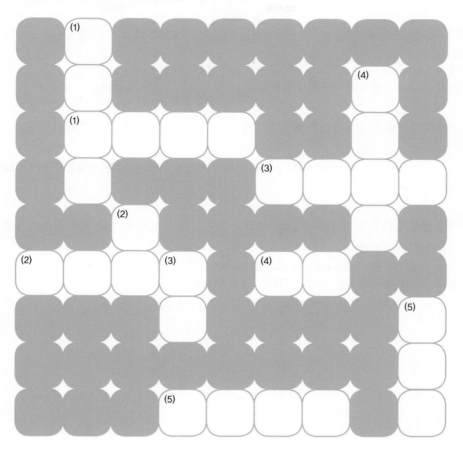

01 다음 뜻풀이를 보고 십자말풀이를 완성하시오.

 가로

(1) 두 가지 가운데 한쪽이 변화하면 다른 한쪽도 따라서 변화하는 관계.

(2) 작은 것을 탐하다가 큰 것을 잃음.

(3) 꼭 필요하고 중요하다.

(4) 사물이나 현상의 근본적인 성질이나 모습.

(5) 구체적 사실이나 개별적 원리로부터 일반적인 결론이나 법칙을 이끌어 내는 논리 전개 방식.

세로

(1) 사람이면 누구나 가지는 보통의 마음.

(2) 어떤 일이나 사물의 바탕이 되는 기초.

(3) 실존 철학에서, 자기의 존재를 자각적으로 물으면서 존재하는 인간의 주체적인 상태.

(4) 성품이나 인격이 매우 훌륭하고 깨끗하다.

(5) 물건을 사고팔고 하여 서로 바꾸기 위해 지나다니는 길.

[02~06] 빈칸에 들어갈 알맞은 어휘를 〈보기〉에서 골라 쓰시오.

┌─────────────── 보기 ───────────────┐
│ 개연성   전유물   불협화음   사회주의   홍익인간 │
└──────────────────────────────────┘

02 이번 사고는 운전자의 부주의로 일어났을 [   ]이/가 높다.

03 국가의 보물로 지정된 유물은 특정 개인의 [   ]이/가 될 수 없다.

04 [   ]은/는 한때 사회 구성원 모두의 평등을 꿈꾸는 많은 사람들로부터 상당한 지지를 받았다.

05 서양 문물에 대한 개화파와 위정척사파의 [   ](으)로 인해 조선 왕조의 운명은 비극으로 치닫게 되었다.

06 우리나라의 건국 이념은 널리 인간을 이롭게 한다는 (TIP 나라를 세우는 데 최고 이상으로 삼는 정신.) [   ](으)로 단군의 고조선 건국 이래 사천 년 동안 이어져 왔다.

[07~09] 제시된 초성과 뜻을 참고하여 빈칸에 들어갈 알맞은 어휘를 쓰시오.

07 **ㄱㅅ** : 어떤 사실을 설명하거나 이론 체계를 이끌어 내려고 임시로 세운 가정.
→ 실제로 검증할 수 없는 가정은 이론적인 (   )에 불과하다.

08 **ㅅㅈ** : 실제로 존재함. 또는 그런 존재.
→ 전설로만 전해지던 섬의 (   ) 사실이 밝혀졌다.

09 **ㅊㅇ** : 원고나 문서 등을 처음 대강 적음. 또는 그 원고나 문서.
→ 미래는 친구들의 조언을 듣고 미리 만들어 둔 동아리 홍보 포스터의 (   ) 을/를 수정했다.

[10~12] 다음 논증 방식에 해당하는 설명과 예를 찾아 연결하시오.

10 유추 •

11 귀납 논증 •

12 연역 논증 •

• ㉠ 두 사물이 여러 면에서 비슷하다는 것을 근거로 다른 속성도 비슷할 것이라고 추론하는 방식.

• ㉡ 일반적 사실이나 원리로부터 개별적인 사실이나 특수한 원리를 이끌어 내는 방식.

• ㉢ 구체적 사실이나 개별적 원리로부터 일반적인 결론이나 법칙을 이끌어 내는 방식.

• ㉮ 지구에는 생물이 산다. 화성과 지구의 환경은 비슷하다. 화성에도 생물이 살 것이다.

• ㉯ 소크라테스는 죽는다. 플라톤은 죽는다. 아리스토텔레스는 죽는다. 따라서 모든 인간은 죽는다.

• ㉰ 모든 사람은 죽는다. 소크라테스는 사람이다. 따라서 소크라테스는 죽는다.

3주차

13 다음 중 밑줄 친 부분과 바꿔 쓰기에 가장 적절한 것은?

> 어려운 이웃을 보면 도와주고 싶고, 물에 빠진 사람을 보면 구해 주고 싶은 것은 <u>사람이면 누구나 가지는 보통의 마음</u>이 있기 때문이다.

① 상관관계 　② 소탐대실 　③ 인과관계 　④ 인지상정 　⑤ 측은지심

14 다음 중 밑줄 친 어휘의 쓰임으로 적절하지 <u>않은</u> 것은?

① 겨울에는 손이 시려서 장갑이 <u>요긴하게</u> 쓰인다.
② 그는 인격이 <u>고결해</u> 주변 사람들에게 손가락질을 받았다.
③ 법정에서는 여러 가지 증거를 <u>토대로</u> 죄가 있는지를 가린다.
④ 회원들 간의 <u>불협화음</u>으로 인해 단체 내부에는 분란이 끊이질 않았다.
⑤ 차마고도는 중국의 차와 티베트의 말을 교환하기 위해 닦인 <u>교역로</u>이다.

아이템 발견!

인문 분야의 글과 관련한 어휘 ❷

▶ 어휘 책을 펼쳐 보아요.

▶ 아는 어휘에 ○표 해요. (/ 18)

나의 어휘 경험치

모방	아이콘	유네스코	인프라	절기
지평	향유하다	겸허하다	돈독하다	
시기상조	시행착오	역량	절체절명	
추스르다	충만하다	타파하다	품격	함양하다

▶ 어휘 퍼즐을 완성해요. (/ 10)

▶ 확인 문제로 복습해요. (/ 17)

주제1 **문화와 관련한 어휘**

1회 ☐
2회 ☐
모방
법 模
본받다 倣

다른 것을 본뜨거나 본받음.

(예문) 예술 작품에서는 **모방**보다 창조를 더 소중히 여긴다.

(실전) 그들은 건축은 실물을 제작하는 활동이라고 여겼던 반면 회화와 조각은 실물을 **모방**하는 활동이라고 여겼다. | 17 고3 4월

(반의) 창조 1) 전에 없던 것을 처음으로 만듦.
2) 새로운 성과나 업적, 가치 등을 이룩함.

1회 ☐
2회 ☐
아이콘
icon

어떤 분야를 대표하거나 그 분야에서 최고인 사람, 사물 등을 이르는 말.

(예문) 그 가수는 가창력도 좋지만 옷을 입는 감각도 뛰어나 패션의 **아이콘**으로 불리고 있다.

(유의) 우상 신처럼 여겨 우러러 받드는 물건이나 사람.

1회 ☐
2회 ☐
유네스코
UNESCO

교육, 과학, 문화의 보급과 국제 교류 증진을 통한 국제간의 이해와 세계 평화를 추구하는 국제 연합 전문 기관의 하나.

(예문) **유네스코**는 인류 공동의 유산을 찾아서 보존하는 업무를 한다.

1회 ☐
2회 ☐
인프라
infrastructure

생산이나 생활의 기반을 형성하는 중요한 구조물. 도로, 항만, 철도, 발전소, 통신 시설 등의 산업 기반과 학교, 병원, 상수·하수 처리 등의 생활 기반이 있다.

(예문) ○○ 마을은 관광객들이 보고 즐길 거리를 다양하게 개발하며 관광 **인프라**를 구축해 나가겠다고 밝혔다.

| 1회 ☐
2회 ☐ | **절기**
마디 節
기운 氣 | 한 해를 스물넷으로 나눈 계절의 표준이 되는 것. |

(실전) 우리 민족은 예로부터 '음식이 곧 약'이라고 생각하였고, **절기**에 따라 떡을 먹으며 자신의 건강뿐만 아니라 공동체의 안녕을 빌었다. | 22 고2 6월

(참고) 동지 일 년 중 밤이 가장 긴 날로 24절기 중 하나. 12월 22일경이다.
입추 일 년 중 가을이 시작된다는 날로 24절기 중 하나. 8월 8일경이다.
입춘 일 년 중 봄이 시작된다는 날로 24절기 중의 하나. 2월 4일경이다.
하지 일 년 중 낮이 가장 긴 날로 24절기 중 하나. 6월 21일경이다.

3
주
차

| 1회 ☐
2회 ☐ | **지평**
땅 地
평평하다 平 | 1) 넓고 평평한 땅. |

(예문) 언덕을 한참 올라간 곳에서 탁 트인 **지평**을 볼 수 있었다.

2) 사물의 전망이나 가능성 등을 비유적으로 이르는 말.

(예문) 김 작가는 만화라는 문화의 **지평**을 한 차원 높였다.

(실전) 브레송의 '결정적 순간'은 사진작가 각자의 개성이 담긴 결정적 순간으로 확대되면서 예술 **지평**을 넓혔다는 평가를 받았다. | 19 고2 9월

| 1회 ☐
2회 ☐ | **향유하다**
누리다 享
있다 有 | 누리어 가지다. |

(예문) 대중들이 예술을 **향유**할 수 있는 기회를 많이 제공해야 한다.

(실전) 사대부들이 **향유**한 시가는 정치적 성격을 띠기도 한다. | 15시행 수능(A형)

(참고) 만끽하다 느낌이나 기분을 마음껏 즐기다.

주제 2 심리와 관련한 어휘

| 1회 ☐
2회 ☐ | **겸허하다**
겸손하다 謙
비다 虛 | 스스로 자신을 낮추고 비우는 태도가 있다. |

(예문) 그녀는 스승에게 칭찬을 받았으나 **겸허한** 모습을 보였다.

(실전) 자신의 경험에 오류가 있을 수도 있음을 받아들이는 **겸허한** 태도가 필요하다. | 15 고1 6월

(유의) 겸손하다 남을 존중하고 자기를 내세우지 않는 태도가 있다.

| 1회 ☐
2회 ☐ | **돈독하다**
도탑다 敦
도탑다 篤 | 믿음, 의리, 인정 등이 깊고 성실하다. |

(예문) 현서는 동생과 티격태격하기는 해도 **돈독한** 사이이다.

(실전) 글쓴이는 사업에 실패해서 낙향한 친구와 함께 시골에서 **돈독한** 우정을 나누었다. | 17 고1 6월

(유의) 도탑다 서로의 관계에 사랑이나 인정이 많고 깊다.

| 1회 ☐
2회 ☐ | **시기상조**
때 時
틀 機
오히려 尚
일찍 早 | 어떤 일을 하기에 아직 때가 이름. |

(예문) 많은 사람들이 이 문제에 대해 입장을 밝히는 것은 **시기상조**라며 말을 돌렸다.

(실전) 자율 좌석제 시행은 **시기상조**이다. | 14 고3 3월

(반의) 사후 약방문 무언가를 해야 하는 때를 놓친 후에야 뒤늦게 대책을 세움을 이르는 말.

시행착오

시험하다 試
다니다 行
섞이다 錯
그릇하다 誤

어떤 목표에 이르기 위해 시도와 실패를 되풀이하면서 점점 알맞은 방법을 찾는 일.

(예문) 그는 오랜 **시행착오** 끝에 신제품을 출시할 수 있었다.

(참고) 착오 착각을 하여 잘못함. 또는 그런 잘못.

역량

힘 力
헤아리다 量

어떤 일을 해낼 수 있는 힘.

(예문) 모든 **역량**을 발휘하여 작품을 완성하였다.

(유의) 능력 일을 감당해 낼 수 있는 힘.

절체절명

끊다 絶
몸 體
끊다 絶
목숨 命

몸도 목숨도 다 되었다는 뜻으로, 어찌할 수 없는 절박한 경우를 비유적으로 이르는 말.

(예문) 우리 팀이 이대로 해체되느냐 마느냐 하는 **절체절명**의 위기에 놓여 있다.

(참고) 풍전등화 바람 앞의 등불이라는 뜻으로, 사물이 매우 위태로운 처지에 놓여 있음을 비유적으로 이르는 말.

추스르다

일이나 생각 등을 수습하여 처리하다.

(예문) 평정심을 잃었던 마음을 **추스르고** 평온한 상태로 돌아왔다.

(유의) 가다듬다 정신, 생각, 마음 등을 바로 차리거나 다잡다.

충만하다

가득하다 充
차다 滿

한껏 차서 가득하다.

(실전) 이러한 주장은 그가 자연을 생명이 **충만한** 아름다운 전원으로 여긴 것에서 비롯되었다. | 18 고3 4월

타파하다

치다 打
깨뜨리다 破

부정적인 규정, 관습, 제도 등을 깨뜨려 버리다.

(예문) 여성의 인권 신장을 통해 뿌리 깊이 박힌 남아 선호 사상을 **타파하고자** 한다.

(유의) 척결하다 나쁜 부분이나 요소들을 깨끗이 없애 버리다.

품격

물건 品
격식 格

1) 사람 된 바탕과 타고난 성품.

(예문) 그는 고결한 **품격**으로 많은 사람들의 존경을 받았다.

2) 사물 등에서 느껴지는 품위.

(예문) 이 호텔의 시설은 다른 곳보다 고급스럽고 **품격**이 높기로 유명하다.

(유의) 품위 사람이 갖추어야 할 위엄이나 기품.

함양하다

젖다 涵
기르다 養

능력이나 품성 등을 길러 쌓거나 갖추다.

(예문) 그림책은 아이들의 정서를 **함양하는** 데 도움이 된다.

(실전) 공동체 의식을 **함양하기** 위해서는 모든 학생들의 참여가 필요하다. | 15 고1 11월

01 다음 뜻에 알맞은 어휘를 찾아 가로, 세로, 대각선으로 표시하시오.

시	시	고	전	역	가	인	프	라
행	간	기	하	량	슬	설	만	들
착	창	문	상	재	유	미	절	기
오	틈	엄	마	조	겸	네	모	근
절	아	이	콘	걱	허	정	스	라
미	체	처	함	양	하	다	야	코
풍	묘	절	음	걱	다	실	기	아
시	름	하	명	날	날	래	이	엄

3주차

(1) 어떤 일을 해낼 수 있는 힘.

(2) 어떤 일을 하기에 아직 때가 이름.

(3) 능력이나 품성 등을 길러 쌓거나 갖추다.

(4) 스스로 자신을 낮추고 비우는 태도가 있다.

(5) 생산이나 생활의 기반을 형성하는 중요한 구조물.

(6) 한 해를 스물넷으로 나눈, 계절의 표준이 되는 것.

(7) 어떤 분야를 대표하거나 그 분야에서 최고인 사람, 사물 등을 이르는 말.

(8) 어떤 목표에 이르기 위해 시도와 실패를 되풀이하면서 점점 알맞은 방법을 찾는 일.

(9) 몸도 목숨도 다 되었다는 뜻으로, 어찌할 수 없는 절박한 경우를 비유적으로 이르는 말.

(10) 교육, 과학, 문화의 보급과 국제 교류 증진을 통한 국제간의 이해와 세계 평화를 추구하는 국제 연합 전문 기관의 하나.

[02~06] 다음 빈칸에 들어갈 어휘를 〈보기〉에서 골라 알맞게 활용하여 쓰시오.

◆ 보기 ◆

| 겸허하다 | 돈독하다 | 충만하다 | 타파하다 | 함양하다 |
---

02 독서는 지식을 넓히고 정서를 [   ]에 좋은 수단이다.

03 관객들의 [   ] 열기로 인해 공연장은 뜨겁게 달아오르고 있었다.

04 지효는 학생회장 선거에서 떨어졌지만 분해하지 않고 결과를 [   ] 받아들였다.

05 수연이와 승준이는 크게 싸우고 화해한 뒤로 오히려 더욱 [   ] 사이를 유지하고 있다.

06 최근 기업 내 권위주의를 [   ](으)로써 올바른 조직 문화를 세우려는 움직임이 본격화되고 있다.
TIP 본격적이 되다.

[07~10] 다음 밑줄 친 어휘의 뜻을 〈보기〉에서 찾아 그 기호를 쓰시오.

◆ 보기 ◆

㉠ 사람 된 바탕과 타고난 성품.
㉡ 생산이나 생활의 기반을 형성하는 중요한 구조물.
㉢ 사물의 전망이나 가능성 등을 비유적으로 이르는 말.
㉣ 어떤 분야를 대표하거나 그 분야에서 최고인 사람, 사물 등을 이르는 말.
---

07 단정한 모습이나 품위 있는 언행은 종종 그 사람의 <u>품격</u>을 보여 준다.　　　(　　　)

08 그 가수는 단순한 연예인을 넘어 우리 대중문화를 상징하는 <u>아이콘</u>이 되었다.　　(　　　)

09 관광 <u>인프라</u>가 잘 갖추어진 도시일수록 매해 관광객 수가 늘어나게 마련이다.　　(　　　)

10 그는 치열한 역사 인식을 소설에 담아 한국 문학의 <u>지평</u>을 넓혔다는 평가를 받았다. (　　　)

[11~14] 다음 밑줄 친 어휘의 쓰임이 알맞으면 ○에, 틀리면 ×에 표시하시오.

11 그는 내게 지금 와서 후회해 봤자 <u>시기상조</u>라고 혀를 찼다. (○ , ×)

12 이번 회담에서 두 나라의 대통령은 <u>돈독한</u> 양국 관계를 과시했다. (○ , ×)

13 그 사건 이후 그를 본뜬 수많은 <u>모방</u> 범죄가 생겨 경찰이 골머리를 앓았다. (○ , ×)

14 농사를 위해 제정된 24<u>계절</u>에는 농사에 필요한 행위와 관련된 단어들이 많다. (○ , ×)

15 다음 밑줄 친 어휘와 바꿔 쓰기에 가장 적절한 것은?

> 그는 지도자로서의 <u>능력</u>이 모자라기 때문에 정치에서 물러날 수밖에 없었다.

① 기술 ② 역량 ③ 우상 ④ 희생 ⑤ 강제력

16 다음 빈칸에 공통으로 들어갈 어휘로 가장 적절한 것은?

> • 그들은 수많은 (   ) 끝에 성공이라는 열매를 맺어내었다.
> • 성공의 아이콘이라고 불리는 그는 그렇게 되기까지 수많은 (   )을/를 겪었다.

① 계륵 ② 괄목상대 ③ 노심초사 ④ 시종일관 ⑤ 시행착오

17 다음 중 밑줄 친 어휘의 쓰임이 적절하지 <u>않은</u> 것은?

① 지희는 손거울을 꺼내 흐트러진 머리칼을 <u>추슬렀다</u>.
② 영우는 의욕이 <u>충만해</u> 무엇이든 할 수 있을 것 같았다.
③ 이 예식장은 서울 안에서도 <u>품격</u>이 높다고 손에 꼽힌다.
④ 운전자들은 교통 안전 교육을 통해 양보 정신을 <u>함양</u>하였다.
⑤ 김 교수는 대중들이 예술을 <u>향유</u>할 수 있는 기회를 많이 제공해야 한다고 말했다.

퀘스트 성공!

사회 분야의 글과 관련한 어휘 ❶

▶ 어휘 책을 펼쳐 보아요.

▶ 아는 어휘에 ○표 해요. (/ 17)

격차	공익	농업 혁명	보장하다
블루 오션	사회적 약자	산업화	유기체
패러다임	확립하다	과반수	저개발 국가
정비하다	제국주의	중립	집회 회의론자

▶ 어휘 퍼즐을 완성해요. (/ 9)

▶ 확인 문제로 복습해요. (/ 16)

나의 어휘 경험치

주제 1 다양한 사회 현상과 관련한 어휘

1회 ☐
2회 ☐
격차
막다 隔
어그러지다 差

빈부, 임금, 기술 수준 등이 서로 벌어져 다른 정도.

(실전) 학년이 올라감에 따라 어휘력이 높은 학생들과 어휘력이 낮은 학생들 간의 어휘력 **격차**가 점점 더 커짐이 보고되었다. | 22시행 6월 모평

(참고) 정보 격차 정보화 사회의 부정적인 측면을 이르는 말. 소득 등에 따라 접할 수 있는 정보가 질적·양적인 면에서 차이가 나는 것을 이른다.
임금 격차 남녀별·직종별·연령별·학력별·산업별·지역별로 지급되는 개개 노동자의 임금 차이.

1회 ☐
2회 ☐
공익
공변되다 公
더하다 益

사회 전체의 이익.

(예문) 공무원일수록 사리사욕을 버리고 **공익**을 먼저 생각해야 한다.

(실전) **공익**을 추구한다는 명목만으로 개인의 재산권을 제한하는 것은 부당한 침해에 해당한다. | 18 고3 10월

(반의) 사익 개인의 이익.

(참고) 공익(共益) 공동의 이익.

1회 ☐
2회 ☐
농업 혁명
농사 農   업 業
가죽 革   목숨 命

봉건적인 농업 경영에서 근대적인 농업 경영으로의 이행을 통틀어 이르는 말. 농업 기술이나 경영 방법에서 일어난 급격한 변화를 이른다.

(예문) 수렵 채집 생활로 이동을 하던 인류는 **농업 혁명**을 통해 정착 생활을 하게 됨으로써 좀 더 안정적으로 많은 식량을 얻을 수 있게 되었다.

(참고) 산업 혁명 18세기 후반부터 약 100년 동안 유럽에서 일어난 생산 기술과 그에 따른 사회 조직의 큰 변화.

1회 ☐ 2회 ☐	**보장하다** 보전하다 保 가로막다 障	어떤 일이 어려움 없이 이루어지도록 조건을 마련하여 보증하거나 보호하다.

(예문) 자본주의 사회에서는 개인의 이익 추구를 최대한으로 **보장한다**.

(실전) 헌법이 개인에게 **보장하는** 재산권의 내용은 법률로써 그 내용이 구체화된 것이다. | 21 고1 3월

1회 ☐ 2회 ☐	**블루 오션** blue ocean	현재 존재하지 않거나 잘 알려져 있지 않아 경쟁이 치열하지 않은 유망한 시장.

(예문) 최근에는 개인 맞춤형 식품, 반려동물 식품 등이 **블루 오션**으로 떠오르고 있다.

(반의) 레드 오션(red ocean) 이미 잘 알려져 있어 치열한 경쟁을 벌여야 하는 시장.

1회 ☐ 2회 ☐	**사회적 약자** 모이다 社 모이다 會 과녁 的 약하다 弱 놈 者	신체 또는 인지 기능이 다른 사람보다 약한 사람을 포함하여 정치·경제·문화 면에서 일반 주류 구성원들에게 명시적 또는 암묵적으로 차별을 받거나 받는다고 느끼는 집단을 아울러 이르는 말.

(실전) 정약용은 환자나 극빈자, 노인과 어린이 등 **사회적 약자**에 속하는 백성을 적극적으로 보호하는 것이 애민의 내용이라고 주장했다. | 21 고1 3월

(참고) **교통 약자** 교통수단을 이용하거나 도로를 다닐 때 신체적 또는 인지적 기능이 다른 사람보다 더 약한 사람.

1회 ☐ 2회 ☐	**산업화** 낳다 産 업 業 되다 化	산업의 형태가 됨. 또는 그렇게 되게 함.

(실전) 이 작품은 양심적이고 인정미 넘치는 주인공의 삶을 조명하여 **산업화** 속에 사라지고 있는 전통적 삶의 양식을 보여 주고자 했던 작가 의식이 반영되어 있다. | 16 고3 7월

(참고) **도시화** 도시의 문화 형태가 도시 이외의 지역으로 발전·확대됨. 또는 그렇게 만듦.

1회 ☐ 2회 ☐	**유기체** 있다 有 틀 機 몸 體	많은 부분이 일정한 목적 아래 통일·조직되어 그 각 부분과 전체가 필연적 관계를 가지는 조직체.

(예문) 사회는 수많은 사람들에 의해 변화하고 발전하는 하나의 **유기체**이다.

1회 ☐ 2회 ☐	**패러다임** paradigm	어떤 한 시대 사람들의 생각이나 사상을 근본적으로 규정하고 있는 테두리로서의 인식의 체계. 또는 사물에 대한 이론적인 틀이나 체계.

(예문) 지속 가능한 발전을 위해 우리의 삶을 자연 친화적인 **패러다임**으로 전환해야 한다.

(참고) **체계** 일정한 원리에 따라서 낱낱의 부분이 짜임새 있게 조직되어 통일된 전체.

1회 ☐ 2회 ☐	**확립하다** 굳다 確 서다 立	체계나 견해, 조직 등을 확실하게 세우다.

(실전) 우리가 흔히 쓰는 '중생대 쥐라기'와 같은 '대', '기' 등으로 나타내는 지질학적 시간 척도는 19세기 초에 **확립되었다**. | 20 고1 6월

(참고) **수립하다** 국가나 정부, 제도, 계획 등을 이룩하여 세우다.

주제2 정치와 관련한 어휘

1회 ☐
2회 ☐
과반수
지나다 過
반 半
세다 數

절반이 넘는 수.

(예문) 재적 인원의 **과반수**가 출석하지 않으면 회의를 열 수 없다.

(참고) 만장일치 모든 사람의 의견이 같음.

1회 ☐
2회 ☐
저개발 국가
낮다 低　　열다 開
피다 發　　나라 國
집 家

선진 기술과 지식, 제도 등의 보급이 불충분하여 산업의 근대화와 경제 개발이 선진국에 비하여 뒤떨어진 국가.

(예문) 경제 발전이 느린 몇몇 **저개발 국가**에서는 사회적 불평등과 부패가 만연하고 있다.

(유의) 개발 도상국 산업의 근대화의 경제 개발이 선진국에 비하여 뒤떨어진 나라.

(반의) 선진국 다른 나라보다 정치·경제·문화 등의 발달이 앞선 나라.

1회 ☐
2회 ☐
정비하다
가지런하다 整
갖추다 備

흐트러진 체계를 정리하여 제대로 갖추다.

(실전) 승경도 놀이는 조선 초기에 새롭게 **정비한** 관직 체계를 널리 알리고자 만들어진 것으로, 가장 높은 벼슬에 누가 먼저 오르는지를 겨루는 놀이입니다. | 21 고3 10월

1회 ☐
2회 ☐
제국주의
임금 帝　　나라 國
주인 主　　옳다 義

우월한 군사력과 경제력으로 다른 나라나 민족을 침략하여 거대한 국가를 건설하려는 경향.

(예문) 일본 **제국주의**의 침략으로 우리 민족은 온갖 수탈과 착취에 시달렸다.

(참고) 민족주의 민족의 독립과 통일을 가장 중시하는 사상.
전체주의 개인의 모든 활동은 민족·국가와 같은 전체의 존립과 발전을 위하여서만 존재한다는 이념 아래 개인의 자유를 억압하는 사상.

1회 ☐
2회 ☐
중립
가운데 中
서다 立

어느 편에도 치우치지 않고 중간적인 입장에 섬. 또는 그런 입장.

(예문) 공직자는 정치적으로 **중립**을 지켜야 할 의무가 있다.

(참고) 가치 중립 어떤 특정한 가치관이나 태도에도 치우치지 않는 것.

1회 ☐
2회 ☐
집회
모으다 集
모이다 會

여러 사람이 어떤 목적을 위하여 일시적으로 모임. 또는 그런 모임.

(예문) 그들은 자신들의 주장을 관철시키기 위해 대규모 **집회**를 열었다.

(실전) A시 시민들은 반대파와 찬성파로 갈려 **집회**를 이어 갔다. | 17시행 9월 모평

1회 ☐
2회 ☐
회의론자
품다 懷　　의심하다 疑
논의하다 論　　놈 者

인간의 인식은 주관적이고 상대적이라고 보아서 진리의 절대성을 의심하고 궁극적인 판단을 하지 않으려는 태도를 지닌 사람.

(예문) **회의론자**는 세상에 참된 진리가 있어도 인간은 알아낼 수 없다고 주장한다.

(참고) 낙관론자 인생이나 사물을 밝고 희망적으로 생각하는 견해를 따르거나 주장하는 사람.

01 다음 뜻에 알맞은 어휘를 찾아 가로, 세로, 대각선으로 표시하시오.

제	식	하	헛	지	회	의	론	자
국	경	세	전	량	가	격	재	패
주	시	정	비	하	다	러	만	러
의	창	보	배	롭	절	농	다	다
중	착	격	교	근	겸	업	네	임
절	립	차	마	통	탕	혁	퇴	스
블	루	오	션	공	약	명	야	근
풍	산	업	화	업	다	자	로	업

(1) 산업의 형태가 됨. 또는 그렇게 되게 함.

(2) 흐트러진 체계를 정리하여 제대로 갖추다.

(3) 빈부, 임금, 기술 수준 등이 서로 벌어져 다른 정도.

(4) 어느 편에도 치우치지 않고 중간적인 입장에 섬. 또는 그런 입장.

(5) 봉건적인 농업 경영에서 근대적인 농업 경영으로의 이행을 통틀어 이르는 말.

(6) 현재 존재하지 않거나 잘 알려져 있지 않아 경쟁이 치열하지 않은 유망한 시장.

(7) 우월한 군사력과 경제력으로 다른 나라나 민족을 침략하여 거대한 국가를 건설하려는 경향.

(8) 인간의 인식은 주관적이고 상대적이라고 보아서 진리의 절대성을 의심하고 궁극적인 판단을 하지 않으려는 태도를 지닌 사람.

(9) 어떤 한 시대 사람들의 생각이나 사상을 근본적으로 규정하고 있는 테두리로서의 인식의 체계. 또는 사물에 대한 이론적인 틀이나 체계.

[02~06] 다음 빈칸에 들어갈 어휘를 〈보기〉에서 골라 쓰시오.

＋ 보기 ＋

| 공익 | 집회 | 과반수 | 유기체 | 저개발 국가 |

02 이번 선거에서 전체 표의 [   ]을/를 넘은 후보자가 당선될 것이다.

03 유명 배우는 투표율을 높인다는 공공의 목적을 위해 [   ] 광고에 출연했다.
TIP 국가나 사회의 구성원에게 두루 관계되는 일.

04 그 단체는 환경 보호를 촉구하는 목소리를 전달하기 위해 대규모로 [   ]을/를 열 예정이다.
TIP 급하게 재촉하여 요구하는.

05 사회는 각 부분과 전체가 밀접하게 연결된 [   ]이므로 구성원 모두가 사회 질서를 유지하기 위해 협력해야 한다.
TIP 산업 구성의 중심이 농업, 광업 등에서 물건을 만드는 공업으로 이동함. 또는 그렇게 함.

06 공업화로 인한 환경 파괴는 이제 선진 공업국들뿐만이 아니라 [   ]들까지 포함하는 세계적인 문제 현상으로 확장되고 있다.

[07~10] 다음 빈칸에 들어갈 어휘를 찾아 연결하시오.

07 천을 짜는 기구인 베틀은 (   )에 밀려 자취를
감추었다.   • ㉠ 격차

08 통신과 정보 수단의 발달은 지역 간의 (   )
을/를 줄였다.   • ㉡ 중립

09 그들은 국가 간 분쟁에 관여하지 않는 (   )적
태도를 보이고 있다.   • ㉢ 산업화

10 (   )에 따라 잉여 농산물이 생겼고, 이는 시
장의 발달로 이어졌다.   • ㉣ 농업 혁명

[11~13] 다음 문장에 알맞은 어휘를 고르시오.

11 (제국주의 / 전체주의) 시기에 서구 열강들은 앞다투어 식민지 개척에 뛰어들었다.
TIP 여러 강한 나라.

12 어떤 어려운 상황에서도 미소를 잃지 않는 그는 영락없는 (낙관론자 / 회의론자)이다.

13 경쟁자가 별로 없는 (레드 오션 / 블루 오션) 시장에 진출한다면 성공 확률이 높아질 것이다.

3
주
차

[14~15] 다음 밑줄 친 어휘와 바꿔 쓰기에 가장 적절한 것은?

14

> 이번 선거에서 이기기 위해 새롭게 조직 체계를 갖추었다.

① 간수했다　　② 수습했다　　③ 정비했다　　④ 처리했다　　⑤ 호소했다

15

> 과도한 가격 경쟁을 지양하고 건전한 유통 구조를 세우기 위해 시민 단체를 결성하였다.

① 건설하기　　② 건축하기　　③ 달성하기　　④ 성취하기　　⑤ 확립하기

16 다음 빈칸에 들어갈 어휘를 순서대로 바르게 짝지은 것은?

> • 인터넷의 발전으로 인해 온라인 강의가 활성화되는 등 교육의 (　　　)이/가 바뀌었다.
> • ○○시는 경제적인 상황으로 건강 검진을 제때에 받기 어려운 (　　　)을/를 위해 의료 사업을 추진하기로 했다.

① 프레임 – 교통 약자　　　　　　② 프레임 – 산업화
③ 패러다임 – 디지털 약자　　　　④ 패러다임 – 교통 약자
⑤ 패러다임 – 사회적 약자

경험치 획득!

사회 분야의 글과 관련한 어휘 ❷

▶ 어휘 책을 펼쳐 보아요.

▶ 아는 어휘에 ○표 해요. (　　/ 17)

규율	박해	법제화	사각지대	
사회 통념	알 권리	인권	정체성	
표현의 자유	필수불가결	불황	수요	
이윤	임금	자본	재해	희소성

▶ 십자말풀이를 완성해요. (　　/ 10)

▶ 확인 문제로 복습해요. (　　/ 14)

나의 어휘 경험치

주제1 법률과 관련한 어휘

규율
1회 □
2회 □
법 規
법 律

사회나 조직의 질서를 유지하기 위하여 사람들이 따르도록 정해 놓은 규칙.

(예문) 우리 학교는 복장이나 두발에 대한 **규율**은 엄격하지 않아 염색도 허용된다.

(유의) 규칙 여러 사람이 다 같이 지키기로 작정한 법칙. 또는 제정된 질서.

(참고) 규범 한 사회의 구성원으로서 따르고 지켜야 할 원리나 행동 양식.

박해
1회 □
2회 □
닥치다 迫
해롭다 害

못살게 굴어서 해롭게 함.

(예문) 천주교도에 대한 대원군의 **박해** 때문에 수많은 사람들이 순교하였다.

(유의) 핍박 바싹 죄어서 몹시 괴롭게 굶.

법제화
1회 □
2회 □
법도 法
억제하다 制
되다 化

법률로 정하여 놓음.

(예문) 최근 의료계에서 간호사 1인당 환자 수를 **법제화**해야 한다는 의견이 제기됐다.

(실전) 정부는 물티슈의 성분 비율 등에 대한 구체적이고 정확한 표기 의무를 **법제화**할 필요가 있습니다. | 20 고1 11월

사각지대
1회 □
2회 □
죽다 死　뿔 角
땅 地　띠 帶

어느 위치에서 사물이 보이지 않게 되는 영역을 의미하며 관심이나 영향이 미치지 못하는 구역을 비유적으로 이르는 말.

(예문) ○○시는 안전한 도시 환경을 만들기 위해 낡은 시시티브이(CCTV)를 교체하여 범죄 **사각지대**를 줄이기로 하였다.

(참고) 복지 사각지대 여러 가지 복지 혜택을 받는 기초 생활 수급자에 비해, 조금 나은 생활을 하기 때문에 여러 혜택에서 제외되는 차상위 계층의 상황을 비유적으로 이르는 말.

1회 ☐ 2회 ☐	**사회 통념** 모이다 社 모이다 會 통하다 通 생각하다 念	사회 일반에 널리 퍼져 있는 공통된 사고방식.

(예문) 납세자들로부터 **사회 통념**에 부합하는 공정한 조세 체계로 바꾸자는 요구가 거세게 빗발쳤다.

(실전) 국가 차원의 법적 규범인 양천제와 당시 실제 계급 관계를 반영한 **사회 통념**상 구분인 반상제가 서로 섞여 중세의 신분 구조를 이루었다. | 17 고1 6월

(참고) **편견** 공정하지 못하고 한쪽으로 치우친 생각.
고정 관념 이미 굳어져서 쉽게 바뀌지 않는 생각.

1회 ☐ 2회 ☐	**알 권리** 권세 權 이롭다 利	국민 개개인이 정치적·사회적 현실이나 국가가 시행하고 관리하는 정책에 관한 정보 등을 자유롭게 알 수 있는 권리.

(예문) 언론이 권력으로부터 독립해야 국민의 **알 권리**도 보장받을 수 있다.

(실전) 잊힐 권리가 표현의 자유와 **알 권리**를 침해한다는 측면에서 잊힐 권리의 적극적 도입을 반대하는 입장도 있다. | 19 고3 10월

(참고) **잊힐 권리** 인터넷상에서 개인이 자신과 관련된 각종 정보의 소유권을 강화하고, 이에 대해 수정이나 영구적인 삭제를 요청할 수 있는 권리.

1회 ☐ 2회 ☐	**인권** 사람 人 권세 權	인간으로서 당연히 가지는 기본적 권리.

(예문) 김 의원은 사회적 약자의 **인권**이 보장될 수 있도록 복지 관련 법안의 개선을 요구하였다.

(실전) 수사 방법이 자백을 얻어 내는 데에만 의존하게 되면 **인권** 침해의 우려가 커지며 때로는 진실을 밝히기 어려워질 수도 있다. | 21 고3 4월

1회 ☐ 2회 ☐	**정체성** 바르다 正 몸 體 성품 性	어떤 존재의 변하지 않는 원래의 특성을 깨닫는 성질. 또는 그 성질을 가진 독립적 존재.

(예문) 유년 시절을 해외에서 오래 산 사람들은 한민족으로서의 **정체성**에 혼란을 겪을 수 있다.

(실전) 청소년기는 자아 **정체성**을 확립해 가는 시기로 부정적인 감정이 계속되면 부정적인 **정체성**을 형성할 우려가 있다. | 22시행 6월 모평

1회 ☐ 2회 ☐	**표현의 자유** 겉 表 나타나다 現 스스로 自 말미암다 由	자신의 생각이나 의견, 주장 등을 아무런 억압 없이 외부에 나타낼 수 있는 자유. 언론, 출판, 통신 등의 자유가 있다.

(예문) 최근 소셜 네트워크 서비스(SNS)상에서 **표현의 자유**를 어디까지 허용해야 할지에 대해 논란이 일고 있다. / 독재자는 권력의 유지를 위해 **표현의 자유**를 억압하였다.

1회 ☐ 2회 ☐	**필수불가결** 반드시 必 모름지기 須 아니다 不 옳다 可 이지러지다 缺	꼭 있어야 하며 없어서는 안 됨.

(예문) 심폐 소생술과 같은 응급조치는 인명 피해를 줄이는 데 **필수불가결**한 요소이다. / 서로 원만히 소통하고 대화를 문제 없이 이끌기 위해서는 '경청'이 **필수불가결**하다.

(참고) **불가항력** 사람의 힘으로는 저항할 수 없는 힘.

주제2 경제와 관련된 어휘

1회 ☐
2회 ☐

불황

아니다 不
상황 況

사회의 경제 활동이 활발하지 않아, 물가와 임금이 내리고 생산이 줄어들며 실업이 늘어나는 상태.

(실전) 일반적으로 물가는 경기가 호황일 때 수요 증가에 의하여 상승하고 경기가 **불황**일 때 수요 감소로 하락한다. | 19 고2 6월

(반의) 호황 경제 활동이 보통 이상으로 활발하게 이루어지는 상태.

1회 ☐
2회 ☐

수요

구하다 需
중요하다 要

어떤 물품이나 서비스를 일정한 가격으로 사려고 하는 욕구.

(실전) 대량 생산 기술의 발전으로 **수요**를 충족하고 남을 만큼의 공급이 이루어졌다. | 22 고1 3월

(반의) 공급 교환하거나 판매하기 위하여 시장에 물품이나 서비스를 제공하는 일.

1회 ☐
2회 ☐

이윤

이롭다 利
윤택하다 潤

기업의 총수익에서 제품 생산에 들어간 비용 등을 빼고 남는 순이익.

(실전) 독점 시장에서 공급자는 **이윤**이 극대화되도록 생산량과 가격을 조절할 수 있다. | 18 고2 11월

1회 ☐
2회 ☐

임금

품팔이 賃
쇠 金

근로자가 노동의 대가로 사용자에게 받는 보수.

(실전) P주는 1992년 4월에 최저 **임금**을 시간당 4달러에서 5달러로 올렸다. | 22시행 6월 모평

(참고) 최저 임금 근로자에게 그 아래로 지급하여서는 안 된다고 정한 임금의 액수.

1회 ☐
2회 ☐

자본

재물 資
근본 本

1) 장사나 사업 등의 기본이 되는 돈.

(예문) 아버지는 퇴직금을 **자본**으로 식당을 차리기로 하셨다.

2) 상품을 만드는 데 필요한 생산 수단이나 노동력을 통틀어 이르는 말.

(실전) 신약 개발은 엄청난 **자본**이 들어가는 일이기 때문에 경영자는 신중하게 판단을 해야 한다. | 22 고1 6월

(참고) 자원 1) 인간 생활 및 경제 생산에 이용되는 원료, 광물, 산림, 수산물 등이 있다.
　　　　2) 인간 생활 및 경제 생산에 이용되는 노동력이나 기술.

1회 ☐
2회 ☐

재해

재앙 災
해롭다 害

지진, 태풍, 홍수, 가뭄, 해일, 화재, 전염병 등의 재앙으로 말미암아 받는 피해.

(예문) 폭설은 막대한 **재해**를 불러왔다. / 산업 **재해**의 대다수는 안전 불감증에서 비롯된다.

(참고) 산업 재해 노동 과정에서 작업 환경 또는 작업 중의 행동 등의 이유로 일어난 사고 때문에 근로자가 입은 신체적, 정신적 피해.

1회 ☐
2회 ☐

희소성

드물다 稀
적다 少
성품 性

매우 드물고 적은 성질이나 상태.

(예문) 그 책은 작가의 친필 사인이 있는 한정판이라 **희소성**이 높다.

(실전) **희소성** 높은 최고급 커피의 생두 가격은 어떻게 결정될까? 그것은 바로 경매이다.
| 17 고1 6월

01 다음 뜻풀이를 보고 십자말풀이를 완성하시오.

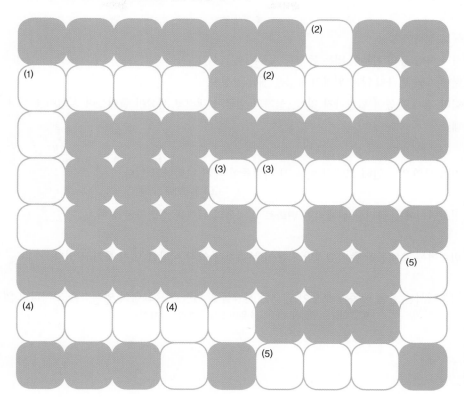

 가로

(1) 사회 일반에 널리 퍼져 있는 공통된 사고방식.

(2) 국민 개개인이 정치적·사회적 현실이나 국가가 시행하고 관리하는 정책에 관한 정보 등을 자유롭게 알 수 있는 권리.

(3) 꼭 있어야 하며 없어서는 안 됨.

(4) 자신의 생각이나 의견, 주장 등을 억압 없이 외부에 나타낼 수 있는 자유.

(5) 어떤 존재의 변하지 않는 원래의 특성을 깨닫는 성질.

세로

(1) 관심이나 영향이 미치지 못하는 구역을 비유적으로 이르는 말.

(2) 인간으로서 당연히 가지는 기본적 권리.

(3) 어떤 물품이나 서비스를 일정한 가격으로 사려고 하는 욕구.

(4) 상품을 만드는 데 필요한 생산 수단이나 노동력을 통틀어 이르는 말.

(5) 못살게 굴어서 괴롭게 함.

[02~05] 다음 밑줄 친 어휘의 뜻을 〈보기〉에서 찾아 그 기호를 쓰시오.

━━━━━ ✦ 보기 ✦ ━━━━━
㉠ 법률로 정하여 놓음.
㉡ 장사나 사업 등의 기본이 되는 돈.
㉢ 어떤 존재의 변하지 않는 원래의 특성을 깨닫는 성질.
㉣ 사회의 경제 활동이 활발하지 않아, 물가와 임금이 내리고 생산이 줄어들며 실업이 늘어나는 상태.

02 경기 불황으로 인해 고액의 빚을 진 사람들이 대거 나타나고 있다. ( )
　　　　　　　　　　　　　　　 TIP 한꺼번에 많이.

03 청소년기에는 급격한 신체적인 변화로 정체성의 위기를 경험하곤 한다. ( )

04 민준이는 오랫동안 준비했지만 자본이 부족하여 아직 식당을 내지 못하고 있다. ( )

05 정부에서는 한글 해독과 보충이 필요한 사람들을 위한 프로그램의 법제화를 고려하고 있다.
　　　　　 TIP 어려운 구절이나 글 등을 읽어 뜻을 이해하거나 해석함. ( )

[06~09] 다음 빈칸에 들어갈 어휘를 〈보기〉에서 골라 쓰시오.

━━━━━ ✦ 보기 ✦ ━━━━━
이윤　　　　　재해　　　　　사회 통념　　　　　필수불가결

06 물은 인간의 생명 유지에 　　　　　한 요소이다.

07 뜻밖에 닥친 　　　　　에 그들 가족은 넋을 잃고 잿더미 위에 앉아 있었다.

08 경제가 어려워지고 소비가 줄어들어 경기가 침체되면 기업 　　　　　도 크게 떨어진다.

09 층간 소음 행위는 　　　　　상 일반적으로 참아낼 수 있는 정도를 넘어서면 소송 제기가 가능하다.

[10~12] 다음 문장에 알맞은 어휘를 고르시오.

10 <u>노사</u>는 (임금 / 환율) 인상 문제를 논의하였으나 뚜렷한 결론을 내리지 못했다.
TIP 노동자와 사용자를 아울러 이르는 말.

11 ○○ 시는 연말연시를 맞아 안전 (사각지대 / 사정거리)를 꼼꼼히 살펴 인명 피해가 없게 할 것이라고 밝혔다.

12 너도나도 장미를 재배한다면 어느 순간 (수요 / 공급)이/가 늘어나서 자연스럽게 장미의 가격은 하락하게 될 것이다.

13 다음 중 밑줄 친 어휘의 쓰임이 적절하지 <u>않은</u> 것은?

① 히틀러는 강제 수용소를 만들어 유대인을 <u>박해</u>하였다.
② 그는 선진국의 <u>자본</u>과 기술을 들여와야 한다고 주장했다.
③ 외래 문화의 무분별한 도입으로 우리 민족의 <u>희소성</u>이 모호해졌다.
④ 우리 학교 기숙사는 <u>규율</u>이 엄격해 무단 외박을 하면 쫓겨날 수도 있다.
⑤ 유교 사상이 <u>만연했던</u> 조선 시대에는 여성의 <u>인권</u>에 대한 인식이 좋지 않았다.
TIP 전염병이나 좋지 않은 현상 등이 널리 퍼지다.

14 다음 중 ㉠, ㉡에 들어갈 어휘를 바르게 짝지은 것은?

> 최근 배달 앱 시장이 커지며 악성 후기에 시달리는 자영업자가 늘고 있다. 이에 별점 평가제를 폐지하거나 후기를 삭제할 수 있도록 해야 한다는 의견도 나온다. 하지만 별점 평가제는 소비자의 (㉠)를 보장하는 중요한 제도이다. 또한, 진솔하게 쓴 후기가 악평을 담았다는 이유로 삭제된다면 이는 개인의 (㉡)를 침해하는 것이다. 따라서 별점 평가제는 폐지되어선 안 된다. 대신 근거 없는 비방이나 주문과 관련 없는 내용이 담긴다면 해당 글을 작성한 사람에게 주의를 주거나 후기를 차단하는 방향으로 보완이 이루어져야 한다.

	㉠	㉡		㉠	㉡
①	알 권리	언론의 자유	②	알 권리	통신의 자유
③	알 권리	표현의 자유	④	잊힐 권리	통신의 자유
⑤	잊힐 권리	언론의 자유			

퀘스트 성공!

예술 분야의 글과 관련한 어휘

17일
일일 퀘스트

▶ 어휘 책을 펼쳐 보아요.

▶ 아는 어휘에 ○표 해요. (/ 17)

거장	기법	착안하다	채광	풍속화
피사체	경건하다	변주	선율	
웅대하다	구현하다	독자성	비약적	
재현하다	태동하다	통찰	현학적	

▶ 어휘 풀이를 완성해요. (/ 9)

▶ 확인 문제로 복습해요. (/ 14)

나의 어휘 경험치

주제 1 **미술과 관련한 어휘**

1회 ☐
2회 ☐

거장

크다 **巨**
장인 **匠**

예술, 과학 등의 어느 일정 분야에서 특히 뛰어난 사람.

(예문) 그 감독은 이번 영화로 세계적인 **거장** 대열에 들어섰다.

(실전) 앤디 워홀은 보테로와 달리 **거장**의 작품이 지닌 권위를 부정하고자 하였겠군. | 15 고1 11월

(유의) 거목 큰 인물을 비유적으로 이르는 말.

1회 ☐
2회 ☐

기법

재주 **技**
법도 **法**

기교를 나타내는 방법.

(실전) 미래주의 화가들은, 시간의 흐름에 따른 대상의 움직임을 하나의 화면에 표현하는 분할주의 **기법**을 사용하였다. | 20 고1 3월

(유의) 기교 기술이나 솜씨가 아주 교묘함. 또는 그런 기술이나 솜씨.

1회 ☐
2회 ☐

착안하다

붙다 **着**
눈 **眼**

어떤 일을 주의하여 보다. 또는 어떤 문제를 해결하기 위한 실마리를 잡다.

(예문) 그녀는 현지인들의 생활 방식에 **착안해** 상품을 기획하였다.

(유의) 발상하다 어떤 생각을 해 내다.
착상하다 어떤 일이나 창작의 실마리가 되는 생각이나 구상 등을 잡다.

1회 ☐
2회 ☐

채광

캐다 **採**
빛 **光**

창문 등을 내어 햇빛을 비롯한 광선을 받아들임.

(예문) 이 방은 **채광**이 좋지 않아 낮인데도 어두침침하다. / 건물을 지을 때는 **채광** 정도를 고려하여 창이나 문의 위치와 크기를 결정해야 한다.

(실전) 도서관은 피라미드형 건물로 사면은 자연 **채광**이 가능한 유리로 되어 있습니다.
| 17 고1 9월

| 1회 ☐
2회 ☐ | **풍속화**

바람 風
풍속 俗
그림 畵 | 그 시대의 세정과 풍습을 그린 그림. 옛날부터 그 시대에 속한 사람들에게 전해 오는 생활 전반에 걸친 습관 등을 그렸다.

(예문) 김홍도는 씨름하는 광경, 대장간의 풍경, 그네 뛰는 아낙네 등 현실 생활의 모습을 소재로 하여 **풍속화**를 그렸다.

(실전) 씨름은 김홍도의 **풍속화**에서도 볼 수 있는 세시 풍속 놀이로서 한민족 특유의 공동체 문화가 바탕이 되어 발전하였습니다. | 20 고2 9월

(참고) 자화상 스스로 그린 자기의 초상화. |

| 1회 ☐
2회 ☐ | **피사체**

입다 被
베끼다 寫
몸 體 | 사진을 찍는 대상이 되는 물체.

(예문) 이 자동 카메라는 **피사체**와의 거리를 자유자재로 조절한다.

(실전) 디지털 카메라에는 **피사체**를 선명하게 촬영하기 위해 초점을 자동으로 맞추는 자동 초점 방식이 활용되고 있다. | 22 고3 4월 |

주제 2 음악과 관련한 어휘

| 1회 ☐
2회 ☐ | **경건하다**

공경하다 敬
정성 虔 | 어떤 대상에 대하여 공손하고 엄숙하다.

(예문) 군인들은 국기 앞에 서서 **경건한** 태도로 경례를 했다. / 바닥까지 울려퍼지는 오르간의 **경건한** 음색에 장내는 금세 장엄한 분위기가 되었다.

(유의) 엄숙하다 1) 의식이나 분위기 등이 무겁고 조용하다.
2) 말이나 태도 등이 무겁고 점잖다. |

| 1회 ☐
2회 ☐ | **변주**

변하다 變
아뢰다 奏 | 어떤 주제를 바탕으로, 선율·리듬·화성 등을 여러 가지로 변형하여 연주함. 또는 그런 연주.

(예문) 그녀는 박자를 변형한 **변주** 부분을 무리 없이 연주했다.

(실전) **변주**는 악곡의 흐름에 맞게 장단에 변화를 주어 음악을 더 풍성하게 만드는 역할을 한다. | 21 고1 9월

(참고) 화성 일정한 법칙에 따른 화음의 연결. '하모니'와 비슷한 말. |

| 1회 ☐
2회 ☐ | **선율**

돌다 旋
법 律 | 소리의 높낮이가 길이나 리듬과 어울려 나타나는 음의 흐름.

(예문) 장엄하고 무게 있으면서도 격렬한 **선율**이 방 안을 가득 채웠다.

(실전) 부드러운 재즈 **선율**을 들으니 지금까지의 긴장감이 한꺼번에 풀리네. | 14 고2 6월 |

| 1회 ☐
2회 ☐ | **웅대하다**

수컷 雄
크다 大 | 매우 크고 굉장하다.

(예문) 눈으로 뒤덮인 설악산의 풍경을 보면 대자연의 **웅대한** 모습에 그저 감탄하게 된다. / 베토벤의 교향곡을 들으니 **웅대하고** 장엄한 느낌이 들어 절로 가슴이 벅차올랐다.

(참고) 웅장하다 크기나 분위기 등이 무척 크고 무게가 있다.
장엄하다 규모가 매우 크며 점잖고 엄숙하다. |

주제 3 예술 비평과 관련한 어휘

1회 ☐
2회 ☐

구현하다

갖추다 具
나타나다 現

어떤 내용을 구체적인 사실로 나타나게 하다.

(예문) 이번 영화에서 그녀는 강인한 성격을 지닌 인물상을 **구현하였다**. / 아름다움을 **구현하는** 것은 문학의 목적 가운데 하나이다.

1회 ☐
2회 ☐

독자성

홀로 獨
스스로 自
성품 性

다른 것과 구별되는 혼자만의 특유한 성질.

(실전) 모더니즘 예술가들은 예술의 순수성과 **독자성**을 강조하여 서로 다른 문화 간의 양식이나 이미지 차용을 거부했다. | 16 고3 4월

(유의) **고유성** 어떤 사물이 가지고 있는 고유한 성질이나 그 사물 특유의 속성.

(참고) **획일성** 모두가 개성이 없이 한결같아서 다름이 없는 성질이나 성향.

1회 ☐
2회 ☐

비약적

날다 飛
뛰다 躍
과녁 的

1) 지위나 수준 등이 갑자기 빠른 속도로 높아지거나 향상되는. 또는 그런 것.

(실전) 시간적 배경의 **비약적**인 변화를 감각적으로 보여 주고 있다. | 20 고3 3월

2) 논리나 사고방식 등이 그 차례나 단계를 따르지 아니하고 뛰어넘는. 또는 그런 것.

(예문) 내가 쓴 논문의 초안은 근거가 부족하여 논리 전개가 **비약적**이라는 평가를 받았다.

(유의) **급진적** 변화나 발전의 속도가 급하게 이루어지는. 또는 그런 것.

(반의) **점차적** 차례를 따라 조금씩 진행되는. 또는 그런 것.

1회 ☐
2회 ☐

재현하다

다시 再
나타나다 現

다시 나타나다. 또는 다시 나타내다.

(예문) 이번 전시회는 서울의 옛 모습을 **재현하기** 위해 개최되었다.

(실전) 표현주의는 대상을 사실적으로 **재현하지** 않았다는 점에서 당시 혁신적인 예술 운동이었다. | 22 고2 3월

1회 ☐
2회 ☐

태동하다

아이 배다 胎
움직이다 動

어떤 일이 생기려는 기운이 싹트다.

(예문) 사진기의 발명 이후 사실적인 묘사에 치중하지 않고 눈에 보이는 장면을 자유롭게 그려내는 미술 경향이 **태동하였다**.

(참고) **도래하다** 어떤 시기나 기회가 닥쳐오다.

1회 ☐
2회 ☐

통찰

꿰뚫다 洞
살피다 察

예리한 관찰력으로 사물을 꿰뚫어 봄.

(실전) 알베르 카뮈는 프랑스의 소설가로 '탁월한 **통찰**과 진지함으로 우리 시대 인간의 정의를 밝힌 작가'라는 평을 받으며 1957년에 노벨 문학상을 수상하였다. | 22 고1 3월

1회 ☐
2회 ☐

현학적

팔다 衒
배우다 學
과녁 的

배워서 얻은 지식이 많음을 자랑하고 뽐내는. 또는 그런 것.

(예문) 지나치게 꾸밈이 많아 **현학적**인 글은 독자에게 거리감을 줄 수 있다. / 그는 **현학적**인 표현을 사용하며 자신의 지식을 뽐내려 했다.

01 다음 뜻에 알맞은 어휘를 찾아 가로, 세로, 대각선으로 표시하시오.

피	사	체	다	독	국	어	벼	락
세	요	고	전	가	자	불	통	탕
화	풍	습	화	소	소	성	만	찰
마	창	거	장	악	가	리	구	들
이	틈	엄	마	현	격	동	현	근
고	장	비	마	격	호	정	하	조
동	만	약	지	태	동	하	다	근
현	학	적	음	격	격	실	변	주

3 주차

(1) 사진을 찍는 대상이 되는 물체.

(2) 어떤 일이 생기려는 기운이 싹트다.

(3) 예리한 관찰력으로 사물을 꿰뚫어 봄.

(4) 다른 것과 구별되는 혼자만의 특유한 성질.

(5) 어떤 내용을 구체적인 사실로 나타나게 하다.

(6) 예술, 과학 등의 어느 일정 분야에서 특히 뛰어난 사람.

(7) 배워서 얻은 지식이 많음을 자랑하고 뽐내는. 또는 그런 것.

(8) 지위나 수준 등이 갑자기 빠른 속도로 높아지거나 향상되는. 또는 그런 것.

(9) 어떤 주제를 바탕으로, 선율·리듬·화성 등을 여러 가지로 변형하여 연주함. 또는 그런 연주.

경험치 획득!

[02~05] 다음 빈칸에 들어갈 어휘를 〈보기〉에서 골라 알맞게 활용하여 쓰시오.

┌─────────────── 보기 ───────────────┐

경건하다   웅대하다   재현하다   착안하다

└────────────────────────────────────┘

02 그는 드넓은 벌판을 달리던 고구려인의 기상을 주제로 [   ] 선율의 연주곡을 선보여 호평을 받았다.

03 그녀가 이번 전시회에서 선보인 대표작은 낯선 곳을 방문했을 때 우연히 겪게 된 경험에 [   ] 것이다.

04 나라를 위해 희생한 순국선열을 기리는 노래가 나오자 우리는 모두 잡담을 멈추고 [   ] 마음으로 경례하였다.

05 그 영화는 외국 전함과 조선인들이 대치하는 장면을 사실적으로 [   ] 덕분에 개봉한 지 한 달 만에 천만 관객을 돌파할 것이라는 기대를 받고 있다.

[06~08] 제시된 초성과 뜻풀이를 참고하여 빈칸에 들어갈 알맞은 어휘를 쓰시오.

06 ㄱㅂ : 기교를 나타내는 방법.

→ 인상주의 화가들은 빛의 변화에 따라 대상이 보이는 대로 그림을 그리는 (   )을/를 사용하였다.

07 ㅂㅈ : 어떤 주제를 바탕으로, 선율·리듬·화성 등을 여러 가지로 변형하여 연주함. 또는 그런 연주.

→ 한이가 연주한 곡은 지난주에 나와 같이 본 영화의 주제곡을 약간 (   ) 한 것이다.

08 ㅊㄱ : 창문 등을 내어 햇빛을 비롯한 광선을 받아들임.

→ 그 한옥은 마당에서 반사된 햇빛이 집안을 비추는 간접 (   ) 방식으로 지어졌다.

[09~11] 다음 문장에 알맞은 어휘를 고르시오.

09 연주회장에서는 아름다운 피아노 (선율 / 박자)이/가 흘러나왔다.

10 그는 비디오 아트만의 (획일성 / 독자성)을 살리기 위해 색다른 기법을 구현하였다.

11 그는 영화 감독으로서 경력은 짧지만 뛰어난 감각 덕분에 작품성 측면에서 (비약적 / 점차적) 인 성장을 이루었다.

3 주차

[12~13] 밑줄 친 어휘와 바꿔 쓰기에 가장 적절한 것은?

12

> 이 산수화는 정교한 채색으로 풍경을 사실적으로 <u>나타내었다</u>.

① 구현하였다　　② 내포하였다　　③ 삽입하였다　　④ 암시하였다　　⑤ 조장하였다

13

> 일부 비평가들은 소설가의 화려한 문체가 <u>지나치게 어려워서</u> 문제라고 지적하고 있다.

① 겸허하여서　　② 도래하여서　　③ 미숙하여서　　④ 치졸하여서　　⑤ 현학적이어서

14 다음 밑줄 친 부분과 관련 있는 어휘를 〈보기〉에서 찾아 쓰시오.

> ◆ 보기 ◆
>
> 자화상　　　　　　풍경화　　　　　　풍속화

> 김홍도와 신윤복은 <u>당대 사람들의 생활상을 묘사한 그림</u>을 그렸다는 점이 공통점이다. 이때 김홍도는 주로 당시 서민들의 모습을 정감 있게 그렸다면 신윤복은 주로 양반가의 생활을 그렸다는 점에서 차이점을 찾을 수 있다.

(　　　　　　　)

1 8일 3주차 종합 문제 13일~17일

01 〈보기〉를 참고하여, 다음 문장에 알맞은 어휘를 고르시오.

┌─────────────── 보기 ───────────────┐

구현하다   어떤 내용을 구체적인 사실로 나타나게 하다.

재현하다   다시 나타나다. 또는 다시 나타내다.

착안하다   어떤 일을 주의하여 보다. 또는 어떤 문제를 해결하기 위한 실마리를 잡다.

└────────────────────────────────────┘

(1) 카메라는 인간의 눈의 구조에 (구현하여 / 재현하여 / 착안하여) 발명되었다.

(2) 그 역사 드라마는 과거의 의상과 생활상을 그대로 (구현하여 / 재현하여 / 착안하여) 화제가 되었다.

(3) 그녀는 인터뷰에서 일제 강점기 당시 우리 민족의 저항 정신을 (구현할 / 재현할 / 착안할) 목적으로 소설을 창작한다고 하였다.

[02~04] 다음 빈칸에 들어갈 어휘로 가장 적절한 것은?

02

┌──┐

김 교수는 현재 논란이 되는 문제에 대해서는 낙관론이든 아니든 확실한 평가를 내리기에 이르다며 (   )(이)라고 답했다.

└──┘

① 소탐대실   ② 시기상조   ③ 시행착오   ④ 인지상정   ⑤ 사후 약방문

03

┌──┐

○○ 팀의 박 대표는 최근 단체 내에 (   )이/가 있다는 논란이 있으나 이는 사실이 아니며 팀원들은 모두 원만한 관계를 유지 중이라고 밝혔다.

└──┘

① 불협화음   ② 측은지심   ③ 침소봉대   ④ 풍전등화   ⑤ 홍익인간

04

┌──┐

한 해를 스물넷으로 나눈 (   )은/는 계절의 표준이 되는 것으로, 봄으로 접어들었음을 알리는 입춘, 여름의 시초를 알리는 입하, 가을의 시작을 알리는 입추, 일 년 중 낮이 가장 짧고 밤이 가장 긴 동지 등이 있다.

└──┘

① 절기   ② 지평   ③ 통찰   ④ 품격   ⑤ 풍속화

05 다음 중 불황 : 호황 과 같은 의미 관계로 짝지어지지 않은 것은?

> 경제에는 주기가 있어서 경제가 점차 침체되는 때인 불황 을 지나면 경제가 급격하게 발전하는 때인 호황 이 찾아오곤 한다.

① 공익 : 사익   ② 모방 : 창조   ③ 수요 : 공급
④ 산업화 : 도시화   ⑤ 블루 오션 : 레드 오션

06 다음 밑줄 친 어휘의 쓰임이 적절하지 않은 것은?

① 기업의 공통된 목표는 <u>이윤</u> 추구이다.
② 꾸준한 독서는 우리의 삶을 풍요롭게 하는 데 <u>필수불가결</u>한 요소이다.
③ 지능과 성적은 <u>상관관계</u>는 있지만 직접적인 인과관계가 있는 것은 아니다.
④ 세계 4대 문명 중 하나인 이집트 문명은 약 5천 년 전 나일강을 중심으로 <u>타파하였다</u>.
⑤ 정부는 다양한 배경을 가진 이민자들이 국민으로서 <u>정체성</u>을 가질 수 있도록 노력해야 한다.

07 다음 중 ㉠, ㉡에 들어갈 어휘를 바르게 짝지은 것은?

> 의도치 않게 자신과 관련된 정보들이 인터넷에 퍼져 곤란을 겪는 사람들이 많다. 이 때문에 일부 사람들은 (㉠)을/를 주장하며 인터넷에 퍼진 자신에 대한 정보를 삭제할 것을 요구하기도 한다. 반면 이에 반대하는 사람들은 사회의 (㉡)을/를 위해 다른 사람의 알 권리가 더 중요하다고 주장하기도 한다.

	㉠	㉡		㉠	㉡
①	인권	인프라	②	인권	산업화
③	잊힐 권리	공익	④	잊힐 권리	격차
⑤	표현의 자유	규율			

08   〈보기〉의 빈칸에 공통으로 들어갈 어휘로 가장 적절한 것은?

> ✦ 보기 ✦
> • 대중가요는 (   )이 투여된 만큼 이윤을 남기는 게 중요하다.
> • 그는 창업을 할 때 돈이 모자라 본래의 (   ) 외에 후원금, 지원금 등으로 창업비
>   를 충당했다.

① 거장   ② 박해   ③ 자본   ④ 교역로   ⑤ 전유물

09   〈보기〉의 빈칸에 공통으로 들어갈 어휘로 가장 적절한 것은?

> ✦ 보기 ✦
> • 운전을 할 때는 특정 위치에서 사물이 보이지 않는 (   )을/를 조심해야 한다.
> • 대통령은 복지 (   )에 놓인 이들에게 대폭적인 지원을 하겠다는 의사를 밝혔다.
> • 현대 의학의 발전과는 별개로 소외 계층은 여전히 의료 (   )에 놓여 있어, 많은
>   사람의 관심과 제도적 뒷받침이 필요하다.

① 격차   ② 인권   ③ 인프라   ④ 사각지대   ⑤ 절체절명

10   〈보기〉의 빈칸에 들어갈 수 <u>없는</u> 어휘는?

> ✦ 보기 ✦
> • 그는 신선한 발상으로 SF 드라마의 새로운 (   )을/를 열었다.
> • 사회를 유지하기 위해서는 법과 (   )이/가 필수불가결한 요소이다.
> • 수요에 비해 공급이 부족하면 (   )이/가 높아지므로, 가격이 오르게 된다.
> • 서로에게 영향을 주고받는 가족은 부분과 전체가 하나로 연결되어 있는 (   )와/
>   과 같다고 할 수 있다.

① 규율   ② 지평   ③ 유기체   ④ 희소성   ⑤ 블루 오션

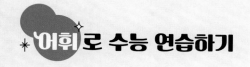

어휘로 수능 연습하기

[11~12] 다음 글을 읽고, 물음에 답하시오.

▶ 어휘 체크　☐ 산업화　☐ 피폐하다　☐ 병폐　☐ 사회적 약자　☐ 매몰되다

　　1960년대 말은 **산업화**의 시대였다. **사회 전반적으로 경제적 여건이 나아지기** 시작했으나, (　㉠　)가 심화되고 **농민들의 삶이 피폐해**지는 등 **여러 가지 사회 병폐**도 생겨났다. 외적 성장에만 매달려 권력과 제도가 ㉡사회적 약자들의 삶을 제대로 보듬어 주지 못한 면도 있었다. 물론 **시대 상황의 변화**와 무관하게 **따뜻한 인간미**를 지키며 살아간 사람도 있었지만, **이기주의에 빠져** 물질적 이익을 추구하는 일에만 매몰되어 살아간 사람도 많았다. '분통이'라는 한 농촌 여인을 통해 의료 혜택을 제대로 받지 못하는 농민들의 고단한 삶을 드러냄으로써 잘못된 현실을 비판하고 있는 김정한의 「축생도」는 이러한 사회적 상황을 잘 그려 낸 작품이라 할 수 있다.

11 문맥상 ㉠에 들어갈 어휘로 가장 적절한 것은?

① '산업화'로 인해 '여러 가지 사회 병폐'가 발생했으므로 '산업 격차'가 들어가야 해.
② '시대 상황의 변화'에 대응하지 못한 점으로 미루어 보아 '정보 격차'가 들어가야 해.
③ '따뜻한 인간미'를 지키는 사람과 '이기주의에 빠'진 사람들 간의 '문화 격차'가 들어가야 해.
④ '사회 전반적'이나 '농민들의 삶'으로 미루어 보아 도시와 농촌 간의 '기술 격차'가 들어가야 해.
⑤ '경제적 여건이 나아지기'는 했지만, '농민들의 삶이 피폐해'졌으므로 '빈부 격차'가 들어가야 해.

12 다음 중 ㉡의 쓰임이 적절하지 <u>않은</u> 것은?

① 최근 <u>사회적 약자</u>를 대상으로 한 범죄가 늘어가고 있다.
② 대통령은 <u>사회적 약자</u>의 보호가 국가의 책무라고 밝혔다.
③ <u>사회적 약자</u>의 인권이 보장될 수 있도록 법안을 개선해야 한다.
④ 자본주의 사회에서 자본가들은 스스로가 <u>사회적 약자</u>임을 잘 알고 있다.
⑤ 정부는 건강 증진을 위한 프로그램을 개발하여 <u>사회적 약자</u>의 복지에 힘쓰고 있다.

▶어휘 체크　☐ 자본주의　☐ 수요　☐ 공급　☐ 대중 매체　☐ 추상화

　보드리야르는 자본주의 사회에서 대량 생산 기술이 급속하게 발전하면서 소비자가 기호가치 때문에 사물을 소비한다고 보았다. 대량 생산 기술의 발전으로 ㉠수요를 충족하고 남을 만큼의 ㉡공급이 이루어져 사물 자체의 유용성은 더 이상 소비를 결정하는 요인으로 작용할 수 없기 때문이다. 예를 들어 소비자는 특정 계층 또는 집단의 일원이라는 상징을 얻기 위해 명품 가방을 소비한다. 이때 사물은 소비자가 속하고 싶은 집단과 다른 집단 간의 차이를 부각하는 기호로서 기능한다. 따라서 보드리야르에 따르면 자본주의 사회에서 소비의 원인은 사물이 상징하는 특정 사회적 지위에 대한 욕구이다.

　보드리야르는 현대인이 자연 발생적인 욕구에 따라 자유롭게 소비하는 것처럼 보이지만 사실은 강제된 욕구에 따르는 것에 ⓐ불과하다고 보았다. 이는 기호가 다른 기호와의 관계 속에서 그 의미 내용이 결정되는 것과 관계된다. 특정 사물의 상징은 기호 체계, 즉 사회적 상징체계 속에서 유동적이며, 따라서 상징체계 변화에 따라 욕구도 유동적이다. 이때 대중 매체는 사물의 기의에 영향을 미침으로써 욕구를 강제할 수 있다. 현실이 대중 매체를 통해 전달될 때 현실은 현실 그 자체가 아니라 다른 기호와 조합될 수 있는 기호로서 추상화되기 때문이다. 가령 텔레비전 속 유명 연예인이 소비하는 사물은 유명 연예인이라는 기호에 의해 새로운 의미 내용이 부여된다. 요컨대 특정 사물에 대한 현대인의 욕망은 대중 매체를 매개로 하여 자기도 모르는 사이에 강제된다.

　보드리야르는 기술 문명이 초래한 사물의 풍요 속에서 현대인의 일상생활이 사물의 기호가치와 이에 대한 소비에 의해 규정된다고 보고 자본주의 사회를 소비 사회로 명명하였다. 그의 이론은 소비가 인간에 미치는 영향을 비판적으로 성찰해야 한다는 점을 시사한다.

13　㉠과 ㉡에 대해 이해한 내용으로 적절하지 <u>않은</u> 것은?

① ㉠은 '어떤 물품이나 서비스를 일정한 가격으로 사려는 욕구.'라는 뜻이다.
② ㉠은 특정 사회적 지위나 사물에 대한 현대인의 욕망으로 인해 발생한다.
③ ㉡은 '교환하거나 판매하기 위하여 시장에 물품이나 서비스를 제공하는 일.'이라는 뜻이다.
④ ㉡은 대중 매체를 매개로 하여 대량으로 제공되는 강제성을 띤다.
⑤ ㉠과 ㉡은 반의 관계이다.

14　다음 중 ⓐ와 바꿔 쓰기에 가장 적절한 것은?

① 불가능하다고　　② 불가피하다고　　③ 미치지 않는다고
④ 지나지 않는다고　　⑤ 필수불가결하다고

어휘 더하기

▶ '說(말씀 설)'이 들어가는 한자 성어

감언이설
달다 甘 말씀 言 이롭다 利 말씀 說

귀가 솔깃하도록 남의 비위를 맞추거나 이로운 조건을 내세워 꾀는 말.

설왕설래
말씀 說 가다 往 말씀 說 오다 來

서로 변론을 주고받으며 옥신각신함. 또는 말이 오고 감.

說
말씀 **설**

어불성설
말씀 語 아니다 不 이루다 成 말씀 說

말이 조금도 사리에 맞지 아니함.

횡설수설
가로 橫 말씀 說 서다 竪 말씀 說

조리가 없이 말을 이러쿵저러쿵 지껄임.

[01~03] 빈칸에 들어갈 한자 성어를 〈보기〉에서 골라 쓰시오.

┌──────────────── ✦ 보기 ✦ ────────────────┐
　　감언이설　　　　　어불성설　　　　　횡설수설
└───┘

01 그는 당황하여 자신의 사정을 (　　　　　) 늘어놓았다.

02 제 의지로 사표를 낸 사람이 해고라고 주장하는 것은 (　　　　　)이다.

03 친구는 큰돈을 벌 수 있다는 (　　　　　)에 넘어가 사기를 당하고 말았다.

답 **01** 횡설수설 　**02** 어불성설 　**03** 감언이설

4주차

9일 과학 분야의 글과 관련한 어휘 ❶

일일 퀘스트

▶ 어휘 책을 펼쳐 보아요.

▶ 아는 어휘에 ○표 해요. (/ 16)

뉴런	면역	변이	섬유소
순환	영양소	유전	해마
건망증	멸균	산화	선천적
숙주	신진대사	유산소 운동	인지 능력

▶ 어휘 퍼즐을 완성해요. (/ 10)

▶ 확인 문제로 복습해요. (/ 14)

나의 어휘 경험치

주제 1 신체 기능과 관련한 어휘

1회 ☐
2회 ☐

뉴런
neuron

신경계를 이루는 세포. 신호를 전달하고 정보를 받아들여 처리하는 역할을 한다.

(예문) **뉴런**은 시냅스를 통해 다른 신경 세포나 근육 등에 정보를 전달한다.

(참고) 시냅스 한 뉴런이 다른 뉴런과 신호를 주고받는 부분.
신경계 몸속의 상태와 외부 환경 변화에 반응하고 적응하는 데 관여하는 신경 조직으로 이루어진 기관.
신경 회로 어떤 하나의 기능을 수행하기 위해 시냅스에 의해 서로 연결된 뉴런의 집단.
체세포 정자, 난자와 같은 생식 세포를 제외한 모든 세포.

1회 ☐
2회 ☐

면역
면하다 免
염병 疫

1) 몸속에 들어온 병균이나 바이러스에 맞설 수 있는 항체가 만들어져 그 병에 걸리지 않도록 된 상태. 또는 그런 작용.

(예문) 요즘 체력이 떨어져서 몸의 **면역**을 강화하기 위해 매일 운동을 하고 있다. / 정부에서는 바이러스에 대한 집단 **면역**을 형성하기 위해 백신 접종을 권고하고 있다.

2) 반복되는 자극 등에 반응하지 않고 무감각해지는 상태를 비유적으로 이르는 말.

(예문) 그는 상사에게 매일같이 혼나다 보니 꾸지람에 **면역**이 되었다.

1회 ☐
2회 ☐

변이
변하다 變
다르다 異

외부 환경의 변화나 유전자의 변화로 성별, 나이와 관계없이 같은 종에서 모양과 성질이 다른 개체가 존재하는 현상.

(예문) 코로나 19가 장기화되면서 계속해서 **변이** 바이러스들이 생겨나고 있다.

(참고) 돌연변이 유전자의 이상으로 이전에는 없었던 새로운 특성이 나타나 유전하는 현상.
환경 변이 개체가 놓인 환경의 차이에 의하여 일어나는 변이.

1회 □ 2회 □	**섬유소** 가늘다 織 바 維 희다 素	1) 피가 굳을 때 생기는 섬유 같은 단백질. (실전) 혈전이 형성되면 **섬유소** 그물이 뭉쳐 혈액의 손실을 막는다. | 22시행 6월 모평 2) 포도당으로 된 단순 다당류로 세포막의 주성분이 되는 탄수화물의 일종. (예문) 위장병에 걸려 소화가 잘 안 될 때는 **섬유소**가 적은 부드러운 음식이 좋다. (참고) 단순 다당류 한 종류의 단당류 여러 개가 결합된 다당류.

1회 □ 2회 □	**순환** 좇다 循 고리 環	1) 주기적으로 자꾸 되풀이하여 돎. 또는 그런 과정. (예문) 마사지는 우리 몸의 혈액 **순환**을 돕는다. 2) 돈을 시장에 내놓아 돌게 함. (예문) 경제 상황이 어려워져 시장에 돈이 제대로 **순환**되지 못하고 있다.

1회 □ 2회 □	**영양소** 경영하다 營 기르다 養 희다 素	성장 촉진 및 소화, 흡수 등의 생리적 과정에 필요한 에너지를 공급하는 물질. 탄수화물, 지방, 단백질, 비타민, 무기질 등이 있다. (예문) 이 식품에는 **영양소**가 골고루 들어 있다. (실전) 인체가 오랫동안 **영양소**를 섭취하지 못하거나 해로운 균에 감염되는 등 스트레스를 받으면 활성화된다. | 19 고1 9월 (참고) 무기질 생명체의 골격, 조직, 체액 등에 포함된 칼슘, 인, 마그네슘, 철 등의 영양소.

1회 □ 2회 □	**유전** 남기다 遺 전하다 傳	어버이의 성격, 체질, 형상 등의 형질이 자손에게 전해짐. 또는 그런 현상. (예문) 가족 사이에 공통적인 특징이 있는 것은 부모의 특징이 자식에게 **유전**되기 때문이다. (참고) 유전자 생물체의 세포를 구성하고 유지하는 데 필요한 정보가 담겨 있으며 생식을 통해 자손에게 전해지는 요소. 체질 태어났을 때부터 지니고 있는 몸의 성질이나 건강상의 특징.

1회 □ 2회 □	**해마** 바다 海 말 馬	대뇌의 일부로, 학습과 장기 기억에 관여하며 감정적인 행동을 조절하는 기관. (실전) 우울, 불안, 짜증 등이 지속되면 뇌의 **해마**가 손상되어 학습에 어려움이 생기고 학업 능력의 저하도 발생할 수 있다. | 22시행 6월 모평 (참고) 장기 기억 경험한 것을 오랜 기간 동안 의식 속에 유지하는 기억 작용.

(주제 2) **건강과 관련한 어휘**

1회 □ 2회 □	**건망증** 굳세다 健 잊다 忘 증세 症	경험한 일이나 어느 시기 동안의 일을 전혀 기억하지 못하거나 또는 드문드문 기억하기도 하는 기억 장애. (예문) 그는 **건망증**에 걸린 척 시치미를 뚝 떼었다. / 할머니께서 요즘 **건망증**이 심해지셨는지 자꾸 할 일을 잊어버리신다.

4주차

멸균

멸망하다 滅
버섯 菌

세균 등의 미생물을 죽임.

예문 상처 부위를 **멸균** 거즈로 덮었다. / 이 우유 회사는 철저한 **멸균**과 소독 과정을 거친 제품만 판매한다.

유의 살균 세균 등의 미생물을 죽임.
소독 병의 감염이나 전염을 예방하기 위하여 병원균을 죽이는 일.

산화

초 酸
되다 化

어떤 분자, 원자, 이온이 산소와 결합하거나 수소 또는 전자를 잃는 일.

예문 금속을 공기 중에 내버려 두면 표면이 **산화**하여 녹슬기 쉽다. / 활성 산소는 **산화**하려는 성질이 강해 노화나 질병을 촉진한다고 알려져 있다.

참고 활성 산소 생물체 내에서 생성되는, 화학 반응이 잘 일어나는 산소 화합물.
항산화 산화가 진행되는 것을 억제하거나 완화함.

선천적

먼저 先
하늘 天
과녁 的

태어날 때부터 지니고 있는. 또는 그런 것.

예문 그는 **선천적**으로 몸이 약한 체질이다. / 어떤 분야에서 성공하려면 **선천적** 재능도 중요하지만 끊임없이 노력하는 자세가 필요하다.

반의 후천적 성질, 체질, 질환 등이 태어난 뒤에 얻어진. 또는 그런 것.

숙주

잠자다 宿
주인 主

기생 생물에게 영양을 공급하는 생물.

예문 스스로 살 수 없는 생물들은 주변 생물을 **숙주**로 삼아 영양분을 공급받는다.

참고 기생 생물 다른 생물에 붙어서 영양소를 섭취하며 사는 생물.

신진대사

새롭다 新   늘어놓다 陳
대신하다 代 사례하다 謝

생물체가 섭취한 영양물질을 몸 안에서 분해하고, 합성하여 몸에 필요한 물질이나 에너지를 만들고 불필요한 물질은 몸 밖으로 내보내는 작용.

예문 운동을 많이 하면 **신진대사**가 촉진되어 식욕이 왕성해진다. / **신진대사**가 활발하지 못하면 몸 안에 노폐물이 쌓여 온갖 병의 근원이 된다.

참고 노폐물 대사의 결과물 중 필요 없는 것. 대소변, 땀, 날숨 등을 통해 몸 밖으로 내보내진다.

유산소 운동

있다 有
초 酸   희다 素
운전하다 運 움직이다 動

몸속의 지방을 산화시켜 체중 조절에 효과가 있는 운동.

예문 **유산소 운동**에는 빠르게 걷기, 수영 등이 있다. / 살을 빼려면 **유산소 운동**으로 몸속의 지방을 연소시켜야 한다.

참고 무산소 운동 호흡을 멈추고 짧은 시간에 강하고 많은 에너지를 이용하는 운동.

인지 능력

알다 認   알다 知
능하다 能 힘 力

사물을 분별하여 인지할 수 있는 능력.

실전 이렇게 하면 노인들은 물론 **인지 능력**이 저하된 다른 사람들도 길을 잘 찾을 수 있을 것입니다. | 18 고3 7월

참고 인지 어떤 사실을 확실히 그렇다고 여겨서 이해함.

01 다음 뜻풀이를 보고 십자말풀이를 완성하시오.

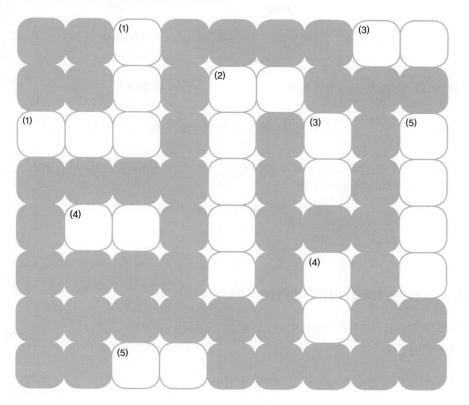

 가로

(1) 성장 촉진 및 소화, 흡수 등의 생리적 과정에 필요한 에너지를 공급하는 물질.

(2) 어버이의 성격, 체질, 형상 등의 형질이 자손에게 전해짐.

(3) 대뇌의 일부로, 학습과 장기 기억에 관여하며 감정적인 행동을 조절하는 기관.

(4) 외부 환경의 변화나 유전자의 변화로 성별, 나이와 관계없이 같은 종에서 모양과 성질이 다른 개체가 존재하는 현상.

(5) 어떤 분자, 원자, 이온이 산소와 결합하거나 수소 또는 전자를 잃는 일.

세로

(1) 피가 굳을 때 생기는 섬유 같은 단백질.

(2) 몸속의 지방을 산화시켜 체중 조절에 효과가 있는 운동.

(3) 기생 생물에게 영양을 공급하는 생물.

(4) 주기적으로 자꾸 되풀이하여 돎.

(5) 생물체가 섭취한 영양물질을 몸 안에서 분해하고, 합성하여 몸에 필요한 물질이나 에너지를 만들고 불필요한 물질은 몸 밖으로 내보내는 작용.

[02~05] 다음 빈칸에 들어갈 어휘를 〈보기〉에서 골라 쓰시오.

+ 보기 +
| 유전 | 건망증 | 섬유소 | 신진대사 |

02 성장기의 청소년들은 성인에 비해 [   ]이/가 활발하다.

03 팥에는 [   ]이/가 풍부하게 들어 있어서 변비에 효과가 좋다.

04 가족력을 연구한 결과 수면 장애의 원인이 [   ](이)라는 것을 발견했다.
  TIP 질병에 대한 한 가족의 의학적 특성.

05 서연이는 [   ]을/를 보완하려고 할 일을 기록하는 습관을 길렀다.

[06~08] 다음 빈칸에 들어갈 어휘를 찾아 연결하시오.

06 피로가 쌓이면 몸이 허약해져서 (   ) 기능이 크게 떨어진다.   • ㉠ 면역

07 난간 설치로 성인에 비해 (   )이/가 떨어지는 어린이 안전사고가 큰 폭으로 감소했다.   • ㉡ 선천적

08 이번 대회에서 우승자는 언어에 (   ) 재능이 있어 서너 살 때부터 글을 읽었다고 한다.   • ㉢ 인지 능력

[09~10] 다음 중 밑줄 친 어휘와 바꿔 쓰기에 가장 적절한 것은?

09
> 이 제품은 혈액이 원활하게 <u>돌도록</u> 돕는다.

① 생기도록   ② 오가도록   ③ 교환하도록   ④ 돌아오도록   ⑤ 순환하도록

10
> 세균은 열에 약하므로 행주를 물에 넣고 끓이면 <u>살균</u> 효과가 있다.

① 멸균   ② 변이   ③ 산화   ④ 섬유소   ⑤ 영양소

11 다음 중 밑줄 친 어휘의 쓰임이 적절하지 <u>않은</u> 것은?

① 뇌의 <u>뉴런</u>은 자극을 받으면 그 기능이 활발해진다.

② 기름진 음식을 과도하게 먹으면 <u>신진대사</u>에 장애가 생긴다.

③ 음식물을 상온에 오래 두면 <u>산화</u> 작용을 일으켜 부패하기 쉽다.

④ 이 병은 사람들 사이에서 쉽게 전염되는 형태로 <u>변이</u>할 수 있어 위험하다.

⑤ 특정 생물의 <u>숙주</u>가 된 식물은 다른 생물의 영양분을 모두 빼앗아 결국 죽게 한다.

[12~13] 다음 중 밑줄 친 어휘의 뜻으로 알맞은 것을 고르시오.

12

> 다이어트를 위해 <u>유산소 운동</u>과 식이 조절을 병행하고 있다.

(1) 몸속의 지방을 산화시켜 체중 조절에 효과가 있는 운동.　　(　)

(2) 호흡을 멈추고 짧은 시간에 강하고 많은 에너지를 이용하는 운동.　(　)

13

> 인체에서 거의 모든 장기의 혈액 순환은 혈액이 동맥으로 들어와 모세 혈관을 거치면서 산소와 <u>영양소</u>를 교환한 다음 정맥을 통해 나가는 방식으로 이루어진다.

(1) 대사의 결과물 중 필요 없는 것.　　　　　　　　　　　(　)

(2) 성장 촉진 및 소화, 흡수 등의 생리적 과정에 필요한 에너지를 공급하는 물질. (　)

퀘스트
성공!

14 다음 글에 알맞은 어휘를 고르시오.

> (면역 / 인지 / 해마)은/는 기억을 단기간 저장하고 있다가 삭제하는 경우가 많지만, 매우 인상적인 경험이나 반복적인 자극이 있다면 이를 대뇌피질로 보내 장기 기억으로 저장한다. 이러한 정보의 이동은 주로 밤에 일어나므로, 학습 능률을 높이려면 밤에 숙면을 취하는 것이 좋다.

20일 과학 분야의 글과 관련한 어휘 ❷

일일 퀘스트

▶ 어휘 책을 펼쳐 보아요.

▶ 아는 어휘에 ○표 해요. (/ 17)

관성	마찰력	비례하다	압력
용해	원심력	입자	입증하다
작용하다	절연성	정립하다	공전
관측하다	궤도	운행하다	중력	지동설

▶ 십자말풀이를 완성해요. (/ 10)

▶ 확인 문제로 복습해요. (/ 14)

나의 어휘 경험치

주제1 물질의 작용 및 성질과 관련한 어휘

1회 ☐
2회 ☐
관성
버릇 慣
성품 性

물체가 다른 힘을 받지 않는 한 정지 상태로 머물러 있거나 같은 속도로 계속 움직이려는 성질.

(예문) 급하게 브레이크를 당겼지만 **관성** 탓에 자전거는 바로 멈추지 않았다.

(실전) 달리던 자동차의 **관성**으로 인해 바퀴는 일정 시간 굴러가기 때문에 바퀴가 회전자를 돌리는 상황이 된다. ㅣ19 고3 4월

1회 ☐
2회 ☐
마찰력
갈다 摩
비비다 擦
힘 力

물체가 어떤 면과 접촉하여 운동할 때 그 물체의 운동을 방해하는 힘.

(예문) 우리가 땅 위를 걸을 때 미끄러지지 않고 잘 걸을 수 있는 것은 발바닥과 땅이 접촉하면서 생기는 **마찰력** 덕분이다.

(참고) 마찰 두 물체가 서로 닿아 비벼짐. 또는 그렇게 함.

1회 ☐
2회 ☐
비례하다
견주다 比
법식 例

한쪽의 양이나 수가 증가하는 만큼 그와 관련 있는 다른 쪽의 양이나 수도 증가하다.

(실전) 일반적으로 동물이 생산하는 열에너지는 동물의 무게와 부피에 **비례한다**. ㅣ18 고1 6월

1회 ☐
2회 ☐
압력
누르다 壓
힘 力

1) 두 물체가 맞닿은 면에서 단위 면적당 수직으로 누르는 힘. 또는 그 힘의 크기.

(예문) 깊은 바다는 **압력**이 세서 사람이 오래 잠수해 있기 힘들다.

2) 권력이나 세력에 의하여 타인을 자기 의지에 따르게 하는 힘.

(예문) 영국 총리는 사퇴를 요구하는 대중들의 **압력**을 이기지 못하고 사임하였다.

1회 ☐ 2회 ☐	**용해** 녹다 溶 풀다 解	물질이 액체 속에서 균일하게 녹아 용액이 만들어지는 일. 또는 용액을 만드는 일. (실전) 탄산 칼슘은 이산화 탄소가 들어있는 물에 잘 **용해**되는데, 바닷물에는 다량의 이산화 탄소가 있어 탄산 칼슘이 많이 녹아 있습니다.	22 고1 6월

1회 ☐ 2회 ☐	**원심력** 멀다 遠 마음 心 힘 力	원의 둘레를 따라 도는 물체에 작용하는, 원의 바깥으로 나아가려는 힘. (예문) 탈수기는 고속 회전에 의한 **원심력**으로 수분을 제거한다. / 원형 트랙을 달리는 선수는 **원심력**에 의해 몸이 기울었다. (반의) 구심력 원의 둘레를 따라 도는 물체에 작용하는, 원의 중심으로 나아가려는 힘.

1회 ☐ 2회 ☐	**입자** 알 粒 아들 子	1) 물질을 구성하는 미세한 크기의 물체. 소립자, 원자, 분자 등이 있다. (예문) 분자는 더 작은 **입자**인 원자로 쪼개질 수 있다. (실전) 물질을 이루는 **입자**들의 상호 작용을 통해 전도가 일어난다.	20년 고2 11월 2) 어떤 물질을 이루면서 그 물질의 성질을 지니고 있는 아주 작은 크기의 물체. (예문) 이 바닷가는 모래 **입자**가 고와 맨발로 걷기 좋다.

1회 ☐ 2회 ☐	**입증하다** 서다 立 증거 證	어떤 증거 등을 내세워 증명하다. (실전) '신약이 효과가 있다.'라는 대립 가설을 **입증하기** 위해서는 특정 질병을 겪고 있는 모든 환자에게 신약을 투약해 보면 된다.	22 고1 6월

1회 ☐ 2회 ☐	**작용하다** 짓다 作 쓰다 用	1) 어떠한 현상을 일으키거나 영향을 미치다. (예문) 이번 선거 결과에는 성별에 따른 정치적 성향 차이가 큰 변수로 **작용하였다**. 2) 어떠한 물리적 원인이나 대상이 다른 대상이나 원인에 기여하다. (예문) 낙하하는 물체에는 중력이 **작용하여** 떨어지는 방향으로 점점 속력이 커진다.

1회 ☐ 2회 ☐	**절연성** 끊다 絕 인연 緣 성품 性	전기가 통하지 아니하는 성질. (예문) 엔지니어링 플라스틱은 금속을 대체할 수 있는 플라스틱의 일종으로, **절연성**이 뛰어나 생활용품을 만드는 데 다양하게 쓰이고 있다.

1회 ☐ 2회 ☐	**정립하다** 정하다 定 서다 立	정하여 세우다. (예문) 김 박사는 오랜 연구 끝에 새로운 이론을 **정립하였다**. (실전) 의회가 시민의 폭넓은 참여를 보장하는 최적의 입법 과정을 **정립하는** 것은 우리 사회의 통합을 위해 꼭 필요한 일이다.	15 고2 9월 (참고) 정립(正立)하다 바로 서다. 또는 바로 세우다.

4주차

주제 2 우주와 관련한 어휘

1회 ☐
2회 ☐

공전

공변되다 公
구르다 轉

한 천체가 다른 천체의 둘레를 주기적으로 도는 일.

(예문) 계절의 변화는 지구의 **공전**으로 인해 생긴다.

(참고) 자전 천체가 스스로 고정된 축을 중심으로 회전함. 또는 그런 운동.

1회 ☐
2회 ☐

관측하다

보다 觀
재다 測

1) 육안이나 기계로 자연 현상을 관찰하여 측정하다.

(예문) 기상청에서는 인공위성으로 **관측한** 자료를 토대로 태풍의 경로를 예측했다.

2) 어떤 사정이나 형편 등을 잘 살펴보고 그 장래를 헤아리다.

(예문) 전문가들은 한국이 월드컵 8강에 진입할 것이라고 **관측하였다**.

1회 ☐
2회 ☐

궤도

바큇자국 軌
길 道

1) 일이 발전하는 본격적인 방향과 단계.

(예문) 직원들의 헌신적인 노력으로 사업이 정상 **궤도**에 올라설 수 있었다.

2) 기차나 전차의 바퀴가 굴러가도록 레일을 깔아 놓은 길.

(예문) 기차가 **궤도**를 이탈하는 사고가 났다.

3) 행성, 혜성, 인공위성 등이 중력의 영향을 받아 다른 천체의 둘레를 돌면서 그리는 곡선의 길.

(실전) 루빈은 별의 공전 **궤도** 안쪽에 암흑 물질이 존재한다는 것을 추정하였다. | 15시행 6월 모평

1회 ☐
2회 ☐

운행하다

운전하다 運
다니다 行

1) 정해진 길을 따라 자동차나 열차 등이 다니다.

(예문) 우리 학교는 학생들을 위해 셔틀버스를 **운행하고** 있다.

(실전) 전기 자동차는 친환경 자동차로 주목받고 있지만 한 번 충전으로 **운행할** 수 있는 거리가 짧다는 단점이 있다. | 19 고3 4월

2) 천체가 그 궤도를 따라 운동하다.

(예문) 천문학을 통해 우주의 별들이 궤도를 따라 **운행하는** 원리를 알 수 있다.

1회 ☐
2회 ☐

중력

무겁다 重
힘 力

지구가 지구 위의 물체를 끌어당기는 힘.

(예문) 지구가 평평하지 않음에도 사람이 땅 위에 서 있을 수 있는 이유는 **중력** 때문이다. / 고드름이 아래로 자라는 현상은 **중력**이 작용한 결과이다.

1회 ☐
2회 ☐

지동설

땅 地
움직이다 動
말씀 說

지구가 자전하면서 태양의 주위를 돈다는 학설.

(예문) **지동설**이 처음 주장되었을 때에는 많은 사람들에게 비난받았다.

(참고) 천동설 우주의 중심은 지구이고, 모든 천체가 지구의 둘레를 돈다는 학설.

어휘 확인하기 20일

01 다음 뜻풀이를 보고 십자말풀이를 완성하시오.

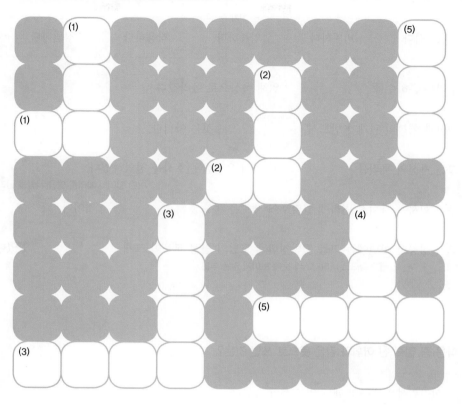

가로

(1) 지구가 지구 위의 물체를 끌어당기는 힘.

(2) 두 물체가 맞닿은 면에서 단위 면적당 수직으로 누르는 힘. 또는 그 힘의 크기.

(3) 정하여 세우다.

(4) 물질을 구성하는 미세한 크기의 물체. 소립자, 원자, 분자 등이 있다.

(5) 육안이나 기계로 자연 현상을 관찰하여 측정하다.

세로

(1) 물체가 어떤 면과 접촉하여 운동할 때 그 물체의 운동을 방해하는 힘.

(2) 원의 둘레를 따라 도는 물체에 작용하는, 원의 바깥으로 나아가려는 힘.

(3) 천체가 그 궤도를 따라 운동하다.

(4) 어떤 증거 등을 내세워 증명하다.

(5) 전기가 통하지 아니하는 성질.

아이템 발견!

[02~06] 다음 빈칸에 들어갈 어휘를 〈보기〉에서 골라 알맞게 활용하여 쓰시오.

┌─────────────── 보기 ───────────────┐
관측하다   비례하다   입증하다   작용하다   정립하다
└────────────────────────────────────┘

02 우리는 은하수를 [   ] 위해 옥상으로 올라갔다.

03 재산과 행복의 관계가 반드시 [   ] 것은 아니다.

04 그는 자신의 무죄를 [   ] 위해 유명한 변호사를 선임하였다.
   TIP 어떤 일이나 자리를 맡을 사람을 골라 뽑음.

05 우리 회사는 사회적 변화에 발맞추어 새로운 목표를 [   ] 것이다.

06 그가 성공한 이면에는 그를 뒷받침한 부모님의 인성 교육이 크게 [   ] 있었다.
   TIP 겉으로 나타나거나 눈에 보이지 않는 부분.

07 다음 중 밑줄 친 어휘와 같은 뜻으로 쓰인 것은?

┌──┐
인공위성을 지구의 <u>궤도</u> 위로 쏘아 올렸다.
└──┘

① 열차가 <u>궤도</u>를 이탈하여 많은 사상자가 났다.
② 그는 우연한 기회에 인생의 <u>궤도</u>가 바뀌어 소설가가 되었다.
③ 수성도 지구와 마찬가지로 타원 <u>궤도</u>를 그리며 태양 주위를 돈다.
④ 수출 산업이 다시 본 <u>궤도</u>에 들어서려면 국제 경쟁력이 강화되어야 한다.
⑤ 열차가 곡선 <u>궤도</u>를 돌면서 바퀴와 레일 사이의 마찰 때문에 시끄러운 소리가 울려 퍼졌다.

[08~09] 다음 밑줄 친 어휘의 뜻을 찾아 연결하시오.

08 이 버스는 평일에만 <u>운행한다</u>.   •

   • ㉠ 천체가 그 궤도를 따라 운동하다.

09 달은 지구를 중심으로 <u>운행한다</u>.   •

   • ㉡ 정해진 길을 따라 자동차나 열차 등이 다니다.

[10~12] 다음 문장에 알맞은 어휘를 고르시오.

10 소금이나 설탕은 물에 잘 (용매 / 용해)되는 성질을 갖고 있다.

11 버스가 갑자기 섰을 때 몸이 앞으로 쏠리는 것이 (관성 / 탄성)의 한 예이다.

12 땅바닥에 닿는 신발 밑창이 지그재그 모양을 띤 이유는 (마찰력 / 원심력)을 높여서 미끄럼을 방지하기 위해서이다.

13 ㉠, ㉡에 알맞은 어휘를 〈보기〉에서 골라 쓰시오.

┌─────────── 보기 ───────────┐
│   공전   지동설   │
└──────────────────────────┘

(가) 갈릴레이는 [㉠]이/가 옳음을 주장하였다. 하지만 당시 과학계에서는 태양이 지구를 돈다고 믿었기에 갈릴레이가 지구가 태양 주위를 돈다는 증거를 여럿 제시했음에도 이를 부정하였다.

(나) 코페르니쿠스는 태양을 우주의 중심에 고정하고 지구를 비롯한 행성들이 자전하면서 태양의 주위를 [㉡]하는 우주 모형을 만들었다.

㉠: (   ) ㉡: (   )

14 〈보기〉의 빈칸에 공통으로 들어갈 어휘를 쓰시오.

┌─────────── 보기 ───────────┐
│ (가) 물은 지구의 중심으로부터 (   )을/를 받기 때문에 높은 곳에서 낮은 곳으로 흐르지만, 식물은 지구의 중심과는 반대 방향으로 자란다. 따라서 식물이 줄기 끝에 달려 있는 잎에 물을 공급하려면 (   )의 반대 방향으로 물을 끌어올려야 한다. │
│ (나) 우주 공간을 떠도는 암석이 지구의 (   )에 이끌려서 대기권에 진입하면 유성이 된다. │
└──────────────────────────┘

(   )

과학 분야의 글과 관련한 어휘 ❸

2
1일
일일 퀘스트

▶ 어휘 책을 펼쳐 보아요.

▶ 아는 어휘에 ○표 해요. (/ 16)

경관	광합성	귀소	기생하다	기하급수적
담수	발생하다	생장	유기물	
증산 작용	교란	녹조류	메탄	
열대야	오존층	탄소 발자국		

▶ 어휘 퍼즐을 완성해요. (/ 9)

▶ 확인 문제로 복습해요. (/ 14)

나의 어휘 경험치

주제 1 자연 현상과 관련한 어휘

1회 ☐
2회 ☐
경관
경치 景
보다 觀

산이나 들, 강, 바다 등의 자연이나 지역의 풍경.

(예문) 우리나라 건축 문화재들은 자연 **경관**과의 조화를 고려해 지은 경우가 많다.

(실전) 감각적 심상과 비유를 결합하여 주변 **경관**을 효과적으로 표현하고 있다. | 20 고2 3월

1회 ☐
2회 ☐
광합성
빛 光
합하다 合
이루다 成

녹색식물이 빛 에너지를 이용하여 이산화 탄소와 수분으로 유기물을 합성하는 과정.

(실전) 작물은 **광합성**이 많이 이루어지는 오전부터 한낮까지 그림자의 영향을 최소한으로 받아야 잘 자랄 수 있어요. | 22시행 6월 모평

1회 ☐
2회 ☐
귀소
돌아오다 歸
새집 巢

동물이 집이나 둥지로 돌아감.

(예문) 어미 새의 **귀소**가 늦어지자 아기 새들은 배고픔에 큰 소리로 울었다. / 비둘기는 **귀소** 본능이 있어 전쟁 시에 본부와 연락을 주고받는 수단으로 쓰이기도 했다.

1회 ☐
2회 ☐
기생하다
부치다 寄
나다 生

1) 서로 다른 종류의 생물이 함께 생활하며, 한쪽이 이익을 얻고 다른 쪽이 해를 입다.

(실전) 바이러스는 살아 있는 숙주 세포에 **기생하고**, 그 안에서 증식함으로써 살아간다.
| 20 고2 9월

2) 스스로 생활하지 못하고 다른 사람을 의지하여 생활하다.

(예문) 그들은 권력에 **기생하는** 아첨꾼들이다.

(참고) 숙주 기생 생물에게 영양을 공급하는 생물.

1회 ☐ 2회 ☐	**기하급수적** 몇 幾 등급 級 과녁 的 어찌 何 세다 數	증가하는 수나 양이 아주 많은. 또는 그런 것. (예문) 사람들이 곡식을 쪼아 먹는 참새를 죽이자, 천적이 없어진 메뚜기가 **기하급수적**으로 늘어나 논밭을 통째로 먹어치웠다. (실전) 로봇 사용으로 인한 일자리 대체 규모가 **기하급수적**으로 커질 것이다. ㅣ 18시행 수능
1회 ☐ 2회 ☐	**담수** 맑다 淡 물 水	강이나 호수 등과 같이 염분이 없는 물. (실전) 담수어의 체액 농도는 **담수**보다 높고, 해수어의 체액 농도는 해수보다 낮다. ㅣ 14 고3 4월 (참고) 해수 바다에 고여 있는 짠물.
1회 ☐ 2회 ☐	**발생하다** 피다 發 나다 生	1) 어떤 일이나 사물이 생겨나다. (실전) 소리는 물체의 진동에 의해 **발생하고** 매질의 진동으로 전달되는 파동이다. ㅣ 22 고1 6월 2) 세포의 증식, 분화, 형태 형성 등에 의하여, 어떤 생물이 단순한 수정란 상태에서 복잡한 개체가 되다. (예문) 나는 동생과 함께 배아 세포가 **발생하는** 과정을 다룬 다큐멘터리를 보았다.

4주차

1회 ☐ 2회 ☐	**생장** 나다 生 길다 長	1) 나서 자람. 또는 그런 과정. (예문) 조 선생님은 어릴 적부터 나의 **생장**을 지켜봐 주신 분이다. 2) 생물체의 원형질과 그 부수물의 양이 늘어나는 일. (실전) 생명체와 달리, 바이러스는 세포가 아니기 때문에 스스로 **생장**이 불가능하다. ㅣ 20 고2 9월
1회 ☐ 2회 ☐	**유기물** 있다 有 틀 機 만물 物	생물의 몸을 이루며, 그 안에서 생명력에 의하여 만들어지는 물질. 또는 탄소의 산화물이나 금속의 탄산염 등을 제외한 모든 탄소 화합물을 통틀어 이르는 말. (예문) 화성에서 **유기물**이 포함된 암석을 채취했다. / 이 토마토는 농약과 화학 비료를 쓰지 않고 **유기물**인 퇴비를 이용해 재배한 유기농 작물이다. (실전) 어떤 미생물들은 **유기물**을 흡수하고 분해할 때 전자가 방출되기 때문에 유기성 폐수로 전기 에너지를 만들어 낼 수 있습니다. ㅣ 17 고3 3월 (참고) 무기물 생명을 지니지 않은 물질을 통틀어 이르는 말. 물, 흙, 공기, 광물 등이다.
1회 ☐ 2회 ☐	**증산 작용** 찌다 蒸 짓다 作 흩다 散 쓰다 用	식물체 안의 수분이 수증기가 되어 공기 중으로 나옴. 또는 그런 현상. (실전) **증산 작용**은 물을 식물체 밖으로 내보내는 작용으로, 뿌리에서 흡수된 물이 줄기를 거쳐 잎까지 올라가는 원동력이다. ㅣ 19 고1 6월 (참고) 기공 식물의 잎이나 줄기의 겉껍질에 있는, 숨쉬기와 증산 작용을 하는 구멍. 잎의 뒤쪽에 많으며, 빛과 습도에 따라 여닫게 되어 있다.

주제 2 환경 오염과 관련한 어휘

1회 ☐
2회 ☐
교란
어지럽다 攪
어지럽다 亂

마음이나 상황 등을 뒤흔들어서 어지럽고 혼란하게 함.

(예문) 환경 파괴로 일어난 생태계 **교란**의 피해는 결국 인간에게 돌아오므로 경각심을 가져야 한다.

(실전) 전국의 각 시도에서는 미세 플라스틱으로 인해 폐기 시 해양 생태계 **교란**의 가능성이 있는 아이스 팩을 재사용하는 시스템을 구축하고 있다. | 21 고2 9월

1회 ☐
2회 ☐
녹조류
초록빛 綠
마름 藻
무리 類

엽록소를 가지고 있어 녹색을 띠고, 광합성에 의하여 녹말을 만드는 해캄·청각·파래 등의 조류.

(예문) 호숫가에 밤새 켜 놓은 인공조명은 **녹조류**를 증가시켜 수질을 떨어뜨린다.

(참고) 녹조 현상 영양 물질이 많아진 강이나 호수에 녹조류와 남조류가 크게 늘어나 물이 녹색으로 변하는 현상.
조류 물속에 살면서 엽록소로 광합성을 하며, 꽃이 피지 않고 포자로 번식하는 식물.

1회 ☐
2회 ☐
메탄
methane

천연가스의 주성분이자 온실 효과를 일으키는 온실가스 중의 하나. 늪이나 습지의 흙 속에서 유기물이 부패하거나 발효하면서 생긴다.

(예문) **메탄**의 배출 경로는 소의 트림이나 방귀, 벼농사, 천연가스 사용 등으로 다양하다.

(실전) 축산 폐기물 처리 시 발생하는 **메탄**가스를 이용하여 난방 연료를 추출한다는 것을 글을 읽어 알고 있는데, 미생물 연료 전지와 유사점이 있는 것 같다. | 17 고3 3월

1회 ☐
2회 ☐
열대야
덥다 熱
띠 帶
밤 夜

바깥의 온도가 25℃ 이상인 무더운 밤.

(예문) 일기 예보에 따르면 북태평양 고기압의 발달로 폭염과 **열대야**가 장기간 지속된다고 한다.

(참고) 이상 기후 기온이나 강수량 등이 정상적인 상태를 벗어난 상태.

1회 ☐
2회 ☐
오존층
ozone
층 層

오존을 많이 포함하고 있는 대기층. 지상에서 20~25km의 높이에 있으며 인체나 생물에 해로운 태양의 자외선을 잘 흡수하는 성질이 있다.

(예문) 프레온 가스는 **오존층** 파괴의 주범이기 때문에 국제 협약으로 사용을 규제하고 있다.

(참고) 오존 3원자의 산소로 된 푸른빛의 기체.

1회 ☐
2회 ☐
탄소 발자국
숯 炭
희다 素

사람이 활동하거나 상품을 생산·소비하는 과정에서 직간접적으로 발생하는 이산화 탄소의 총량.

(실전) 국제 환경 단체의 연구 결과에 따르면 스마트폰의 보급 이후 디지털 **탄소 발자국**이 보급 이전에 비해 3배 이상 증가했다. | 22 고2 3월

(참고) 탄소 중립 탄소를 배출하는 만큼, 배출된 탄소를 흡수하거나 청정 에너지를 생산하여 탄소의 실질 배출량을 0으로 만드는 일.

01 다음 뜻에 알맞은 어휘를 찾아 가로, 세로, 대각선으로 표시하시오.

대	탄	증	산	유	기	물	가	능
야	산	소	공	발	생	하	다	개
교	란	진	발	연	속	경	관	화
오	기	층	다	자	기	공	사	기
담	하	생	하	다	국	광	합	성
수	급	장	녹	적	윤	현	상	관
해	수	녹	조	리	귀	메	탄	올
단	적	해	류	가	귀	소	중	립

(1) 동물이 집이나 둥지로 돌아감.

(2) 어떤 일이나 사물이 생겨나다.

(3) 증가하는 수나 양이 아주 많은. 또는 그런 것.

(4) 산이나 들, 강, 바다 등의 자연이나 지역의 풍경.

(5) 마음이나 상황 등을 뒤흔들어서 어지럽고 혼란하게 함.

(6) 생물의 몸을 이루며, 그 안에서 생명력에 의하여 만들어지는 물질.

(7) 녹색식물이 빛 에너지를 이용하여 이산화 탄소와 수분으로 유기물을 합성하는 과정.

(8) 엽록소를 가지고 있어 녹색을 띠고, 광합성에 의하여 녹말을 만드는 해캄·청각·파래 등의 조류.

(9) 사람이 활동하거나 상품을 생산·소비하는 과정에서 직간접적으로 발생하는 이산화 탄소의 총량.

[02~05] 〈보기〉의 글자 카드를 사용하여 빈칸에 들어갈 알맞은 어휘를 쓰시오.

┌─────────────── 보기 ───────────────┐
│ 메   소   귀   교   생   탄   란   장 │
└────────────────────────────────────┘

02 잡초가 만들어 내는 그늘은 작물의 [   ]을/를 방해한다.

03 지구 온난화로 인해 수온이 상승하면서 해양 생태계에 [   ]을/를 일으키고 있다.

04 소가 트림을 할 때 생기는 [   ]은/는 미래에 화석 연료를 대체할 자원이자 지구 온난화를 가속하는 온실가스라는 두 얼굴을 가지고 있다.

05 최근 양봉 농가의 꿀벌이 사라지는 현상의 원인에 대해 학자들은 전자파나 특정 농약이 꿀벌의 [   ]을/를 방해하기 때문이라고 추측하였다.

[06~09] 제시된 초성과 뜻을 참고하여 빈칸에 들어갈 알맞은 어휘를 쓰시오.

06 ㄱㄱ : 산이나 들, 강, 바다 등의 자연이나 지역의 풍경.
→ 이 산은 정상에서 바라보는 (   )이/가 아름답기로 유명하다.

07 ㄷㅅ : 강이나 호수 등과 같이 염분이 없는 물.
→ 바닷물을 (   )(으)로 만들어 식수로 사용하거나 일상생활에 활용할 수 있게 되면서 도서 지역의 식수 걱정이 해결되었다.
TIP 크고 작은 온갖 섬.

08 ㅇㄷㅇ : 바깥의 온도가 25℃ 이상인 무더운 밤.
→ 열흘째 (   )이/가 이어지면서, 더위에 잠을 이루지 못하는 사람들이 많아졌다.

09 ㄱㅎㅅ : 녹색식물이 빛 에너지를 이용하여 이산화 탄소와 수분으로 유기물을 합성하는 과정.
→ 키가 큰 잡초는 농작물의 (   )을/를 방해하므로 베어 내는 것이 좋다.

10 다음 밑줄 친 어휘의 뜻으로 알맞은 것을 골라 ○표 하시오.

> 겨우살이는 참나무나 밤나무 등에 <u>기생하는</u> 식물로, 숙주인 나뭇가지에 뿌리를 박고 물과 양분을 빼앗아 살아간다. 겨우살이는 둥지같이 둥글게 자라는데 그 지름이 1미터까지 커지기도 한다.

(1) 스스로 생활하지 못하고 다른 사람을 의지하여 생활하다.   (   )

(2) 서로 다른 종류의 생물이 함께 생활하며, 한쪽이 이익을 얻고 다른 쪽이 해를 입다.
                                                                          (   )

4 주차

[11~13] 다음 빈칸에 들어갈 어휘를 찾아 연결하시오.

11 흙에 (   )이/가 많이 포함된 비옥한 땅에서는
작물이 잘 자란다.   •

                                                           • ㉠ 녹조류

12 기온이 상승함에 따라 호수에 (   )이/가 크게
늘어나 수중 생태계에 악영향을 주고 있다.   •

                                                           • ㉡ 오존층

13 지구의 (   )이 얇아지면 자외선이 증가하여
피부암이나 안과 질환에 걸릴 위험이 높아진다.   •

                                                           • ㉢ 유기물

아이템
획득!

14 〈보기〉의 빈칸에 공통으로 들어갈 어휘로 가장 적절한 것은?

> ◆ 보기 ◆
> • 우리가 땀을 흘려 열기를 식히듯 식물은 (   )을 통해 수분을 배출하면서 열기를 식힌다.
> • 도시에 숲을 만들면 나무가 그늘을 제공할 뿐만 아니라, 나뭇잎의 (   )이 공기의 온도를 직접적으로 낮춰 주어 열섬 현상을 줄일 수 있다.
> TIP 주변보다 기온이 높은 도시 지역.

① 부작용   ② 반사 작용   ③ 운반 작용   ④ 자정 작용   ⑤ 증산 작용

22일 기술 분야의 글과 관련한 어휘 ❶

일일 퀘스트

▶ 어휘 책을 펼쳐 보아요.

▶ 아는 어휘에 ○표 해요. (　/ 17)

단말기	동기화	메타버스	블록체인	빅 데이터
사물 인터넷		알고리즘	증강 현실	클라우드
플랫폼	기억 장치	모델링	부호화	
사양	송신기	운영 체제	프로토콜	

▶ 십자말풀이를 완성해요. (　/ 9)

▶ 확인 문제로 복습해요. (　/ 12)

나의 어휘 경험치

주제1 **정보 통신 기술과 관련한 어휘**

1회 ☐
2회 ☐
단말기
바르다 端
끝 末
틀 機

컴퓨터의 중앙 처리 장치와 연결되어 자료를 입력하거나 출력하는 기기.

(실전) 최근 키오스크(kiosk, 무인 정보 **단말기**)를 이용하여 주문을 하고 스마트폰으로 은행 업무를 보거나 표를 예매하는 일이 많아지면서 어려움을 겪는 어르신들을 종종 뵙게 됩니다. | 20 고2 3월

1회 ☐
2회 ☐
동기화
같다 同
기약하다 期
되다 化

작업들 사이의 수행 시기를 맞추는 것. 사건이 동시에, 또는 일정한 간격을 두고 일어나도록 시간의 간격을 조정하는 것을 의미한다.

(실전) 모션 트래킹 시스템은 아바타의 동작에 따라 사용자가 동일하게 움직일 수 있도록 **동기화**한다. | 21시행 9월 모평

1회 ☐
2회 ☐
메타버스
metaverse

'가상', '초월'을 의미하는 'Meta(메타)'와 '세계'를 의미하는 'Universe(유니버스)'의 합성어로, 아바타를 이용해 현실 세계에서처럼 사회, 경제, 문화 활동을 할 수 있는 가상의 공간.

(실전) 사용자의 움직임을 아바타에게 전달하는 공간 이동 장치를 이용하면, 사용자는 몰입도 높은 **메타버스** 체험을 할 수 있다. | 21시행 9월 모평

1회 ☐
2회 ☐
블록체인
blockchain

정보의 저장 단위인 블록에 거래 정보를 담아 마치 체인처럼 연결한 것으로, 이를 수많은 컴퓨터에 복제해 공유하고 서로 대조해 보게 함으로써 정보의 위조나 변조를 막는 기술.

(예문) 암호 화폐는 **블록체인**을 이용하는 디지털 화폐이다.

빅 데이터
big data

기존의 방법이나 도구로는 수집·저장·분석이 어려울 만큼 방대한 양의 데이터.

(실전) 인공 지능은 스스로 **빅 데이터**에서 수많은 패턴을 발견하여 정보를 해석, 추론하며 학습합니다. | 18 고3 10월 / 인공 지능을 활용한 면접에서는 **빅 데이터**를 바탕으로 한 일관된 평가 기준을 적용할 수 있습니다. | 19시행 **수능**

사물 인터넷
일 事 만물 物
internet

사물에 센서와 프로세서를 장착하여 정보를 수집하고 제어·관리할 수 있도록 인터넷으로 연결되어 있는 시스템.

(실전) **사물 인터넷** 산업은 미래의 고부가가치 산업으로, 헬스 케어, 물류, 금융, 농업 등 적용 가능성이 무궁무진하게 열려 있는 분야입니다. | 17 고2 9월

(참고) 프로세서 컴퓨터에서 명령을 해독하고 실현하는 기능 단위. '중앙 처리 장치'를 이른다.

알고리즘
algorism

어떤 문제의 해결을 위해, 입력된 자료를 바탕으로 원하는 출력을 유도해 내는 규칙의 집합. 문제를 해결하는 데 필요한 절차나 방법을 순서화한 집합이다.

(예문) 공장에서는 작업자들의 안전을 위해 위험 상황을 감지하고 사고를 막는 인공지능 **알고리즘**을 도입했다.

(실전) 검색이 가능하기 위해서는 검색어를 저장되어 있는 문자열의 부분 문자열과 비교하는 **알고리즘**이 필요하다. | 22 고3 3월

4주차

증강 현실
더하다 增 강하다 強
나타나다 現 열매 實

현실의 사물이나 환경에 가상의 사물이나 환경을 덧입혀서, 마치 실제로 존재하는 것처럼 보여 주는 컴퓨터 그래픽 기술. 또는 그러한 기술로 조성된 현실.

(예문) 최근 현실에서 가상의 괴물을 잡는 **증강 현실** 기반의 게임이 큰 관심을 받고 있다.

(실전) 최근에는 **증강 현실**의 구현에 투시 원근법이 활용되고 있다. | 18 고3 10월

(참고) 가상 공간 컴퓨터에 의하여 현실이 아닌 허상으로 만들어진 공간.

클라우드
cloud

인터넷상의 개인용 서버에 각종 문서, 사진, 음악 등의 파일 및 정보를 저장하여 두고, 인터넷에 접속하여 언제 어디서나 이용할 수 있게 한 시스템.

(실전) 코로나 19 유행으로 집에 머무르는 시간이 늘어나면서, 스트리밍 서비스와 **클라우드** 서비스 이용량이 급증하고 있습니다. | 22 고2 3월

(참고) 서버 서비스를 요구하는 컴퓨터나 소프트웨어에 정보나 서비스를 제공하는 컴퓨터 또는 소프트웨어.

플랫폼
platform

정보 시스템 환경을 구축하고 개방하여 누구나 다양하고 방대한 정보를 쉽게 활용할 수 있도록 제공하는 기반 서비스.

(실전) 크라우드 펀딩은 온라인 **플랫폼**을 통해 프로젝트를 제시하고 익명의 사람들로부터 후원금을 받아서 자금을 마련하는 것을 말합니다. | 20 고1 9월

(참고) 포털 사이트 인터넷을 통해 정보 검색, 커뮤니티 등의 서비스를 제공하는 사이트.

1회 □
2회 □

기억 장치

기록하다 記 생각하다 憶
꾸미다 裝 두다 置

데이터나 명령을 비롯하여 컴퓨터 내부에서 계산 처리한 결과를 기억하는 장치. 주기억 장치와 보조 기억 장치로 나눈다.

(실전) 컴퓨터의 중앙 처리 장치인 CPU는 데이터를 처리하기 위해 **주기억 장치**와 끊임없이 데이터를 주고받는다. | 20 고1 9월

1회 □
2회 □

모델링

modeling

견본이나 모형을 만드는 것으로, 컴퓨터 분야에서는 컴퓨터를 이용하여 사물의 형태를 가시적으로 표현하는 일.

(실전) 3D 합성 영상을 생성, 출력하기 위해서는 **모델링**과 렌더링을 거쳐야 한다. | 20시행 수능

(참고) 가시적 눈으로 볼 수 있는. 또는 그런 것.

1회 □
2회 □

부호화

부신 符
부르짖다 號
되다 化

주어진 정보를 어떤 표준적인 형태로 변환하거나 거꾸로 변환함.

(예문) 컴퓨터의 기억 장치에는 다양한 정보들이 **부호화**가 되어 저장된다.

(실전) 마지막으로는 **부호화** 과정을 거친다. **부호화**는 양자화를 거친 행렬값을 이진수의 부호로 표현하는 것이다. | 21 고3 4월

1회 □
2회 □

사양

벼슬하다 仕
모양 樣

설계 구조. 물품을 만들 때 필요한 설계 규정이나 제조 방법, 규격 등을 이른다.

(예문) 전자 기기를 살 때는 제품의 **사양**을 꼼꼼하게 확인해야 한다.

(참고) 사양(斜陽) 새로운 것에 밀려 점점 몰락해 감.
사양(辭讓) 겸손하여 받지 않거나 응하지 않음.

1회 □
2회 □

송신기

보내다 送
믿다 信
틀 機

무선 방송에서, 신호를 고주파의 전류로 바꾸어 송신 안테나에서 보내는 장치.

(실전) 오류를 검출하기 위해 **송신기**는 오류 검출 부호를 포함한 데이터를 전송하고 수신기는 수신한 데이터를 검사하여 오류가 있으면 재전송을 요청한다. | 22 고1 3월

(참고) 수신기 외부로부터 신호를 받아 필요한 정보를 얻는 장치. 텔레비전 등이 속한다.

1회 □
2회 □

운영 체제

운전하다 運 경영하다 營
몸 體 억제하다 制

컴퓨터의 하드웨어 시스템을 효율적으로 운영하기 위한 소프트웨어. 컴퓨터를 작동하고 시스템 전체를 감시하며, 처리해야 할 데이터의 관리와 작업 계획 등을 조정하는 여러 가지의 프로그램으로 구성되어 있다.

(실전) 교착 상태와 기아 상태의 해결을 통해 컴퓨터의 **운영 체제**는 각 프로세스를 위한 공유 자원들을 보다 안정적이고 효율적으로 운영할 수 있게 된다. | 21 고3 7월

1회 □
2회 □

프로토콜

protocol

컴퓨터와 컴퓨터 사이, 또는 한 장치와 다른 장치 사이에서 데이터를 원활히 주고받기 위하여 약속한 여러 가지 규약.

(예문) 자사 장치들끼리 통신하기 위한 독자적인 통신 규약을 폐쇄적인 **프로토콜**이라고 한다.

(참고) 규약 조직체 안에서, 서로 지키도록 협의하여 정하여 놓은 규칙.

01 다음 뜻풀이를 보고 십자말풀이를 완성하시오.

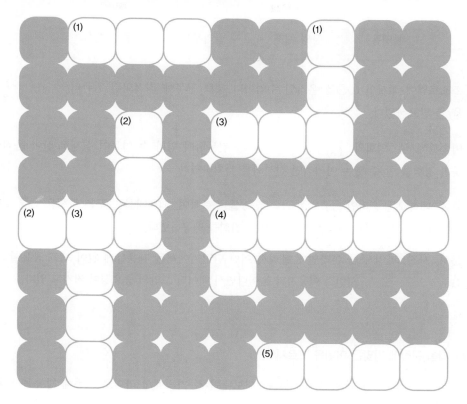

 가로
(1) 컴퓨터를 이용하여 사물의 형태를 가시적으로 표현하는 일.
(2) 작업들 사이의 수행 시기를 맞추는 것.
(3) 컴퓨터의 중앙 처리 장치와 연결되어 자료를 입력하거나 출력하는 기기.
(4) 사물에 센서와 프로세서를 장착하여 정보를 수집하고 제어·관리할 수 있도록 인터넷으로 연결되어 있는 시스템.
(5) 컴퓨터와 컴퓨터 사이, 또는 한 장치와 다른 장치 사이에서 데이터를 원활히 주고받기 위하여 약속한 여러 가지 규약.

 세로
(1) 무선 방송에서, 신호를 고주파의 전류로 바꾸어 송신 안테나에서 보내는 장치.
(2) 주어진 정보를 어떤 표준적인 형태로 변환하거나 거꾸로 변환함.
(3) 데이터나 명령을 비롯하여 컴퓨터 내부에서 계산 처리한 결과를 기억하는 장치.
(4) 설계 구조. 물품을 만들 때 필요한 설계 규정이나 제조 방법, 규격 등을 이른다.

[02~05] 다음 빈칸에 들어갈 어휘를 〈보기〉에서 골라 쓰시오.

┌─────────────── ✦ 보기 ✦ ───────────────┐
│ 플랫폼   운영 체제   클라우드   증강 현실 │
└──┘

02 소프트웨어 회사인 ○○은 온라인 수업이나 재택 근무에 최적화된 컴퓨터 ☐☐☐☐☐ 을/를 발표하였다.

03 미술관에서는 명화와 ☐☐☐☐☐ 을/를 접목하여 명화 속 인물이 실제로 살아 움직이는 듯한 경험을 할 수 있는 이색적인 전시회를 기획하였다.

04 △△ 대학교는 온라인 ☐☐☐☐☐ 을/를 구축하여, 과학자를 꿈꾸는 학생은 물론 일반인 들에게도 무료로 과학 교육을 받을 수 있는 기회를 제공하였다.

05 문서, 사진, 파일 등을 온라인에 올려서 어떤 단말기에서든 자유롭게 열어 보고 공유할 수 있 는 ☐☐☐☐☐ 서비스 이용자가 늘어나면서 데이터 보안의 중요성이 커지고 있다.

[06~07] 다음 문장에 알맞은 어휘를 고르시오.

06 이 (송신기 / 수신기)를 통해 방송을 내보내면 각 가정에서 라디오를 통해 방송을 들을 수 있다.

07 이 제품은 휴대 기기에 저장된 연락처, 일정, 사진 등 각종 데이터를 다른 장치와 자동으로 (동기화 / 부호화)할 수 있게 하여 인기를 끌었다.

[08~09] 제시된 초성과 뜻을 참고하여 빈칸에 들어갈 알맞은 어휘를 쓰시오.

08 ㅂㄹㅊㅇ: 정보의 저장 단위인 블록에 거래 정보를 담아 연결한 것.
→ ( ) 기술을 이용하면 데이터의 위조와 변조가 불가능하여 권 위 있는 <u>중개</u> 기관이 없더라도 안전한 거래를 할 수 있다.
TIP 어떤 일에 상관없는 사람이 두 당사자 사이에 서서 일을 주선함.

09 ㅇㄱㄹㅈ: 어떤 문제의 해결을 위해 입력된 자료를 바탕으로 원하는 출력을 유도하여 내 는 규칙의 집합.
→ 포털 사이트는 전체 이용자의 검색 횟수를 <u>기반</u>으로 한 ( ) 을/를 이용하여 검색어를 제안한다. **TIP** 무엇을 하기 위해 기초가 되는 것.

10 다음 밑줄 친 어휘의 뜻으로 알맞은 것을 고르시오.

> 가상 세계 기반의 온라인 게임이 완성되면 세계 최대 규모의 <u>메타버스</u>가 탄생한다.

(1) 가상 현실에서 자신의 역할을 대신하는 캐릭터. ( )
(2) 컴퓨터를 이용하여 가상의 공간에 3차원으로 모형을 만드는 것. ( )
(3) 아바타를 이용해 현실 세계에서처럼 사회, 경제, 문화 활동을 할 수 있는 가상의 공간.

( )

11 다음 빈칸에 공통으로 들어갈 어휘로 가장 적절한 것은?

> ( ) 전문가는 ( )을/를 활용해 부가 가치를 만들어 낼 수 있는 정보를 생산하는 일을 한다. 예를 들면, 드라마 시청자들이 여러 개의 사회 관계망 서비스에 실시간으로 남긴 방대한 양의 메시지를 분석하여 새로운 콘텐츠를 개발하는 데에 밑거름이 되는 정보를 생산한다.

① 모델링   ② 블록체인   ③ 클라우드
④ 프로토콜   ⑤ 빅 데이터

12 다음 중 밑줄 친 어휘와 같은 뜻으로 쓰인 것은?

> 나는 하루 종일 새로 산 컴퓨터의 <u>사양</u>을 살펴보았다.

① 민준이는 반장 자리를 단호하게 <u>사양</u>하였다.
② 우리 조상들은 <u>사양</u>의 미덕을 중요하게 생각하였다.
③ 제품의 <u>사양</u>을 소비자가 알기 쉽게 그림과 함께 제시하였다.
④ 수익 대비 높은 인건비가 필요한 업종은 <u>사양</u>의 길로 접어들고 있다.
⑤ <u>사양</u> 산업으로 인식되던 섬유 산업이 첨단 산업으로 다시금 주목받고 있다.

기술 분야의 글과 관련한 어휘 ❷

▶ 어휘 책을 펼쳐 보아요.

▶ 아는 어휘에 ○표 해요. (/ 16)

나의 어휘 경험치

보급	적정 기술	직면하다	최적화
건조하다	국한하다	내구성	도입하다
동력	신축성	연마하다	장착하다
접목	제어하다	탄성	하중

▶ 어휘 퍼즐을 완성해요. (/ 9)

▶ 확인 문제로 복습해요. (/ 14)

주제 1 **기술의 이용과 관련한 어휘**

1회 ☐
2회 ☐

보급
넓다 普
미치다 及

어떤 것을 널리 퍼뜨려 여러 곳에 미치게 하거나 여러 사람이 누리게 함.

(실전) 스마트폰이나 태블릿 피시(PC) 등 다양한 휴대용 제품이 **보급**되어 충전을 위한 전력 사용이 증가하고 있다. | 17 고1 6월

1회 ☐
2회 ☐

적정 기술
맞다 適　　바르다 正
재주 技　　꾀 術

개발 도상국의 지역적·문화적·환경적 조건에 맞는 기술. 적은 비용으로 쉽게 이용할 수 있으며, 현지의 노동력이나 자원을 활용하여 지역 공동체 발전에 도움이 되는 기술이어야 한다.

(실전) 선진국과 제3 세계 간의 빈부 양극화 문제를 해결하기 위해 등장했던 **적정 기술**은 시대적 요구에 부응하면서 다양한 모습으로 발전하여 올해로 탄생 50주년을 맞았다.
| 15 고2 9월

1회 ☐
2회 ☐

직면하다
곧다 直
얼굴 面

어떠한 일이나 상황 등을 직접 당하거나 접하다.

(예문) 최근 빠른 성장세를 보이던 자율 주행 인공 지능 기술은 특정 지역의 환경을 위주로 학습한다는 한계에 **직면했다**.

(실전) 일회용품 쓰레기 문제로 인해 우리 사회는 감당하기 어려운 상황에 **직면하고** 있다.
| 21 고2 9월

1회 ☐
2회 ☐

최적화
가장 最
가다 適
되다 化

어떤 조건 아래에서 주어진 함수를 가능한 최대 또는 최소로 하는 일. 어떤 조건에서 가장 알맞은 결과를 얻을 수 있도록 처리하는 과정이다.

(예문) 휴대 전화를 **최적화**하면 속도도 빨라지고 배터리의 수명도 늘어난다.

건조하다

1회 □
2회 □

세우다 建
짓다 造

건물이나 배 등을 설계하여 만들다.

(실전) 선박의 진수란 새로 **건조한** 배를 처음 물에 띄우는 것을 말한다. | 21 고3 10월

(유의) 건립하다 건물, 기념비, 동상, 탑 등을 만들어 세우다.

국한하다

1회 □
2회 □

판 局
한계 限

범위를 일정한 부분에 한정하다.

(예문) 시청에서는 분야를 **국한하지** 않고 시민들의 예술 활동을 폭넓게 지원하였다.

(실전) 표현주의는 대상의 외면에만 **국한하지** 않고 인간의 감정까지 다루었다는 평가를 받는다. | 22 고2 3월

내구성

1회 □
2회 □

견디다 耐
오래 久
성품 性

물질이 변하지 않고 오래 견디는 성질.

(실전) 디젤 엔진은 가솔린 엔진에 비해 일반적으로 이산화 탄소의 배출량이 적고 열효율이 높으며 **내구성**이 좋다. | 18 고3 10월

(참고) 지구력 오랫동안 버티며 견디는 힘.

도입하다

1회 □
2회 □

이끌다 導
들다 入

기술, 물자, 이론 등을 들여오다.

(예문) 우리 공장은 얼마 전 생산성을 높이기 위해 첨단 설비를 **도입하였다.**

(실전) 대출 중인 책들도 학생들이 읽어 볼 수 있도록 학교 도서관과 연계된 전자책 서비스를 **도입해** 주시기 바랍니다. | 21 고1 11월

(참고) 유입하다 문화, 지식, 사상 등이 들어오다.

동력

1회 □
2회 □

움직이다 動
힘 力

1) 수력, 전력, 화력, 원자력, 풍력 등을 사람이 쓸 수 있도록 바꾼 기계적인 에너지.

(예문) 최근 우리 회사는 바람을 이용하여 에너지의 효율을 높이는 **동력** 장치를 개발하고 있다.

2) 어떤 일을 발전시키고 앞으로 밀고 나가는 힘.

(실전) 삶에서 느끼는 불편이나 슬픔을 이겨 내는 **동력**을 얻고 있다. | 20시행 수능

신축성

1회 □
2회 □

펴다 伸
오그라들다 縮
성품 性

1) 물체가 늘어나고 줄어드는 성질.

(예문) 운동을 할 때는 **신축성**이 좋은 옷을 입는 것이 좋다.

2) 그때그때의 경우나 형편에 따라 알맞게 대처할 수 있는 능력.

(예문) 일을 **신축성** 있게 처리할 줄 알아야 한다.

(유의) 융통성 그때그때의 사정과 형편을 보아 일을 처리하는 재주. 또는 일의 형편에 따라 적절하게 처리하는 재주.

연마하다

갈다 研
갈다 磨

1) 금속이나 돌 등을 갈고 닦아 표면을 반질반질하게 하다.

(예문) 그는 다이아몬드를 **연마하는** 기술이 뛰어나다. / 대리석을 **연마하여** 광택을 냈다.

(유의) 갈다 날카롭게 날을 세우거나 표면을 매끄럽게 하기 위하여 다른 물건에 대고 문지르다.

2) 몸, 마음, 지식, 기술 등을 힘써 다스리거나 익히다.

(실전) 치지란 나의 지식을 극한까지 **연마하고** 확장하여 앎의 내용에 미진한 바가 없는 것을 의미한다. | 21 고3 3월

장착하다

꾸미다 裝
붙다 着

옷, 기구, 장비 등에 장치를 달거나 붙이다.

(예문) 폭설이 내린 날에는 안전을 위해 바퀴에 체인을 **장착한** 자동차만 통과시키고 있다.

(실전) 드론 촬영은 카메라를 **장착한** 드론을 무선 조종하여 촬영하는 것으로 일반 항공 촬영과는 차이가 있습니다. | 16 고3 3월

(유의) 부착하다 떨어지지 않게 붙이거나 달다.

접목

접붙이다 接
나무 木

둘 이상의 다른 현상 등을 알맞게 조화하게 함을 비유적으로 이르는 말.

(예문) 그는 대중가요와 국악의 **접목**을 시도하고 있다.

(실전) '게임화(gamification)'란 게임적 사고나 게임 기법과 같은 요소를 다양한 분야에 **접목**시키는 것이다. | 20시행 수능

제어하다

억제하다 制
막다 御

1) 기계나 시설, 체계 등이 알맞게 움직이도록 조절하다.

(실전) 기관사는 앞 구간의 열차 유무를 확인하여 열차의 운행 속도를 **제어하고** 앞 열차와의 안전 거리를 유지하며 열차 사고를 방지한다. | 18 고1 9월

2) 감정이나 생각을 막거나 누르다.

(예문) 지연이는 우울한 감정을 **제어하지** 못하고 결국 눈물을 터뜨렸다.

3) 상대편을 억눌러 자기 마음대로 하다.

(예문) 아이의 힘이 너무 세서 어른들도 **제어할** 수가 없었다.

탄성

탄알 彈
성품 性

물체에 외부에서 힘을 가하면 부피와 모양이 바뀌었다가, 그 힘을 없애면 본디의 모양으로 되돌아가려고 하는 성질.

(실전) 탄성력이란 고무줄이나 스프링같이 **탄성**을 가진 물체가 원래의 모양으로 되돌아가려는 힘이며, 길이를 늘이거나 압축하는 방향의 반대 방향으로 작용한다. | 17 고2 11월

(참고) 탄성력 물체의 변형으로 생기는 힘.

하중

메다 荷
무겁다 重

어떤 물체나 짐 등의 무게.

(실전) 전문가들은 앉은 자세에서 척추에 가해지는 **하중**이 서 있는 자세에 비해 1.4배 정도 크기 때문에 책상 앞에 오래 앉아 있는 청소년들의 경우, 척추 건강에 적신호가 켜질 가능성이 매우 높다고 말한다. | 20 고3 3월

01 다음 뜻에 알맞은 어휘를 찾아 가로, 세로, 대각선으로 표시하시오.

건	접	목	융	비	침	신	축	성
조	편	문	하	중	편	도	자	국
도	논	보	성	집	소	조	명	장
자	핑	사	급	사	소	내	논	착
반	편	테	편	문	도	구	평	하
최	논	집	동	력	자	성	편	다
리	적	어	평	해	력	직	논	집
기	오	화	곡	국	고	하	탄	성

(1) 어떤 물체나 짐 등의 무게.

(2) 물질이 변하지 않고 오래 견디는 성질.

(3) 옷, 기구, 장비 등에 장치를 달거나 붙이다.

(4) 어떤 일을 발전시키고 앞으로 밀고 나가는 힘.

(5) 그때그때의 경우나 형편에 따라 알맞게 대처할 수 있는 능력.

(6) 어떤 조건 아래에서 주어진 함수를 가능한 최대 또는 최소로 하는 일.

(7) 둘 이상의 다른 현상 등을 알맞게 조화하게 함을 비유적으로 이르는 말.

(8) 어떤 것을 널리 퍼뜨려 여러 곳에 미치게 하거나 여러 사람이 누리게 함.

(9) 물체에 외부에서 힘을 가하면 부피와 모양이 바뀌었다가, 그 힘을 없애면 본디의 모양으로 되돌아가려고 하는 성질.

[02~05] 다음 빈칸에 들어갈 어휘를 〈보기〉에서 골라 쓰시오.

┌─────────────── ✦ 보기 ✦ ───────────────┐
│   보급   접목   하중   신축성   │
└─────────────────────────────────────┘

02 우리나라는 인터넷 [   ]이/가 매우 잘 되어 있다.

03 최근에는 디지털 기술을 [   ]한 예술 작품이 활발히 창작되고 있다.

04 ○○ 중학교의 생활복은 [   ]이/가 좋아서 학생들이 편하게 입을 수 있다.

05 도서관이나 서점은 책의 [   ]을/를 견뎌야 하기 때문에 다른 건물들보다 훨씬 튼튼하게 설계돼야 한다.

[06~07] 다음 문장에 알맞은 어휘를 고르시오.

06 외국에서 수입된 저가 제품은 (내구성 / 내재성)이 약해 금세 망가지는 경우가 많다.

07 키오스크로 주문을 받거나 로봇으로 음식을 나르는 등 무인 서비스를 (도용하는 / 도입하는) 가게가 많아지고 있다.

[08~10] 다음 빈칸에 들어갈 어휘를 찾아 연결하시오.

08 체조 기술을 꾸준히 (   ) 민규는 드디어 국가 대표가 되었다. •

• ㉠ 건조한

09 지효는 지갑을 잃어버려 곤란한 상황에 (   ) 친구를 선뜻 도와주었다. •

• ㉡ 연마한

10 여수 선소 유적지는 이순신 장군이 거북선을 (   ) 장소로 잘 알려져 있다. •

• ㉢ 직면한

[11~12] 다음 밑줄 친 어휘의 뜻으로 알맞은 것을 고르시오.

11

> 전기차는 화석 연료 대신 전기를 <u>동력</u>으로 이용하여 배기가스를 배출하지 않는다.

(1) 어떤 일을 발전시키고 앞으로 밀고 나가는 힘. ( )

(2) 수력, 전력, 화력, 원자력, 풍력 등을 사람이 쓸 수 있도록 바꾼 기계적인 에너지.

( )

12

> 눈이 와서 길이 매우 미끄러워 자동차의 움직임을 <u>제어하기</u> 힘들었다.

(1) 감정이나 생각을 막거나 누르다. ( )

(2) 상대를 억눌러 자기 마음대로 하다. ( )

(3) 기계나 시설, 체계 등이 알맞게 움직이도록 조절하다. ( )

13 다음 어휘의 쓰임이 적절하지 <u>않은</u> 것은?

① 새로 산 컴퓨터에 고성능 스피커를 <u>장착했다</u>.

② 고무줄이 오래되면 <u>탄성</u>이 약해져 끊어지기 쉽다.

③ 취미 생활을 위해 게임에 <u>최적화</u>된 컴퓨터를 구입하였다.

④ 명절을 맞아 백화점에서는 모든 제품에 <u>국한하여</u> 할인을 실시했다.

⑤ 조선 후기에는 청나라의 발달된 문물을 <u>도입하자는</u> 북학파가 등장했다.

잘하고 있네!

14 다음 빈칸에 공통으로 들어갈 어휘로 가장 적절한 것은?

> (   )은 '현지에서 구할 수 있는 재료를 이용해 도구를 직접 만들어 삶의 질을 향상시키는 기술'을 뜻한다. 기술의 독점으로 인해 개인이 접근하기 어려운 첨단 기술과 달리 (   )은 누구나 쉽게 배우고 익혀 활용할 수 있다. 또한 소비 중심의 현대 사회에서 자신의 삶에 필요한 것을 직접 생산하는 자립적인 삶의 방식을 유도한다는 점에서 시사하는 바가 크다.

① 과학 기술   ② 농업 기술   ③ 적정 기술

④ 접목 기술   ⑤ 최적화 기술

01 빈칸에 들어갈 어휘를 〈보기〉에서 골라 쓰시오.

┌─────────────────── ◆ 보기 ◆ ───────────────────┐
│   경관   숙주   단말기   최적화   알고리즘   │
└───┘

(1) 전라남도 구례에 가면 빼어난 (   ))(으)로 유명한 사찰을 볼 수 있다.

(2) 포털 사이트에 검색어를 입력하면 인공 지능이 (   )을/를 통해 맞춤형 정보를
찾아 준다.

(3) 시내의 버스 정류장에는 버스 도착 예정 시간을 실시간으로 알려 주는 (   )
이/가 설치되어 있다.

(4) 다른 생물에게 의존하며 생활하는 기생 식물은 (   )이/가 얼마나 자랐는지 파
악해 자신의 행동을 결정한다.

02 다음 문장에 알맞은 어휘를 고르시오.

(1) 우리가 컴퓨터 키보드를 두드리면 명령어가 (운영 체제 / 프로토콜)에 전달된다.

(2) 이번에 새로 산 스마트폰은 (내구성 / 절연성)이 뛰어나서 충격에 강하고 오래 사용할
수 있다.

(3) 그는 자동차의 무거운 (탄성 / 하중)을 견디는 타이어의 구조가 궁금하여 인터넷에 검색
해 보았다.

(4) 정부에서는 올해 유행하는 독감 바이러스가 아이들에게 더 빠르게 확산되며, 다양한
(면역 / 변이) 현상을 보일 것이라고 예측했다.

03 다음 빈칸에 공통으로 들어갈 어휘로 가장 적절한 것은?

┌───┐
│ • (   )은/는 지상에서 20~25km 정도 떨어진 성층권에 형성되어 있다.   │
│ • 환경 오염으로 (   )이/가 파괴되어 자외선에 과도하게 노출되면서 피부암이나 백 │
│   내장이 생길 위험이 커지고 있다.   │
└───┘

① 동력   ② 광합성   ③ 녹조류

④ 오존층   ⑤ 탄소 발자국

04 다음 문장의 밑줄 친 어휘와 같은 의미로 쓰이지 <u>않은</u> 것은?

> 아인슈타인은 자신의 이론을 <u>정립하여</u> 새로운 우주론을 탄생시켰다.

① 청소년기에는 올바른 가치관을 <u>정립하는</u> 것이 중요하다.

② 다윈이 진화론을 <u>정립하기까지는</u> 여러 요소들이 영향을 주었다.

③ 구심점을 잃은 국제 질서를 <u>정립하려면</u> 전 세계가 함께 노력해야 한다.

④ 조선 왕실에서는 유교 이념을 국가 이념과 정책의 기본 방향으로 <u>정립하였다</u>.

⑤ 제한된 시간 내에 목표를 달성하기 위해서 구체적인 실천 방안을 <u>정립하였다</u>.

05 다음 중 선천적 : 후천적 과 같은 의미 관계로 짝지어진 것은?

> 시신경의 기능에 이상을 초래하는 녹내장은 가족력에 의해 선천적 으로 발병하는 경우도 있지만, 과도한 스트레스나 장시간의 근거리 작업 등 외부 환경으로 인해 후천적 으로 발생하기도 한다.

① 관성 : 마찰력   ② 살균 : 소독   ③ 유전 : 체질

④ 섬유소 : 영양소   ⑤ 원심력 : 구심력

06 다음 밑줄 친 어휘의 쓰임이 알맞지 <u>않은</u> 것은?

① 논에 풀어 놓은 오리는 벼에 <u>공생하는</u> 해충을 잡아먹는다.

② 그는 사무실 바닥면을 고르게 <u>연마하는</u> 기술을 지닌 실력자이다.

③ 김 박사는 바이러스가 그 병의 원인임을 <u>입증하여</u> 화제를 끌었다.

④ 혈액이 <u>순환하는</u> 데 장애가 생기면 신경계 질환을 의심해 보아야 한다.

⑤ 드론을 날리려면 지상에서 드론을 <u>제어하는</u> 기술이 필수적으로 요구된다.

4주차 종합 문제 19일~23일

07 다음 중 문장의 빈칸에 들어갈 수 <u>없는</u> 어휘는?

> • 혈액 순환과 (   )이/가 원활할수록 여러 질병을 예방할 수 있다.
> • 탄수화물의 한 종류인 식이 (   )은/는 과일, 채소 등에 많이 들어 있다.
> • (   )이/가 계속되면서 냉방기 가동으로 인한 야간 전기 사용량이 크게 증가했다.
> • 컴퓨터 간에 데이터를 원활하게 주고받으려면 표준 통신 (   )이/가 필요하다.

① 섬유소   ② 열대야   ③ 신진대사   ④ 프로토콜   ⑤ 무산소 운동

08 다음 빈칸에 들어갈 어휘를 순서대로 바르게 짝지은 것은?

> 청소년들 사이에서 현실을 초월한 가상 세계인 (   )의 인기가 높아지고 있다. 청소년들은 아바타를 예쁘게 꾸미기 위해 시간과 노력을 들이고, 직접 아이템을 만들어서 경제 활동을 한다. 가상 공간에 (   ) 기술을 덧입혀 마치 현실 세계에서 쇼핑을 하는 것처럼 옷을 입어보고 물건을 고를 수 있다.

① 아바타-자율 주행   ② 아바타-증강 현실
③ 메타버스-블록체인   ④ 메타버스-자율 주행
⑤ 메타버스-증강 현실

09 다음 빈칸에 들어갈 어휘를 순서대로 바르게 짝지은 것은?

> 최근 청소년들의 소셜 커뮤니티 등을 통해 수집된 (   )을/를 분석해 본 결과, 건강과 관련된 청소년들의 관심사 중 '여드름'이 높은 비중을 차지하고 있는 것을 알 수 있었다. 여드름을 막기 위해서는 지방을 산화시키는 (   )을/를 통해 노폐물을 몸 밖으로 배출하는 것이 좋고, 여드름을 짤 때는 세균 감염을 막기 위해 반드시 (   )된 바늘을 이용해야 한다.

① 빅 데이터-항산화-멸균   ② 빅 데이터-유산소 운동-멸균
③ 빅 데이터-항산화-광합성   ④ 사물 인터넷-유산소 운동-멸균
⑤ 사물 인터넷-유산소 운동-광합성

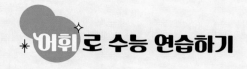

[10~11] 다음 글을 읽고, 물음에 답하시오. | 15 고2 9월

▶ 어휘 체크   ☐ 화석   ☐ 생장   ☐ 인력   ☐ 자전   ☐ 운동량   ☐ 공전   ☐ 궤도

(가) 산호 화석에 나타난 미세한 성장선을 세면 산호가 살던 시기의 1년의 날수를 알 수 있다. 산호는 낮과 밤의 생장 속도가 다르기 때문에 하루의 변화가 성장선에 나타나고 이를 세면 1년의 날수를 알 수 있는 것이다. 이런 방법으로 웰스는 약 4억 년 전인 중기 데본기의 1년이 지금의 365일보다 더 많은 400일 정도임을 알게 되었다.

(나) 지구와 달은 서로의 인력 때문에 자전 속도가 줄게 되는데, 이 자전 속도와 관련된 운동량은 '지구–달 계' 내에서 달의 공전 궤도가 늘어나는 것으로 보존된다. 왜냐하면 일반적으로 외부에서 작용하는 힘이 없다면 운동량은 보존되기 때문이다. 이렇게 하여 결국 달의 공전 궤도는 점점 늘어나고, 달은 지구로부터 점점 멀어지는 것이다.
<small>태양이나 다른 천체의 영향력이 없다고 가정한, 지구와 달로 이루어진 계.</small>

(다) 실제로 지구의 (㉠   ) 주기는 매년 100만 분의 17초 정도 느려지고 달은 매년 38㎜씩 지구에서 멀어지고 있다. 이처럼 지구의 (㉠   ) 주기가 점점 느려지기 때문에 지구의 1년의 날수는 점차 줄어들 수밖에 없다.

10 윗글을 읽고 알 수 있는 내용으로 적절하지 <u>않은</u> 것은?

① 산호는 낮보다 밤에 더 빨리 자라겠군.
② 지구의 1년의 날수는 점점 짧아지고 있군.
③ 달이 지구를 도는 공전 궤도는 길어지겠군.
④ 웰스는 산호 화석에 나타난 성장선을 세어 보았겠군.
⑤ 지구와 달이 스스로 회전하는 운동 속도는 느려지겠군.

11 다음 중 ㉠에 들어갈 어휘로 가장 적절한 것은?

① 공전   ② 인력   ③ 자전   ④ 중력   ⑤ 회전

▶ 어휘 체크 ☐ 등속 ☐ 구심력 ☐ 원심력 ☐ 관성 ☐ 중력 ☐ 여과하다

뉴턴의 운동 법칙에 의하면, 외부의 힘이 작용하지 않을 때 운동하는 물체는 등속 직선 운동을 한다. 물체의 운동 방향을 바꾸려면 외부의 힘이 필요하다. 그리고 운동 방향에 수직으로 일정한 크기의 외부 힘이 작용하면 물체는 등속 원운동을 하게 된다. 이렇게 원의 중심 방향으로 작용하여 원운동을 유지하는 힘이 구심력이다. 구심력과 반대 방향인 원심력은 원운동을 하는 물체가 중심 밖으로 나가려는 가상의 힘으로, 어떤 힘이 존재하는 것이 아니라 물체가 등속 직선 운동하려는 관성에 의한 효과이다. 그리고 사람이 회전하는 물체 안에 있다면 원심력을 중력처럼 인식하게 된다.

중력이 거의 없는 우주 공간에서는 이 원심력을 이용해 물을 ㉠여과할 수 있다. 회전하는 우주 정거장의 외곽에 거주하는 우주인은 등속 직선 운동을 하려는 관성을 가지고 있다. 회전하는 우주 정거장은 우주인을 나가지 못하게 잡아두고, 우주인은 원심력을 정거장의 바깥에서 자신을 끌어당기는 중력처럼 인식하게 된다. 폐수에도 원심력이 작용할 것이고, 이 힘을 이용해 지구에서처럼 폐수를 여과할 수 있다.

12 윗글을 통해 알 수 있는 내용으로 적절하지 <u>않은</u> 것은?

① 원심력과 구심력은 운동 방향이 반대이군.
② 원심력은 실재하는 힘이라고 할 수 없겠군.
③ 상황에 따라 원심력을 중력이라고 느끼기도 하겠군.
④ 원심력을 사용한다면 우주에서 물을 여과할 수 있겠군.
⑤ 우주의 중력은 지구보다 높아 우주인을 강력하게 끌어당기겠군.

13 다음 중 ㉠과 바꿔 쓰기에 가장 적절한 것은?

① 거를   ② 내릴   ③ 바꿀   ④ 올릴   ⑤ 움직일

'骨(뼈 골)'이 들어가는 한자 성어

각골통한
새기다 刻 뼈 骨 아프다 痛 한 恨

뼈에 사무칠 만큼 원통하고 한스러움. 또는 그런 일.

백골난망
희다 白 뼈 骨 어렵다 難 잊다 忘

죽어서 백골이 되어도 잊을 수 없다는 뜻으로, 남에게 큰 은덕을 입었을 때 고마움의 뜻으로 이르는 말.

언중유골
말씀 言 가운데 中 있다 有 뼈 骨

말 속에 뼈가 있다는 뜻으로, 예사로운 말 속에 단단한 속뜻이 들어 있음을 이르는 말.

환골탈태
바꾸다 換 뼈 骨 빼앗다 奪 아이 배다 胎

사람이 보다 나은 방향으로 변하여 전혀 딴사람이 됨.

[01~04] 빈칸에 들어갈 한자 성어를 〈보기〉에서 골라 쓰시오.

◆ 보기 ◆

각골통한　　　　백골난망　　　　언중유골　　　　환골탈태

01 돈도 없는 나를 하룻밤 재워 주다니, 그대의 은혜는 (　　　　　)(이)군요.

02 그녀의 말은 우스갯소리 같아도 핵심을 찌르는 것이 (　　　　　)(이)라고 할 만했다.

03 그는 단상 앞에 서서 (　　　　　)의 일념 없이는 이 위기를 헤쳐나갈 수 없다고 연설했다.

04 길동은 하인들이 자신을 천대함에 (　　　　　)하여 마음을 가라앉히지 못하고 뜰을 배회하였다.

답 **01** 백골난망　**02** 언중유골　**03** 환골탈태　**04** 각골통한

5주차

말하기 상황과 관련한 어휘

▶ 어휘 책을 펼쳐 보아요.

▶ 아는 어휘에 ○표 해요. (/ 17)

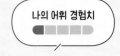
나의 어휘 경험치

논점	반박	배심원	신뢰성	신문
일반화	입론	감성	인격	
청자	호소하다	고수하다	대안	
이해관계	조정하다	타협하다	협상	

▶ 십자말풀이를 완성해요. (/ 9)

▶ 확인 문제로 복습해요. (/ 14)

주제1 **토론과 관련한 어휘**

1회 ☐
2회 ☐

논점
논의하다 論
점 點

어떤 문제에 대해 서로 의논하거나 의견을 내며 다툴 때 중심이 되는 문제점.

(실전) 상대측이 언급한 쟁점의 허점을 문제 삼지 않고 새로운 쟁점을 제시하여 **논점**을 흐리고 있다. | 20 고2 6월

(참고) 쟁점 서로 다투는 데 중심이 되는 내용.
논쟁 서로 다른 의견을 가진 사람들이 각각 자기의 주장을 말이나 글로 논하여 다툼.

1회 ☐
2회 ☐

반박
돌이키다 反
얼룩말 駁

어떤 의견이나 주장 등에 반대하여 말함.

(예문) 나는 그의 주장에 한마디 **반박**도 할 수 없었다.

(실전) 예상되는 반론을 제시하고 이를 **반박**하여 논지를 강화했다. | 21 고3 10월

(참고) 논지 논하는 말이나 글의 취지.

1회 ☐
2회 ☐

배심원
돕다 陪
살피다 審
관원 員

법률 전문가가 아닌 일반 국민 중에서 뽑혀 재판에 참여하고 판단을 내리는 사람.

(예문) **배심원**은 만 20세 이상의 주민들 중에서 선출된다. / 미국에서 형사 사건의 유죄와 무죄는 **배심원**들의 평결에 따른다.

(참고) 평결 평가하여 결정함. 또는 그런 내용.

1회 ☐
2회 ☐

신뢰성
믿다 信
힘 입다 賴
성품 性

굳게 믿고 의지할 수 있는 성질.

(예문) 구체적인 근거를 제시하여 발언의 **신뢰성**을 얻고 있다.

(실전) 자료의 출처를 밝혀 발표 내용의 **신뢰성**을 높이고 있다. | 21 고2 11월

(참고) 공정성 공평하고 올바른 성질.

<table>
<tr><td>1회 ☐
2회 ☐</td><td>**신문**

묻다 訊
묻다 問</td><td>1) 이미 알고 있는 일이 사실인지 거짓인지 확인하기 위해 캐물음.

(예문) 그는 실수를 한 직원을 **신문**하듯 다그쳤다.

(유의) **캐묻다** 자세히 파고들어 묻다.

2) 정확한 법적 판결을 위해 관계자를 상대로 사건에 대해 캐물으며 조사함.

(예문) 사건의 용의자로 지목된 박 사장은 법원에 가서 **신문**을 받았다.

(참고) **반대 신문** 토론에서, 참여자가 질문을 통해 상대측의 내용을 반박하는 것.</td></tr>
</table>

<table>
<tr><td>1회 ☐
2회 ☐</td><td>**일반화**

하나 一
옮기다 般
되다 化</td><td>1) 개별적인 것이나 특수한 것이 전체에 두루 통하는 것으로 됨.

(예문) 요즘은 핵가족을 넘어 1인 가구가 **일반화**되는 추세이다.

2) 여러 가지 의견이나 사실들에서 공통되고 일반적인 결론을 내림.

(예문) 지금 상대측은 소수의 의견을 전체의 의견인 것처럼 **일반화**하고 있습니다. / 한 사람의 잘못만 보고 그 사람이 속한 모임 전체를 나쁘게 보는 **일반화**는 위험하다.</td></tr>
</table>

<table>
<tr><td>1회 ☐
2회 ☐</td><td>**입론**

서다 立
논의하다 論</td><td>토론에서, 논제에 대한 주장과 근거를 제시하여 자신의 주장이 정당함을 입증하는 것.

(실전) 대체로 **입론**에서는 문제 상황을 제시하고, 문제의 원인을 분석하며, 문제를 해결할 수 있는 방안을 제시한다. | 18시행 9월 모평

(참고) **반론** 토론에서, 상대측의 입론을 듣고 논리적 허점을 공격하는 것.</td></tr>
</table>

주제 2 · 연설과 관련한 어휘

<table>
<tr><td>1회 ☐
2회 ☐</td><td>**감성**

느끼다 感
성품 性</td><td>자극에 대해 마음이나 감각이 느끼고 반응하는 성질.

(예문) 그 연설가는 대중의 **감성**을 자극하여 동정심을 유발했다.

(참고) **설득 전략의 유형**</td></tr>
</table>

감성적 설득	감정에 호소하여 청자의 마음을 움직이는 것.
이성적 설득	논리적이고 이성적인 방법으로 화자의 주장을 뒷받침하는 것.
인성적 설득	화자의 사람 됨됨이를 바탕으로 주장에 신뢰를 주는 것.

<table>
<tr><td>1회 ☐
2회 ☐</td><td>**인격**

사람 人
격식 格</td><td>1) 말이나 행동에 나타나는 한 사람의 전체적인 품격.

(예문) 사람의 말과 행동은 그 사람의 **인격**을 보여 준다. / 동양 철학에서는 학문의 목표를 **인격** 수양으로 삼았다.

2) 자신의 행위에 스스로 책임을 질 자격을 가진 독립된 개인.

(예문) 선생님은 학생들도 스스로의 자유 의지와 **인격**을 지닌 존재라고 힘주어 말씀하셨다.</td></tr>
</table>

<table>
<tr><td>1회 ☐
2회 ☐</td><td>**청자**

듣다 聽
사람 者</td><td>이야기를 듣는 사람.

(예문) 발표할 때는 **청자**의 눈높이에 맞춘 적절한 어휘를 사용해야 한다.</td></tr>
</table>

1회 ☐ 2회 ☐	**호소하다** 부르다 呼 하소연하다 訴	자신의 어렵거나 억울한 사정을 다른 사람에게 알려 도움을 청하다.

(실전) 자신이 처한 어려움을 구체적으로 드러내어 상대방의 감정에 **호소하고** 있다.
| 20 고2 6월

주제 3 협상과 관련한 어휘

1회 ☐ 2회 ☐	**고수하다** 굳다 固 지키다 守	가진 물건이나 힘, 의견 등을 굳게 지키다.

(예문) 자신의 입장만을 **고수하는** 사람과는 대화하기 어렵다. / 그는 변화를 싫어해서 똑같은 방식의 수업을 **고수한다**.

(참고) 지지하다 어떤 사람이나 단체 등이 내세우는 주의나 의견 등에 찬성하고 따르다.

1회 ☐ 2회 ☐	**대안** 대답하다 對 책상 案	어떤 일을 처리하거나 해결하기 위한 계획이나 의견.

(예문) 국회 의원은 교통 체증에 관한 **대안**으로 대중교통의 수를 늘리자고 주장했다.

(참고) 대안(代案) 어떤 안을 대신으로 하는 안.

1회 ☐ 2회 ☐	**이해관계** 이롭다 利 해롭다 害 빗장 關 걸리다 係	서로 이익과 손해가 걸려 있는 관계.

(예문) 서로 **이해관계**가 엇갈리자 그들은 자신의 입장만 고수하였다.

(실전) 이 작품은 공동체 의식이 약화되고 물질적 **이해관계**가 중시되어 가던 1970년대 무렵의 세태를 반영하고 있다. | 17 고2 11월

1회 ☐ 2회 ☐	**조정하다** 고르다 調 머무르다 停	다툼을 중간에서 화해하게 하거나 서로 타협점을 찾아 합의하도록 하다.

(실전) 신설 센터의 공간 활용에 대한 두 동의 의견 차이를 **조정하기** 위한 협상이 지난달 30일 오후 2시에 시청 회의실에서 개최되었다. | 21시행 9월 모평

(유의) 조율하다 여러 입장의 차이에서 생긴 문제를 해결하기 위하여 정도를 조절하다.

(참고) 조정(調整)하다 어떤 기준이나 상황에 맞게 바로잡아 정리하다.

1회 ☐ 2회 ☐	**타협하다** 온당하다 妥 돕다 協	어떤 일을 서로 양보하여 협의하다.

(예문) 나는 어머니와 **타협하여** 귀가 시간을 조정했다. / 힘든 상황임에도 그는 불의와 **타협하지** 않았다.

(유의) 타결하다 의견이 대립된 양편에서 서로 양보하여 일을 끝맺다.

1회 ☐ 2회 ☐	**협상** 돕다 協 장사 商	서로 다른 의견을 가진 집단이 모여 문제를 해결하고 결정을 하기 위해 의논함.

(실전) 3층에 도서관을 설치하는 것으로 **협상**이 타결되었습니다. | 21시행 9월 모평

(참고) 협의 둘 이상의 사람이 서로 협력하여 의논함.

어휘 확인하기 25일

01 다음 뜻풀이를 보고 십자말풀이를 완성하시오.

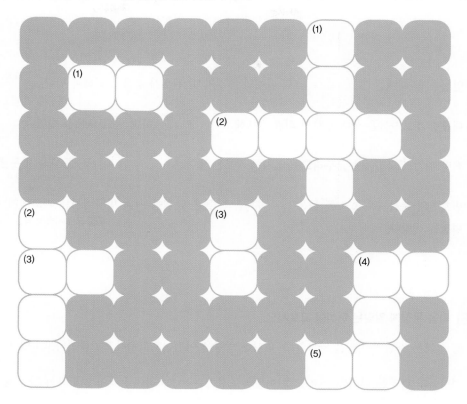

가로

(1) 어떤 문제에 대해 서로 의논하거나 의견을 내며 다툴 때 중심이 되는 문제점.

(2) 가진 물건이나 힘, 의견 등을 굳게 지키다.

(3) 서로 다른 의견을 가진 집단이 모여 문제를 해결하고 결정을 하기 위해 의논함.

(4) 이미 알고 있는 일이 사실인지 거짓인지 확인하기 위해 캐물음.

(5) 자극에 대해 마음이나 감각이 느끼고 반응하는 성질.

세로

(1) 자신의 어렵거나 억울한 사정을 다른 사람에게 알려 도움을 청하다.

(2) 어떤 일을 서로 양보하여 협의하다.

(3) 토론에서, 논제에 대한 주장과 근거를 제시하여 자신의 주장이 정당함을 입증하는 것.

(4) 굳게 믿고 의지할 수 있는 성질.

5주차

[02~05] 다음 빈칸에 들어갈 어휘를 〈보기〉에서 골라 그 기호를 쓰시오.

┌─── 보기 ───┐
　　　㉠ 대안　　　㉡ 반박　　　㉢ 청자　　　㉣ 배심원

02 연설을 할 때에는 [　　　　　]의 나이와 배경지식, 관심사 등을 고려해야 한다.

03 대통령 후보자들은 상대 후보의 의견에 대해 [　　　　　]하며 열띤 토론을 벌였다.

04 식량 위기로 국민들은 굶주리고 있었지만 정부는 별다른 [　　　　　]을/를 내놓지 못했다.

05 변호인의 눈물겨운 호소를 들은 [　　　　　]들은 논의를 거쳐 만장일치로 피고에게 무죄
평결을 내렸다.　　　　　　　　　　　　　　　　**TIP** 모든 사람의 의견이 같음.

[06~08] 다음 문장에 알맞은 어휘를 고르시오.

06 양측 모두 자신의 이익을 양보할 수 없다는 입장을 여전히 (고수하고 / 타협하고) 있다.

07 사람들의 다양한 의견을 듣고 그 차이를 (조정하는 / 호소하는) 것이 지도자의 가장 중요한
역할이다.

08 김 박사는 수많은 실험을 통해 얻은 결과를 모든 상황에 적용할 수 있도록 정리하여 (일반화
/ 합리화)하였다.

[09~11] 제시된 초성과 뜻을 참고하여 빈칸에 들어갈 알맞은 어휘를 쓰시오.

09 ㅇㅎㄱㄱ : 서로 이익과 손해가 걸려 있는 관계.
　　　→ 어려운 때일수록 개인적 (　　　　　)보다는 모두의 이익을 먼저 생각해야 한다.

10 ㅇㅂㅎ : 개별적인 것이나 특수한 것이 전체에 두루 통하는 것으로 됨.
　　　→ 예전에는 몇몇 사람만 하던 해외여행이 지금은 (　　　　　)된 상태이다.

11 ㄱㅅ : 자극에 대해 마음이나 감각이 느끼고 반응하는 성질.
　　　→ 그 광고는 대중들의 (　　　　　)을/를 자극해서 물건을 사고 싶게 만들었다.

12 〈보기〉의 빈칸에 공통으로 들어갈 어휘로 가장 적절한 것은?

> ✦ 보기 ✦
> • 어린이들도 하나의 독립적인 (　　　)(으)로 대우해야 한다.
> • 이 시는 사물에 (　　　)을/를 부여하여 사물이 말하는 것처럼 표현하고 있다.
> • 난민 신청을 한 사람들은 외국인이기 이전에 (　　　)을/를 가진 인간으로서 존중받아야 한다.

① 감성　　　　② 논점　　　　③ 신뢰　　　　④ 인격　　　　⑤ 인정

13 다음 빈칸에 들어갈 어휘로 가장 적절한 것은?

> 우리나라 최초의 국민 참여 재판을 시작하기에 앞서, ○○중앙지법에서 모의재판이 열렸다. 법정에서 형사 사건에 대한 검사와 변호인 사이의 팽팽한 대립이 이어졌다.
> (　　　)은/는 ○○시에서 거주하는 국민 중에서 12명을 뽑아 구성되었고, 이들은 검사와 변호인 측의 입장을 모두 듣고 그들의 의견을 종합하여 재판부에 제출해야 한다. 실제로 재판에 참여한 한 시민은 "생각보다 무거운 느낌이라 책임감이 느껴졌다."라고 말했다. 재판부는 앞으로 여러 번의 모의재판을 거쳐 우리나라에 국민 참여 재판을 정착할 계획이라고 밝혔다.

① 군인　　　　② 범인　　　　③ 죄인　　　　④ 발신인　　　　⑤ 배심원

14 다음 중 밑줄 친 어휘의 쓰임이 적절하지 <u>않은</u> 것은?

① 토론의 <u>입론</u>에서 철민이가 제시한 근거는 타당하였다.
② 고집이 센 다은이는 다른 사람과 절대로 <u>타협</u>하려고 하지 않는다.
③ 상대편이 자꾸 <u>신문</u>에서 벗어나서 토론이 제대로 이루어지지 않았다.
④ 도영이는 <u>감성</u>이 풍부하고 섬세하여 음악을 듣거나 그림을 그리는 것을 좋아한다.
⑤ 피의자는 진짜 범죄자가 자신에게 누명을 씌운 것이라며 재판장에게 억울함을 <u>호소하였다</u>.

글쓰기와 관련한 어휘

▶ 어휘 책을 펼쳐 보아요.

▶ 아는 어휘에 ○표 해요. (　 / 17)

간결하다	개요	객관적	과장하다	구체적
글감	명료하다	서론	왜곡하다	
조직하다	체계적	명예 훼손	비방하다	
쓰기 윤리	저작권	출처	표절	

▶ 어휘 퍼즐을 완성해요. (　 / 10)

▶ 확인 문제로 복습해요. (　 / 16)

나의 어휘 경험치

주제 1 글쓰기 과정과 관련한 어휘

1회 ☐
2회 ☐

간결하다

대쪽 簡
깨끗하다 潔

1) 간단하고 깔끔하다.

(예문) 그녀는 매우 검소하고 **간결하게** 살고 있다.

2) 글이나 말이 간단하면서도 짜임새가 있다.

(실전) 결론에서는 조사 결과를 **간결하게** 요약하거나 필자의 의견 및 소감을 덧붙일 수 있다. | 22 고3 7 월

1회 ☐
2회 ☐

개요

대개 槪
중요하다 要

전체 내용 중에서 주요 내용을 뽑아 간략히 정리한 것.

(예문) 글을 쓸 때는 **개요**를 먼저 써야 한다. / 기자는 목격자를 만나 사건의 **개요**를 받아 적었다.

1회 ☐
2회 ☐

객관적

손님 客
보다 觀
과녁 的

개인의 생각이나 감정에 치우치지 않고 사실이나 사물을 있는 그대로 보거나 생각하는. 또는 그런 것.

(예문) 연구 결과를 분석하고 보고서를 작성할 때는 **객관적** 태도가 필요하다.

(반의) 주관적 자신의 생각이나 관점을 기준으로 하는. 또는 그런 것.

1회 ☐
2회 ☐

과장하다

자랑하다 誇
베풀다 張

사실보다 지나치게 불려서 나타내다.

(실전) 조사 결과의 내용을 **과장하여** 해석한 부분이 있으므로 조사 결과의 해석이 정확하지 않다. | 21 고3 7월

1회 ☐ 2회 ☐	**구체적** 갖추다 具 몸 體 과녁 的	1) 눈으로 직접 볼 수 있게 형태를 갖춘. 또는 그런 것. (예문) 오랫동안 노력을 기울였던 우리의 연구가 드디어 **구체적** 성과를 낳았다. 2) 실제적이고 세밀한 부분까지 담고 있는. 또는 그런 것. (예문) 정부는 식량 부족 사태를 해결하기 위한 **구체적**인 대안을 제시하였다. (실전) 액자식 구성을 통해 사건의 전모를 **구체적**으로 밝히고 있다. ㅣ 22 고2 3월 (반의) 추상적 1) 일정한 형태와 성질을 갖추고 있지 않은. 또는 그런 것. 2) 구체적이지 않아 막연하고 일반적인. 또는 그런 것.

1회 ☐ 2회 ☐	**글감**	글의 내용이 되는 재료. (예문) 여행은 나에게 좋은 **글감**이 된다. / 글쓰기 과제에 쓸 **글감**을 마련하려고 인터넷에서 뉴스 기사를 검색했다. (유의) 소재 글의 내용을 이루는 재료.

1회 ☐ 2회 ☐	**명료하다** 밝다 明 맑다 瞭	뚜렷하고 분명하다. (예문) 논설문에서는 자기가 주장하는 바를 **명료하게** 드러내야 한다. (반의) 애매하다 태도나 상황이 분명하지 않다.

1회 ☐
2회 ☐
	서론
	
	차례 序
	논의하다 論
		말이나 글 등에서 본격적인 논의를 하기 위한 첫머리가 되는 부분.
		(예문) 설문은 보통 **서론**, 본론, 결론으로 되어 있다.
		(실전) **서론**에서 청소년이 즐겨 입는 패딩 소재에 윤리적인 문제가 있음을 제기해야겠어.
		    ㅣ 20 고1 6월
		(참고) 본론 말이나 글에서 주장이 있는 부분.
		    결론 말이나 글의 끝을 맺는 부분.

1회 ☐ 2회 ☐	**왜곡하다** 비뚤다 歪 굽다 曲	사실과 다르게 해석하거나 그릇되게 하다. (예문) 그 작가는 실존 인물의 생애를 **왜곡하여** 표현해서 대중들의 비난을 받았다. (실전) 모두 팩션이 역사적 사실을 **왜곡한다**는 발표 내용에 동의하고 있군. ㅣ 15 고3 7월 (참고) 날조하다 사실이 아닌 것을 사실인 것처럼 거짓으로 꾸미다.

1회 ☐ 2회 ☐	**조직하다** 짜다 組 짜다 織	1) 짜서 이루거나 얽어서 만들다. (예문) 교사는 학습 자료를 새롭게 **조직하여** 학생들에게 제시하였다. 2) 특정한 목적을 달성하기 위하여 여러 개체나 요소를 모아서 체계 있는 집단 을 이루다. (예문) 학생들은 어려운 이웃을 돕기 위해 학생 봉사 모임을 **조직하였다**. (참고) 설립하다 기관이나 조직체 등을 만들어 일으키다.

<table>
<tr><td>1회 □
2회 □</td><td>체계적

몸 體
잇다 系
과녁 的</td><td>전체가 일정한 원리에 따라 단계적으로 잘 짜여진. 또는 그런 것.

(예문) 한국 문학이 세계로 나아가려면 체계적인 번역 시스템이 마련되어야 한다.

(실전) 내용을 항목화하여 체계적으로 제시하고 있다. ㅣ 22 고3 4월</td></tr>
</table>

주제 2 **글쓰기 태도와 관련한 어휘**

<table>
<tr><td>1회 □
2회 □</td><td>명예 훼손

이름 名
헐다 毀
기리다 譽
덜다 損</td><td>공공연하게 다른 사람의 사회적 평가를 떨어뜨리는 사실 또는 허위 사실을 지적하는 일.

(예문) 그는 블로그에 연예인에 대한 허위 사실을 올렸다가 명예 훼손으로 처벌을 받았다.

(참고) 명예 훼손죄 다른 사람의 명예를 손상하는 사실 또는 허위 사실을 공공연히 지적함으로써 성립하는 범죄.</td></tr>
</table>

<table>
<tr><td>1회 □
2회 □</td><td>비방하다

헐뜯다 誹
헐뜯다 謗</td><td>남을 비웃고 헐뜯어서 말하다.

(예문) A사는 광고에 경쟁사의 제품을 비방하는 내용을 담아서 경고 조치를 받았다.

(유의) 모함하다 나쁜 꾀로 남을 어려운 처지에 빠지게 하다.</td></tr>
</table>

<table>
<tr><td>1회 □
2회 □</td><td>쓰기 윤리

인륜 倫
다스리다 理</td><td>글쓴이가 글을 쓰는 과정에서 지켜야 할 윤리적 규범.

(예문) 조사하면서 얻은 자료를 과장하거나 왜곡하면 쓰기 윤리에 어긋난다. / 언어 예절을 지키며 글쓰기를 하는 것도 쓰기 윤리에 해당한다.</td></tr>
</table>

<table>
<tr><td>1회 □
2회 □</td><td>저작권

나타나다 著
짓다 作
권세 權</td><td>창작물에 대해 저작자나 그 권리를 이어받은 사람이 가지는 배타적이고 독점적인 권리.

(예문) 이 누리집은 책의 내용을 무단으로 게시하여 저작권을 침해한 혐의로 벌금을 물었다.

(참고) 저작권 침해 저작자의 허락 없이 저작권의 내용을 이용하여 저작자의 권리를 침범하여 해를 끼치는 행위.
지식 재산권 지적 활동으로 인하여 발생하는 모든 재산권.</td></tr>
</table>

<table>
<tr><td>1회 □
2회 □</td><td>출처

나다 出
곳 處</td><td>사물이나 말 등이 생기거나 나온 근거.

(실전) 가치 있는 정보란 독자의 요구와 흥미 등을 고려하면서도 참신하고 실용적이며 출처가 분명한 것을 말한다. ㅣ 20 고3 10월 / 자료의 출처를 밝혀 발표 내용의 신뢰성을 높이고 있다. ㅣ 22 고1 6월</td></tr>
</table>

<table>
<tr><td>1회 □
2회 □</td><td>표절

표독하다 剽
훔치다 竊</td><td>시나 글, 노래 등을 지을 때에 남의 작품의 일부를 몰래 따다 씀.

(예문) 인기 작곡가가 해외 가수의 노래를 표절했다는 시비에 휘말렸다. / 그는 최근 논문 표절 논란이 불거져 학위가 취소되었다.

(참고) 짜깁기 기존의 글이나 영화 등을 편집하여 하나의 완성품으로 만드는 일.
모방 다른 것을 본뜨거나 남의 행동을 흉내 냄.</td></tr>
</table>

01 다음 뜻에 알맞은 어휘를 찾아 가로, 세로, 대각선으로 표시하시오.

표	절	고	칠	쓰	규	개	요	죽
과	장	객	사	코	마	개	작	감
체	장	관	차	서	중	명	조	왜
체	계	적	왜	구	사	예	작	곡
권	절	적	자	본	논	훼	명	하
간	결	하	다	박	작	손	료	다
공	동	체	배	글	감	반	방	지
구	체	적	알	원	숭	저	작	권

5
주
차

(1) 간단하고 깔끔하다.

(2) 글의 내용이 되는 재료.

(3) 실제적이고 세밀한 부분까지 담고 있는.

(4) 사실과 다르게 해석하거나 그릇되게 하다.

(5) 전체가 일정한 원리에 따라 단계적으로 잘 짜여진.

(6) 전체 내용 중에서 주요 내용을 뽑아 간략히 정리한 것.

(7) 시나 글, 노래 등을 지을 때에 남의 작품의 일부를 몰래 따다 씀.

(8) 개인의 생각이나 감정에 치우치지 않고 사실이나 사물을 있는 그대로 보거나 생각하는.

(9) 공공연하게 다른 사람의 사회적 평가를 떨어뜨리는 사실 또는 허위 사실을 지적하는 일.

(10) 창작물에 대해 저작자나 그 권리를 이어받은 사람이 가지는 배타적이고 독점적인 권리.

아이템
획득!

[02~04] 다음 빈칸에 들어갈 어휘를 〈보기〉에서 찾아 그 기호를 쓰시오.

┌──────────────── ◆ 보기 ◆ ────────────────┐
│ ㉠ 명료하게   ㉡ 왜곡하자   ㉢ 조직하여   │
└──┘

02 민수는 그동안 모은 자료를 체계적으로 [   ] 우리에게 나누어 주었다.

03 일본 정부가 역사를 [   ] 우리 정부에서는 항의하는 입장문을 발표하였다.

04 이 글은 문장에 군더더기가 없고 핵심 내용이 잘 드러나 있어 누구나 [   ] 이해할 수 있다.

[05~07] 다음 문장에 알맞은 어휘를 고르시오.

05 뉴스에서는 어제 일어난 사고를 (과장하지 / 자만하지) 않고 있는 그대로 보도했다.

06 어떤 계획을 성공적으로 해내려면 그에 맞는 (관념적인 / 구체적인) 실천 방안이 마련되어야 한다.

07 인터넷에서 모 영화배우를 지속적으로 (비방한 / 추켜세운) 누리꾼이 명예 훼손죄 혐의로 구속되었다.

[08~10] 다음 밑줄 친 어휘의 쓰임이 알맞으면 ○에, 틀리면 ×에 표시하시오.

08 태성이는 자신의 그림 실력을 <u>주관적</u>으로 평가받기 위해 국제 대회에 참가하였다.

(○ , ×)

09 승규는 학교 시험에 대비하기 위해 수업 내용을 들은 뒤에는 <u>간결하게</u> 요약하여 노트에 적어 두고 있다.

(○ , ×)

10 글의 첫머리인 <u>결론</u>에서는 글을 쓰게 된 동기나 목적 등 문제 상황을 제시하며, 주장하고자 하는 내용을 드러내는 것이 좋다.

(○ , ×)

[11~13] 다음 빈칸에 들어갈 어휘를 찾아 연결하시오.

11 그는 겨울과 눈을 (　　　)(으)로 시를 지었다.　•

　　　　　　　　　　　　　　　　　　　　•　㉠ 글감

12 최근 공모전에서 대상을 수상한 작품이 (　　　)
논란에 휘말렸다.　•

　　　　　　　　　　　　　　　　　　　　•　㉡ 표절

13 글을 쓸 때는 자료의 출처를 밝히고 올바른 단어
를 사용하는 등 (　　　)을/를 지켜야 한다.　•

　　　　　　　　　　　　　　　　　　　　•　㉢ 쓰기 윤리

14 다음 중 짝지어진 두 어휘의 의미 관계가 <u>다른</u> 것은?

① 서론 : 머리말　　　② 구체적 : 추상적　　　③ 체계적 : 조직적

④ 비방하다 : 모함하다　　　⑤ 왜곡하다 : 오해하다

15 다음 빈칸에 공통으로 들어갈 어휘로 가장 적절한 것은?

> • 우리 가게에 대한 거짓 자료를 유포한 사람을 (　　　)(으)로 고소했다.
> • 인터넷에서 남을 함부로 비방하면 (　　　)(으)로 처벌을 받을 수 있다.

① 표절　　　② 저작권　　　③ 주관적　　　④ 고쳐쓰기　　　⑤ 명예 훼손

16 다음 빈칸에 들어갈 어휘를 순서대로 바르게 짝지은 것은?

> 　유명 정치인들의 뇌물 수수 의혹을 수사 중인 경찰은 오늘 오후에 언론사를 대상으로 주요 내용만 추린 사건의 (　　　)을/를 발표하였다. 현재 경찰에서는 사건과 관련된 인물들을 추가로 입건하여 자금이 나온 그 (　　　)을/를 조사하고 있다.

① 개요 – 해명　　　② 개요 – 본론　　　③ 개요 – 출처

④ 서론 – 해명　　　⑤ 서론 – 출처

문법 개념어와 관련한 어휘 ❶

2 7일

일일 퀘스트

▶ 어휘 책을 펼쳐 보아요.

▶ 아는 어휘에 ○표 해요. (/ 13)

음운	자모	장애	조음
안울림소리	울림소리	파열음	예사소리
단모음	전설 모음	원순 모음	음운 변동
동화			

▶ 십자말풀이를 완성해요. (/ 9)

▶ 확인 문제로 복습해요. (/ 14)

나의 어휘 경험치

주제1 국어의 말소리 개념과 관련한 어휘

1회 ☐
2회 ☐

음운

소리 音
운 韻

말의 뜻을 구별해 주는 가장 작은 소리의 단위. 국어에서는 자음, 모음이 의미의 차이를 만들어 내는 가장 작은 단위, 즉 음운이다.

(예문) 단어 '발'과 '벌'의 뜻을 구별해 주는 **음운**은 'ㅏ'와 'ㅓ'이다. / 단어 '불'에서 **음운**의 개수는 'ㅂ', 'ㅜ', 'ㄹ' 총 3개이다.

(참고) **음절** 모음, 모음과 자음, 자음과 모음, 자음과 모음과 자음이 어울려 한 덩어리로 내는 말소리의 단위. '구름'의 경우 '구', '름' 두 개의 음절로 구성된 것이다.
어절 문장을 구성하고 있는 각각의 마디. 띄어쓰기의 단위와 일치하며, '나는 학교에 간다.'는 '나는', '학교에', '간다' 3개의 어절로 구성된 것이다.

1회 ☐
2회 ☐

자모

글자 字
어머니 母

한 개의 음절을 자음과 모음으로 갈라서 적을 수 있는 하나하나의 글자.

(예문) 현대 국어에서 쓰이는 한글 **자모**는 자음 14자와 모음 10자로 24개이지만, 영어에서는 자음 21자와 모음 5자로 모두 26개이다.

1회 ☐
2회 ☐

장애

가로막다 障
막다 礙

가로막아서 어떤 일을 하는 데 거슬리거나 방해가 됨. 또는 그런 일이나 물건. 언어에서는, 공기를 내보내 소리를 낼 때 공기의 흐름이 막히거나 공기를 내보내는 통로가 좁아지는 것 등을 말한다.

(예문) 지수의 소심한 성격은 친구를 사귀는 데 **장애**가 되었다. / 국어 자음은 공기를 내보낼 때 어디에서 **장애**를 받는지, 어떤 방식으로 **장애**를 받는지에 따라 분류된다.

(유의) **방해** 일이 제대로 되지 못하도록 간섭하고 막음.

(참고) **걸림돌** 일을 해 나가는 데에 걸리거나 막히는 장애물을 비유적으로 이르는 말.

1회 ☐ 2회 ☐	**조음** 고르다 調 소리 音	말소리를 내는 데 관여하는 발음 기관인 목청(성대), 목젖, 혀, 이, 입술 등의 움직임을 통틀어 이르는 말.

예문 국어 자음은 **조음**되는 위치와 방식에 따라 분류할 수 있다.

주제 2 자모와 관련한 어휘

1회 ☐ 2회 ☐	**안울림소리**	목청이 떨리지 않고 나는 소리로 '무성음'이라고도 함. 국어에서는 자음 'ㄱ', 'ㄷ', 'ㅂ', 'ㅅ', 'ㅈ', 'ㅊ', 'ㅋ', 'ㅌ', 'ㅍ', 'ㅎ', 'ㄲ', 'ㄸ', 'ㅃ', 'ㅆ', 'ㅉ'이 있다.

예문 자음은 목청의 떨림 여부에 따라 울림소리와 **안울림소리**로 분류된다.

1회 ☐ 2회 ☐	**울림소리**	발음할 때, 목청이 떨려 울리는 소리로 '유성음'이라고도 함. 국어의 모든 모음 이 이에 속하며, 자음 'ㄴ', 'ㅁ', 'ㅇ', 'ㄹ'도 있다.

콧소리(비음)	'ㄴ', 'ㅁ', 'ㅇ'처럼 입안의 통로를 막고 코로 공기를 내보내면서 내는 소리.
흐름소리 (유음)	'ㄹ'처럼 혀끝을 잇몸에 가볍게 대었다가 떼거나, 잇몸에 댄 채 공기를 그 양옆으로 흘려 보내면서 내는 소리.

예문 '불'의 'ㄹ'은 **울림소리** 중 유음에 해당한다.

5 주차

1회 ☐ 2회 ☐	**파열음** 깨뜨리다 破 찢다 裂 소리 音	1) 깨어지거나 갈라져 터지면서 나는 소리.

예문 부엌에서 그릇이 산산조각이 나는 듯한 날카로운 **파열음**이 들렸다.

2) 안울림소리 중 폐에서 나오는 공기의 흐름을 막았다가 터뜨리면서 내는 소리. 'ㅂ', 'ㅃ', 'ㅍ', 'ㄷ', 'ㄸ', 'ㅌ', 'ㄱ', 'ㄲ', 'ㅋ'이 있다.

예문 **파열음**은 많은 언어에서 공통적으로 발견되는 소리이다.

참고 마찰음 입 안이나 목청 사이의 통로를 좁혀 그 틈 사이로 공기를 내보내어 마찰을 일으키면서 내는 소리.
파찰음 공기의 흐름을 막았다가 서서히 터뜨리면서 마찰을 일으켜서 내는 소리.

3) 어떤 일이 순조롭게 진행되지 않음을 비유적으로 이르는 말.

예문 학생 인권 조례와 관련한 문제로 학교와 교육청 간에 **파열음**이 빚어지고 있다.

1회 ☐ 2회 ☐	**예사소리** 법식 例 일 事	안울림소리 중 발음 기관을 많이 긴장시키지 않고 약하게 파열되는 소리로 '평음'이라고도 함. 'ㄱ', 'ㄷ', 'ㅂ', 'ㅅ', 'ㅈ'이 있다.

예문 뜻이 같은 단어라도 된소리로 발음하는지, **예사소리**로 발음하는지에 따라 단어가 주는 느낌이 달라질 수 있다.

참고 된소리(경음) 'ㄲ', 'ㄸ', 'ㅃ', 'ㅆ', 'ㅉ'처럼 발음 기관의 근육을 긴장시켜 내는 소리.
거센소리(격음) 'ㅊ', 'ㅋ', 'ㅌ', 'ㅍ'처럼 발음 기관의 근육을 긴장시켰다가 숨을 거세게 터뜨려 내는 소리.

단모음

홑 單
어머니 母
소리 音

발음할 때 입술 모양이나 혀의 위치가 달라지지 않는 모음. 'ㅏ', 'ㅐ', 'ㅓ', 'ㅔ', 'ㅗ', 'ㅚ', 'ㅜ', 'ㅟ', 'ㅡ', 'ㅣ'가 있다.

(예문) '외갓집'의 'ㅚ'는 **단모음**으로 발음하기가 쉽지 않다.

(참고) **이중 모음** 'ㅑ', 'ㅒ', 'ㅕ', 'ㅖ', 'ㅘ', 'ㅙ', 'ㅛ', 'ㅝ', 'ㅞ', 'ㅠ', 'ㅢ'처럼 발음할 때 입술 모양이나 혀의 위치가 달라지는 모음.

전설 모음

앞 前　　혀 舌
어머니 母　소리 音

단모음 중 발음할 때 혀의 최고점이 앞쪽에 있는 모음. 'ㅣ', 'ㅔ', 'ㅐ', 'ㅟ', 'ㅚ'가 있다.

(예문) 모음은 발음할 때 혀의 최고점의 위치에 따라 **전설 모음**, 후설 모음으로 분류된다.

(참고) **후설 모음** 'ㅡ', 'ㅓ', 'ㅏ', 'ㅜ', 'ㅗ'처럼 단모음 중 발음할 때 혀의 최고점이 뒤쪽에 있는 모음.

원순 모음

둥글다 圓　입술 脣
어머니 母　소리 音

단모음 중 입술을 둥글게 오므려 발음하는 모음. 'ㅗ', 'ㅜ', 'ㅚ', 'ㅟ'가 있다.

(예문) 모음은 발음할 때 입술이 오므려지는지에 따라 **원순 모음**, 평순 모음으로 분류된다.

(참고) **평순 모음** 'ㅣ', 'ㅡ', 'ㅓ', 'ㅏ', 'ㅐ', 'ㅔ'처럼 단모음 중 입술을 둥글게 오므리지 않고 발음하는 모음.

주제 3 음운의 변화와 관련한 어휘

음운 변동

소리 音　　운 韻
변하다 變　움직이다 動

음운이 환경에 따라 다른 음운으로 바뀌어 소리 나는 현상.

교체	국밥[국빱]처럼 한 음운이 다른 음운으로 바뀌는 현상.
탈락	[솔]+[나무]→[소나무]처럼 한 음운이 없어지는 현상.
축약	먹히다[머키다]처럼 두 음운이 합쳐져서 다른 음운으로 바뀌는 현상.
첨가	한여름[한녀름]처럼 없던 음운이 새로 생기는 현상.

(실전) 'ㅎ'은 다양한 **음운 변동**이 일어나기 때문에 표준 발음법에 별도의 규정을 두고 있다. | 22 고2 3월

(참고) 변동 바뀌어 달라짐.

동화

같다 同
되다 化

1) 서로 닮게 되어 성질이나 형식 등이 같아짐.

(예문) 원만한 사회 생활을 위해서는 주변인과의 **동화**가 필요하다.

2) 한 음운이 앞이나 뒤에 있는 음운의 영향을 받아 그 음운과 닮아 가는 현상.

비음화	'국물[궁물]'처럼 자음 'ㄱ, ㄷ, ㅂ'이 비음 'ㄴ, ㅁ'의 영향을 받아 비음 'ㅇ, ㄴ, ㅁ'으로 바뀌어 소리 나는 현상.
유음화	'신라[실라]', '칼날[칼랄]'처럼 'ㄴ'이 앞이나 뒤에 오는 유음 'ㄹ'의 영향을 받아 유음 'ㄹ'로 바뀌어 소리 나는 현상.
구개음화	'해돋이[해도지]'처럼 실질 형태소의 끝 자음 'ㄷ, ㅌ'이 모음 'ㅣ'로 시작되는 형식 형태소를 만나 구개음 'ㅈ, ㅊ'으로 바뀌어 소리 나는 현상.

(실전) **동화**는 음운 변동 중 한 음운이 다른 음운으로 바뀌는 교체에 속한다. | 21 고3 3월

01 다음 뜻풀이를 보고 십자말풀이를 완성하시오.

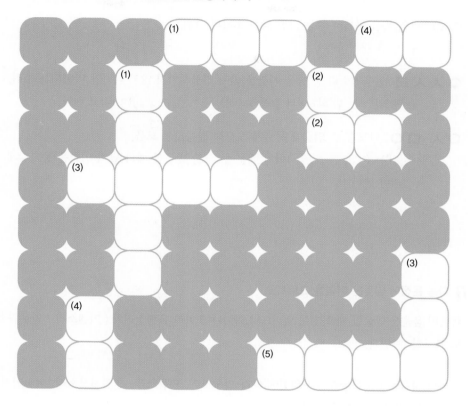

 가로

(1) 어떤 일이 순조롭게 진행되지 않음을 비유적으로 이르는 말.

(2) 말의 뜻을 구별해 주는 가장 작은 소리의 단위.

(3) 발음할 때, 목청이 떨려 울리는 소리로 '유성음'이라고도 함.

(4) 한 개의 음절을 자음과 모음으로 갈라서 적을 수 있는 하나하나의 글자.

(5) 단모음 중 발음할 때 혀의 최고점이 앞쪽에 있는 모음.

 세로

(1) 목청이 떨리지 않고 나는 소리로 '무성음'이라고도 함.

(2) 말소리를 내는 데 관여하는 발음 기관인 목청(성대), 목젖, 혀, 이, 입술 등의 움직임을 통틀어 이르는 말.

(3) 발음할 때 입술이나 혀의 위치가 달라지지 않는 모음.

(4) 서로 닮게 되어 성질이나 형식 등이 같아짐.

[02~04] 제시된 초성과 뜻을 참고하여 빈칸에 들어갈 알맞은 어휘를 쓰시오.

02　ㅇㅇ : 말의 뜻을 구별해 주는 가장 작은 소리의 단위.

　→ '달'을 구성하는 (　　　　　　　)은/는 'ㄷ', 'ㅏ', 'ㄹ'이다.

03　ㅇㅅㅅㄹ : 안울림소리 중 발음 기관을 많이 긴장시키지 않고 약하게 파열되는 소리.

　→ '감'의 'ㄱ', '밤'의 'ㅂ'과 같은 소리를 (　　　　　　)(이)라고 한다.

04　ㅇㅅㅁㅇ : 단모음 중 입술을 둥글게 오므려 발음하는 모음.

　→ 'ㅟ'는 (　　　　　　　)이기 때문에 'ㅣ'를 발음할 때와 달리 입술을 동그랗게 오므려야 한다.

[05~07] 다음 문장에 알맞은 어휘를 고르시오.

05　국어의 음운은 발음할 때 목청이 떨리느냐 아니냐에 따라 울림소리와 (거센소리 / 안울림소리)로 분류할 수 있다.

06　국어의 자음은 (조율 / 조음) 위치에 따라 입술소리, 잇몸소리, 센입천장소리, 여린입천장소리, 목청소리로 분류할 수 있다.

07　원래대로 발음했을 때 소리내기가 힘들기 때문에 발음하기 쉽도록 음운이 달라지는 현상을 (분철 음운 / 음운 변동)이라고 한다.

[08~10] 다음 빈칸에 들어갈 어휘를 찾아 연결하시오.

08　자음 중에서 'ㄴ, ㅁ, ㅇ, ㄹ'은 발음할 때 목청이 떨리는 (　　　　)(이)다.　　　　　　　　　　　· ⓐ 단모음

09　'ㅣ, ㅔ, ㅐ, ㅟ, ㅚ'는 발음할 때 혀의 최고점이 앞쪽에 있는 (　　　　)(이)다.　　　　　　　· ⓒ 울림소리

10　모음 중 발음할 때 입술 모양이나 혀의 위치가 달라지지 않는 모음을 (　　　　)(이)라고 한다.　· ⓒ 전설 모음

11 다음 밑줄 친 어휘와 바꿔 쓰기에 가장 적절한 것은?

> 한국관광공사의 조사에 따르면, 반려동물을 기르는 사람들의 70% 이상이 반려동물과 동반 여행을 희망하고 있는 것으로 나타났다. 하지만 반려동물을 동반할 수 있는 시설이나 여행지가 많지 않다는 점이 걸림돌이 된다는 지적이 잇따르고 있다.

① 기둥   ② 장애   ③ 대들보   ④ 디딤돌   ⑤ 주춧돌

[12~13] 다음 모음의 뜻과 예를 찾아 연결하시오.

12 원순 모음 ·

· ㉠ 단모음 중 입술을 둥글게 오므리지 않고 발음하는 모음.

· ㉮ ㅗ, ㅜ, ㅚ, ㅟ

13 평순 모음 ·

· ㉡ 단모음 중 입술을 둥글게 오므려 발음하는 모음.

· ㉯ ㅣ, ㅡ, ㅓ, ㅏ, ㅐ, ㅔ

아이템 발견!

14 〈보기〉의 빈칸에 공통으로 들어갈 어휘로 가장 적절한 것은?

> ◆ 보기 ◆
> • 건물 안에 있던 사람들이 밖으로 대피하자마자 안에 있던 폭탄이 터지면서 커다란 (　　　)이/가 들렸다.
> • 아파트 공사를 진행할 업체를 선정하는 과정에서 여러 사람의 의견이 부딪치면서 일이 진행되지 못하고 (　　　)을/를 내고 있다.
> • 우리나라 아동의 자음 습득 순서를 살펴보면 대체로 'ㅁ', 'ㄴ', 'ㅇ'과 같은 비음과 'ㄱ', 'ㄲ', 'ㅋ', 'ㄷ', 'ㄸ', 'ㅌ', 'ㅂ', 'ㅃ', 'ㅍ'과 같은 (　　　)을/를 먼저 습득한다.

① 자모   ② 조음   ③ 마찰음   ④ 파열음   ⑤ 안울림소리

문법 개념어와 관련한 어휘 ❷

▶ 어휘 책을 펼쳐 보아요.

▶ 아는 어휘에 ○표 해요. (/ 15)

자립성	단일어	복합어	문장 성분
주성분	부속 성분	독립 성분	겹문장
이어진문장	대등	종속	나열
대조	안은문장	인용	

나의 어휘 경험치

▶ 십자말풀이를 완성해요. (/ 10)

▶ 확인 문제로 복습해요. (/ 13)

주제 1 **단어의 짜임과 관련한 어휘**

1회 ☐
2회 ☐

자립성

스스로 自
서다 立
성품 性

남에게 매이거나 의지하지 않고 자기 힘으로 해내려는 성질.

예문 형태소는 **자립성** 여부에 따라 자립 형태소, 의존 형태소가 있다. / '맨손'이라는 단어에서 '손'은 **자립성**이 있어 혼자 쓰일 수 있는 형태소이다.

참고 형태소 뜻을 가진 가장 작은 말의 단위.

1회 ☐
2회 ☐

단일어

홀 單   하나 一
말씀 語

하나의 어근으로 이루어진 단어.

예문 '하늘'은 하나의 어근으로 이루어진 **단일어**이다.

참고 어근 단어의 실질적인 중심 의미를 나타내는 부분.

1회 ☐
2회 ☐

복합어

겹옷 複
합하다 合
말씀 語

두 개 이상의 어근이 결합하거나 어근에 접사가 붙어 이루어진 단어.

합성어	'논밭'처럼 둘 이상의 어근이 결합한 단어.
파생어	'햇곡식'처럼 어근에 접사가 결합한 단어.

예문 '덧신'은 접사 '덧'과 어근 '신'이 결합하여 만들어진 **복합어**이다.

참고 접사 어근의 앞이나 뒤에 붙어 의미를 강조하거나 다른 의미를 더하는 부분.

주제 2 **문장의 짜임과 관련한 어휘**

1회 ☐
2회 ☐

문장 성분

글월 文   글월 章
이루다 成 나누다 分

문장을 구성하며, 문장에서 특정 기능을 하는 요소. 주성분, 부속 성분, 독립 성분이 있다.

예문 한 문장 안에서 **문장 성분**들은 각각의 역할을 하고 있다.

주성분

주인 主
이루다 成
나누다 分

1회 ☐
2회 ☐

주어, 목적어, 보어, 서술어와 같이 문장을 이루는 필수 성분.

주어	'철수가 밥을 먹었다.'의 '철수가'처럼 동작, 상태, 성질의 주체를 나타냄.
목적어	'철수가 밥을 먹었다.'의 '밥을'처럼 서술어의 동작 대상이 됨.
보어	'철수가 의사가 되었다.'의 '의사가'처럼 '되다', '아니다'와 같은 서술어가 주어 외에 요구하는 문장 성분.
서술어	'철수가 밥을 먹었다.'의 '먹었다'처럼 주어의 동작, 상태, 성질을 설명함.

(예문) **주성분**은 문장을 구성하는 뼈대 역할이므로 생략이 불가능하다.

(참고) 필수 성분 문장을 이루는 데 꼭 있어야 할 문장 성분으로, 주성분과 부속 성분도 포함됨.

부속 성분

붙다 附   무리 屬
이루다 成 나누다 分

1회 ☐
2회 ☐

관형어, 부사어와 같이 주로 주성분을 꾸며 주는 문장 성분.

관형어	'파란 치마'의 '파란'처럼 체언(명사, 대명사, 수사)을 꾸며 줌.
부사어	'매우 예쁘다'의 '매우'처럼 주로 용언(동사, 형용사)을 꾸며 줌.

(예문) **부속 성분**은 서술어에 따라 생략이 불가능한 필수 성분이 되기도 한다.

독립 성분

홀로 獨   서다 立
이루다 成 나누다 分

1회 ☐
2회 ☐

독립어와 같이 다른 문장 성분과 직접적인 관계 없이 쓰이는 문장 성분.

독립어	'아, 기분이 좋다.'의 '아'처럼 문장의 다른 성분들과 직접적 관계 없이 쓰임.

(예문) **독립 성분**은 주로 감탄, 부름, 대답을 나타내며 독립적으로 쓰인다.

겹문장

글월 文
글월 章

1회 ☐
2회 ☐

한 문장에서 주어와 서술어의 관계가 두 번 이상 나타나는 문장.

(실전) 문장은 주어와 서술어 관계가 한 번 나타나는 홑문장과 두 번 이상 나타나는 **겹문장**으로 나뉘는데, **겹문장**에는 이어진문장과 안은문장이 있다. | 18 고3 4월

(참고) 홑문장 한 문장에서 주어와 서술어의 관계가 한 번만 나타나는 문장.

이어진문장

글월 文
글월 章

1회 ☐
2회 ☐

두 개 이상의 홑문장이 연결 어미에 의해 이어지는 겹문장. 홑문장들의 의미 관계에 따라 앞뒤 문장이 나열, 대조, 선택 등의 대등한 의미 관계로 연결된 이어진문장과, 앞뒤 문장이 원인, 조건, 양보 등의 종속적인 의미 관계로 연결된 이어진문장이 있다.

(예문) 대등하게 연결된 **이어진문장**은 앞뒤 문장의 위치를 바꾸어도 의미 차이가 없지만 종속적으로 연결된 **이어진문장**은 그렇지 않다.

(참고) 연결 어미 용언의 어간에 붙어 다음 말에 연결하는 기능을 하는 어미.

대등

대답하다 對
같다 等

1회 ☐
2회 ☐

어느 한쪽의 힘이나 능력이 낮거나 못하지 않고 서로 비슷함.

(예문) 두 팀은 실력이 **대등**해서 결과를 예상하기 어렵다. / '겨울이 가고 봄이 온다.'는 대등하게 연결된 이어진문장이다.

5
주
차

<table>
<tr><td>1회 ☐
2회 ☐</td><td>**종속**

좇다 從
무리 屬</td><td>1) 자기 스스로 하는 것이 없이 주가 되는 것에 딸려 붙음.
(예문) 일제 강점기 시절 우리 조상들은 일본의 **종속**에서 벗어나기 위해 독립운동을 하였다.

2) 문장의 구성 성분으로서 다른 부분에 대하여 서술어 또는 꾸며 주는 말로 쓰이거나 조건적 접속 관계로 결합하는 것.
(예문) '봄이 오니 꽃이 핀다.'는 **종속**적으로 연결된 이어진문장이다.</td></tr>
</table>

<table>
<tr><td>1회 ☐
2회 ☐</td><td>**나열**

그물 羅
벌이다 列</td><td>1) 차례대로 죽 벌여 놓음.
(실전) 언어에 대한 이론들을 시대순으로 **나열**하여 공통적인 특성을 도출하고 있다.
| 21 고2 11월

2) 나란히 줄을 지음.
(예문) 편의점 진열장에 새로 들어온 제품들이 깔끔하게 **나열**되어 있다.</td></tr>
</table>

<table>
<tr><td>1회 ☐
2회 ☐</td><td>**대조**

대답하다 對
비추다 照</td><td>1) 둘 이상의 것을 맞대어 같고 다름을 살펴봄.
(예문) 요즘 가품이 많이 돌아다닌다고 하여 진품과 가품을 꼼꼼히 **대조**하였다.

2) 서로 달라서 대비가 됨.
(실전) 과거 사례와 최근의 사례를 **대조**하며 설명하고 있다. | 21시행 6월 모평</td></tr>
</table>

<table>
<tr><td>1회 ☐
2회 ☐</td><td>**안은문장**

글월 文
글월 章</td><td colspan="2">한 홑문장이 다른 홑문장을 하나의 문장 성분처럼 안고 있는 겹문장.</td></tr>
<tr><td></td><td></td><td>명사절을 가진
안은문장</td><td>'지금은 학교에 가기에 늦은 시간이다.'처럼 문장에서 주어, 목적어, 부사어 등으로 쓰이는 절을 안은 문장.</td></tr>
<tr><td></td><td></td><td>관형절을 가진
안은문장</td><td>'형은 얼음을 먹는 동생에게 불평을 했다.'처럼 문장에서 관형어로 쓰이는 절을 안은 문장.</td></tr>
<tr><td></td><td></td><td>부사절을 가진
안은문장</td><td>'동생은 추위와 상관없이 얼음을 먹었다.'처럼 문장에서 부사어로 쓰이는 절을 안은 문장.</td></tr>
<tr><td></td><td></td><td>서술절을 가진
안은문장</td><td>'코끼리는 코가 길다.'처럼 문장에서 서술어로 쓰이는 절을 안은 문장.</td></tr>
<tr><td></td><td></td><td>인용절을 가진
안은문장</td><td>'형은 동생에게 날씨가 춥다고 불평을 했다.'처럼 다른 사람의 말이나 생각을 인용한 절을 안은 문장.</td></tr>
<tr><td></td><td></td><td colspan="2">(실전) 다른 문장 속에 들어가 하나의 성분처럼 쓰이는 문장을 안긴문장이라고 하며, 이 문장을 포함한 문장을 **안은문장**이라고 한다. | 21 고1 6월
(참고) 절 주어와 서술어의 관계를 갖추고 문장 성분으로 쓰이는 단위.</td></tr>
</table>

<table>
<tr><td>1회 ☐
2회 ☐</td><td>**인용**

끌다 引
쓰다 用</td><td>남의 말이나 글을 자신의 말이나 글 속에 끌어 씀.
(실전) 직접 **인용**은 간접 **인용**으로 바꾸어 표현하면 지시 표현, 종결 표현 등에 변화가 일어난다. | 22 고3 3월</td></tr>
</table>

01 다음 뜻에 알맞은 어휘를 찾아 가로, 세로, 대각선으로 표시하시오.

자	립	성	어	종	속	모	문	홑
합	성	단	근	이	서	술	장	문
대	동	안	일	어	독	립	성	장
조	접	두	긴	어	진	문	분	절
성	미	사	겹	문	장	장	접	부
대	등	사	파	장	장	속	나	사
짜	임	부	속	성	분	부	칙	열
구	인	용	어	복	연	결	계	관

(1) 나란히 줄을 지음.

(2) 서로 달라서 대비가 됨.

(3) 주성분을 꾸며 주는 문장 성분.

(4) 하나의 어근으로 이루어진 단어.

(5) 남의 말이나 글을 자신의 말이나 글 속에 끌어 씀.

(6) 문장을 구성하며, 문장에서 특정 기능을 하는 요소.

(7) 자기 스스로 하는 것이 없이 주가 되는 것에 딸려 붙음.

(8) 남에게 매이거나 의지하지 않고 자기 힘으로 해내려는 성질.

(9) 어느 한쪽의 힘이나 능력이 낮거나 못하지 않고 서로 비슷함.

(10) 한 문장에서 주어와 서술어의 관계가 두 번 이상 나타나는 문장.

[02~04] 제시된 초성과 뜻을 참고하여 빈칸에 들어갈 알맞은 어휘를 쓰시오.

02 ㄷ ㅇ ㅇ : 하나의 어근으로 이루어진 단어.

→ '나무'는 하나의 어근으로 이루어진 (　　　　　)이다.

03 ㅂ ㅎ ㅇ : 두 개 이상의 어근이 결합하거나 어근에 접사가 붙어 이루어진 단어.

→ '별자리'는 어근 '별'과 어근 '자리'가 결합하여 이루어진 (　　　　　)이다.

04 ㅈ ㄹ ㅅ : 남에게 매이거나 의지하지 않고 자기 힘으로 해내려는 성질.

→ '가위질'에서 '-질'은 (　　　　　)이/가 없어서 혼자 쓰일 수 없는 형태소이다.

[05~07] 다음 빈칸에 들어갈 어휘를 〈보기〉에서 골라 쓰시오.

> ┼ 보기 ┼
>
> 겹문장　　　　안은문장　　　　이어진문장

05 '그녀가 "어디 가니?"라고 물었다.'라는 문장은 그녀가 실제로 한 말을 인용하는 절을 포함한 (　　　　　)이다.

06 '비가 오고 바람이 분다.'라는 문장은 '비가 온다.'와 '바람이 분다.'가 연결 어미 '-고'로 결합된 (　　　　　)이다.

07 '농부들이 비가 오기를 기다린다.'라는 문장처럼 문장에서 주어와 서술어의 관계가 두 번 이상 나타나는 문장을 (　　　　　)이라고 한다.

[08~10] 다음 문장 성분의 뜻과 예를 찾아 연결하시오.

08 주성분　　•

　　　　　　　　•　㉠ 다른 문장 성분과 직접적인　•　　•　㉮ 빵이 정말 맛있다.
　　　　　　　　　　관계없이 쓰이는 문장 성분.

09 부속 성분　•

　　　　　　　　•　㉡ 문장을 이루는 필수 성분.　•　　•　㉯ 밤하늘이 매우 까맣다.

10 독립 성분　•

　　　　　　　　•　㉢ 주성분을 꾸며 주는 문장　•　　•　㉰ 희경아, 전화 좀 받아 줘.
　　　　　　　　　　성분.

[11~12] 〈보기〉의 빈칸에 공통으로 들어갈 어휘로 가장 적절한 것은?

11

◆ 보기 ◆

• 대중문화가 상업주의에 ( )되어 끌려다닌다면 문화의 질은 낮아질 것이다.
• '나는 도서관에 가려고 집을 나섰다.'라는 문장에서, 앞뒤 문장의 위치를 바꾸면 의미가 달라지는데, 이러한 문장을 ( )적으로 연결된 이어진문장이라고 한다.

① 대등 　　② 대립 　　③ 독립 　　④ 종속 　　⑤ 극복

12

◆ 보기 ◆

• 선생님께서 무슨 일이 있었냐고 묻자, 혜선이는 억울하다는 표정으로 그동안 일어났던 일들을 줄줄이 ( )하였다.
• 가게를 마감해야 할 시간이 다가오자, 사장님은 할인가로 싸게 내놓을 물건들을 골라 가게 앞에 보기 좋게 ( )해 두었다.

① 검열 　　② 교열 　　③ 나열 　　④ 서열 　　⑤ 파열

5
주차

13 다음 중 ㉠, ㉡에 들어갈 어휘를 바르게 짝지은 것은?

신문은 사실만을 전달하는 매체가 아니다. 기사에서 설령 전문가의 말을 (㉠)했다고 해도 믿을 수 없다. 기자가 의도적으로 말의 앞뒤를 잘라 일부만 가져오는 경우도 있기 때문이다. 따라서 전문가의 말이라고 무작정 믿지 말고 실제 사실과 신문에 실린 말을 (㉡)해 보는 자세를 갖춰야 한다.

　㉠　　㉡
① 인용　대조
② 인용　대등
③ 인증　대등
④ 차용　대조
⑤ 차용　대등

경험치 획득!

2 9일

일일 퀘스트

매체와 관련한 어휘

▶ 어휘 책을 펼쳐 보아요.

▶ 아는 어휘에 ○표 해요. (　/ 15)

뉴 미디어	매체	시사	공공성
면대면	미온적	보도	시청각
쌍방향	중재하다	폭로	불특정 다수
유통	주체적	청취하다	

▶ 어휘 퍼즐을 완성해요. (　/ 10)

▶ 확인 문제로 복습해요. (　/ 15)

나의 어휘 경험치

주제1 매체의 종류와 관련한 어휘

1회 □
2회 □

뉴 미디어
new media

전자 공학 기술이나 통신 기술이 발달하면서 등장한 새로운 전달 매체. 문자 다중 방송, 쌍방향 케이블 텔레비전, 인터넷 등이 있음.

예문 **뉴 미디어**는 새로운 정보가 실시간 생성 및 유포되는 특성이 있으며, 블로그나 소셜 미디어 등의 웹 사이트가 그 예이다.

실전 **뉴 미디어** 시대의 도래로 매체 환경이 변하면서 시 예술도 영상과 사진을 받아들이는 상황으로 변하게 되었다. | 19 고2 6월

1회 □
2회 □

매체
중매 媒
몸 體

어떤 작용을 한쪽에서 다른 쪽으로 전달하는 물체. 또는 그런 수단.

예문 그는 화려한 영상 **매체**로 사람들의 시선을 사로잡는 발표 전략을 짰다.

실전 여러 **매체**를 통해 노리개가 소개되고 있어 노리개를 찾는 외국 사람들도 늘고 있다고 합니다. | 21 고2 3월

참고 대중 매체 많은 사람에게 대량으로 정보나 특정한 생각을 전달하는 매체로 신문, 잡지, 텔레비전 등이 있음.
가짜 뉴스 언론 보도의 형식으로 사실인 것처럼 유포하는 거짓 뉴스. 독자들의 관심을 끌어 특정 세력이 정치·경제적 이득을 얻기 위한 의도로 퍼뜨리는 경우가 많음.

1회 □
2회 □

시사
때 時
일 事

그 당시에 일어난 여러 가지 사회적 사건.

예문 방송국에는 어제 방송한 **시사** 프로그램을 재방송해 달라는 요청이 빗발쳤다.

실전 서두에 **시사** 용어를 사용하여 독자의 관심을 유도한다. | 21 고1 6월

참고 시사 상식 그 당시에 일어난 여러 가지 사회적 사건이나 사실에 대한 상식.

1회 ☐
2회 ☐
공공성
공변되다 公
함께 共
성품 性

한 개인이나 단체가 아닌 일반 사회 구성원 전체에 두루 관련되는 성질.

(예문) **공공성**이 강한 사업은 국영으로 운영한다. / 신문은 보통 **공공성**과 객관성을 중요시한다.

(참고) **상업성** 상품을 파는 경제 활동을 통하여 이윤을 얻는 것을 중요시하는 특성.

1회 ☐
2회 ☐
면대면
얼굴 面
대답하다 對
얼굴 面

얼굴과 얼굴을 마주 보고 대하는. 또는 그런 것.

(예문) 8월부터는 **면대면**으로 수업이 진행될 예정입니다.
비대면이 대세라고 해도 **면대면** 소통은 꼭 필요하다.

(반의) **비대면** 서로 얼굴을 마주 보고 대하지 않는. 또는 그런 것.

(참고) **면대면 소통** 서로 얼굴을 마주 보고 소통함.

1회 ☐
2회 ☐
미온적
작다 微
따뜻하다 溫
과녁 的

태도가 소극적인. 또는 그런 것.

(예문) 전염병을 **미온적**으로 대처하여 피해를 더 크게 만들었다. / 경찰의 **미온적** 수사로 인해 수사는 몇 달째 진전이 없었다.

(반의) **열정적** 어떤 일에 열렬한 애정을 가지고 열중하는. 또는 그런 것.

(참고) **미적지근하다** 행동, 성격, 관계 등이 분명하지 않고 애매모호하다.

1회 ☐
2회 ☐
보도
갚다 報
길 道

대중 전달 매체를 통하여 일반 사람들에게 새로운 소식을 알림. 또는 그 소식.

(예문) 언론의 공정하지 못한 **보도** 태도가 문제가 되고 있다.

(실전) ○○숲 공원을 이용하는 지역 주민들의 수가 점점 줄어들고 있다는 언론 **보도**가 있었다. | 21 고3 3월

(참고) **언론** 매체를 통하여 어떤 사실을 밝혀 알리거나 어떤 문제에 대하여 여론을 형성하는 활동.

1회 ☐
2회 ☐
시청각
보다 視
듣다 聽
깨닫다 覺

눈으로 보는 감각과 귀로 듣는 감각을 아울러 이르는 말.

(예문) 신문은 인쇄 매체이고 텔레비전은 **시청각** 매체이다.

(실전) 인터넷이라는 매체의 영향력은 다양한 **시청각** 요소로 정보를 효과적으로 전달할 수 있다는 것입니다. | 19 고2 11월

(참고) **시청각 매체** 시각 매체와 청각 매체를 아우르는 말.

1회 ☐
2회 ☐
쌍방향
쌍 雙
모 方
향하다 向

한쪽으로만 향하는 것이 아니라 양쪽을 서로 향하는. 또는 그런 것.

(실전) 실시간 인터넷 방송은 영상과 채팅의 결합을 통해 방송 내용의 생산과 수용이 **쌍방향**으로 이뤄진다. | 22시행 6월 모평

(유의) **양방향** 한쪽으로만 향하는 것이 아니라 양쪽으로 향하는. 또는 그런 것.

(참고) **일방적** 어느 한쪽으로 치우친. 또는 그런 것.

5주차

중재하다

버금 仲
마르다 裁

다툼에 끼어들어 다투는 당사자들을 화해시키다.

(예문) 협상 전문가는 충분한 대화 끝에 양측을 **중재해** 갈등을 해소했다.

(실전) 토의 참여자 간의 감정 대립을 **중재해** 원만한 토의 분위기를 조성하고 있다. | 16 고3 10월

(참고) 언론 중재 언론 보도나 그 매개로 인한 다툼을 조정 및 중재하고, 피해를 구제하는 것. 언론 중재 위원회가 이 역할을 수행한다.

1회 ☐
2회 ☐

폭로

나타내다 暴
드러내다 露

알려지지 않았거나 감춰져 있던 사실을 드러내어 사람들에게 알림. 흔히 나쁜 일이나 음모 등을 사람들에게 알리는 일을 이름.

(예문) 그는 자극적인 **폭로** 기사가 가짜 뉴스임을 알고 말을 잇지 못했다. / 그는 억울함을 참지 못하고 기자를 불러서 사건의 진상을 **폭로**했다.

주제 3 매체의 수용과 관련한 어휘

1회 ☐
2회 ☐

불특정 다수

아니다 不   특별하다 特
정하다 定
많다 多   세다 數

특별히 정하지 아니한 많은 수.

(실전) 무고한 **불특정 다수**를 대상으로 하는 테러행위 등은 많은 범죄인인도조약에서 정치범 죄로 인정되지 않는다고 규정하고 있다. | 20 고2 11월

1회 ☐
2회 ☐

유통

흐르다 流
통하다 通

1) 공기 등이 막힘이 없이 흘러 통함.

(예문) 공기의 원활한 **유통**을 돕기 위해 부엌에 환풍기를 설치하였다.

2) 화폐나 물품 등이 세상에서 널리 쓰임.

(예문) 자금의 **유통**이 활발해져야 경기가 살아난다.

3) 상품이 생산자에게서 소비자에게 이르기까지 여러 단계에서 거래되는 활동.

(예문) 그 회사는 최고로 신선한 식품을 소비자에게 제공하기 위해 **유통** 단계를 줄였다.

(참고) 정보 유통 대중 매체, 전자 메일 등에 의한 정보의 전달 활동.

1회 ☐
2회 ☐

주체적

주인 主
몸 體
과녁 的

어떤 일을 실천하는 데 자유롭고 자주적인 성질이 있는. 또는 그런 것.

(예문) 선생님은 학생이 **주체적** 학습을 할 수 있도록 스스로 문제를 푸는 방법을 가르쳤다.

(실전) 인간은 인공 지능과의 소통을 통해 자신의 삶을 **주체적**으로 이끌어 가야 한다. | 19시행 수능

(유의) 자주적 남의 보호나 간섭을 받지 아니하고 자기 일을 스스로 처리하는. 또는 그런 것. 독립적 남에게 의존하거나 예속되지 않는. 또는 그런 것.

1회 ☐
2회 ☐

청취하다

듣다 聽
취하다 取

의견, 보고, 방송 등을 듣다.

(예문) 사람들은 안내 방송을 **청취하며** 지시에 따라 움직였다.

(실전) 안녕하세요. 여러분은 12시 현재, '생방송 뉴스를 듣다'를 **청취**하고 계십니다. | 21 고3 7월

01 다음 뜻에 알맞은 어휘를 찾아 가로, 세로, 대각선으로 표시하시오.

중	헛	하	보	도	국	어	벼	락
재	뉴	고	전	가	미	온	적	재
하	간	미	하	소	시	청	각	불
다	창	문	디	마	공	공	성	특
이	주	엄	마	어	청	정	퇴	정
지	체	매	마	걱	취	정	망	다
동	적	처	유	실	하	이	야	수
풍	득	마	통	걱	다	밀	고	폭

(1) 태도가 소극적인.

(2) 의견, 보고, 방송 등을 듣다.

(3) 특별히 정하지 아니한 많은 수.

(4) 다툼에 끼어들어 다투는 당사자들을 화해시키다.

(5) 어떤 일을 실천하는 데 자유롭고 자주적인 성질이 있는.

(6) 눈으로 보는 감각과 귀로 듣는 감각을 아울러 이르는 말.

(7) 대중 전달 매체를 통하여 일반 사람들에게 새로운 소식을 알림.

(8) 전자 공학 기술이나 통신 기술이 발달하면서 등장한 새로운 전달 매체.

(9) 한 개인이나 단체가 아닌 일반 사회 구성원 전체에 두루 관련되는 성질.

(10) 상품이 생산자에게서 소비자에게 이르기까지 여러 단계에서 거래되는 활동.

5주차

[02~05] 다음 빈칸에 들어갈 어휘를 〈보기〉에서 골라 쓰시오.

┌─────────────────────── ✦ 보기 ✦ ───────────────────────┐

　　　　　　보도　　　　　　시사　　　　　　유통　　　　　　면대면

└──┘

02 그는 [　　　　　　] 상식에 관심이 많아 매일 아침 휴대 전화로 뉴스를 확인한다.

03 [　　　　　　] 상황과 달리 비대면인 온라인에서는 말을 함부로 하는 사람이 많다.

04 농산물은 쉽게 썩거나 상하는 것이라 저장이나 보관, [　　　　　　]에 어려움이 많다.

05 뉴스에서는 이 상품이 10대 학생들에게 선풍적인 인기를 끌고 있다는 [　　　　　　]을/를
했다.　　　　　　　　　　　　TIP 돌발적으로 일어나 사회에 큰 영향을 미치거나 관심의 대상이 될 만한.

[06~08] 다음 문장에 알맞은 어휘를 고르시오.

06 그녀는 사생활 (폭로 / 공공성)(이)나 인신공격에 강하게 대응하겠다고 말했다.

07 수업 시간에 (시청각 / 일방적) 자료를 이용하니 학생들이 수업에 흥미를 가지기 시작했다.

08 연예인의 화려한 모습은 청소년들에게 방송 (매질 / 매체)에 대한 환상을 심어 주는 주된 요
소이다.

[09~11] 다음 빈칸에 들어갈 어휘를 찾아 연결하시오.

09 외교 문제에 대한 정부의 (　　　) 자세에　•
국민들이 실망감을 표시하였다.　　　　　　　　　　　　　　　• ㉠ 미온적

10 그는 성격이 온화해 친구들 사이에서 싸움이　•
일어날 때마다 (　　　) 역할을 한다.　　　　　　　　　　　• ㉡ 주체적

11 우리는 (　　　) 태도를 갖추어 외래문화를　•
비판적으로 수용할 수 있도록 노력해야 한다.　　　　　　　• ㉢ 중재하는

[12~13] 다음 중 밑줄 친 어휘의 뜻으로 알맞은 것을 고르시오.

12

> 설문의 신뢰도를 높이기 위해 <u>불특정 다수</u>를 상대로 다시 조사해 봅시다.

(1) 대단히 많은 수. ( )

(2) 특별히 정하지 아니한 많은 수. ( )

13

> <u>쌍방향</u> 텔레비전의 개발로 다양한 정보를 교환할 수 있는 뉴 미디어가 생활 속에 뿌리내리릴 것으로 전망한다.

(1) 양쪽을 서로 향하는. ( )

(2) 가지고 있는 뜻이 서로 통하는. ( )

14 다음 중 밑줄 친 어휘의 쓰임이 적절하지 <u>않은</u> 것은?

① 미술관에서 그림을 <u>청취하고</u> 있다.

② <u>면대면</u> 상황에서는 마스크를 착용해야 한다.

③ 언론 기관에 공정한 <u>보도</u>를 해 달라고 요청했다.

④ 사진과 음악을 활용한 <u>시청각</u> 자료를 발표 자료로 준비했다.

⑤ 공영 방송이 <u>공공성</u>을 잃고 상업적으로 치닫는 것에 대해 거센 비난이 쏟아지고 있다.

레벨 업!

15 다음 빈칸에 공통으로 들어갈 어휘로 가장 적절한 것은?

> ( )은/는 기존의 것과 달리 새롭다고 하여 붙여진 이름이다. ( )의 등장과 발달로 대중들은 더 능동적으로 정보를 처리하게 되었다. 또한, 정보의 상호 교환이 일어나게 되었다. 웹 사이트나 블로그를 통해 개인의 생각을 자유롭게 표현하는 것이 그 예이다.

① 쌍방향   ② 뉴 미디어   ③ 정보 유통   ④ 불특정 다수   ⑤ 시청각 매체

01 빈칸에 들어갈 어휘를 〈보기〉에서 골라 쓰시오.

┌─────────────── ◆ 보기 ◆ ───────────────┐
│   │
│   주성분   합성어   원순 모음   │
│   │
└──┘

(1) '앞마당'은 어근 '앞'과 어근 '마당'이 합쳐진 (   )이다.

(2) '물놀이'의 모음 'ㅜ'와 'ㅗ'는 발음할 때 입술을 동그랗게 오므리는 (   )이다.

(3) 나는 '수박을 먹었다.'에서 '수박을'은 서술어 '먹었다'의 대상이 되는 목적어로, 문장에서 반드시 필요한 (   )이다.

02 다음 중 주관적 : 객관적 과 같은 의미 관계로 짝지어지지 <u>않은</u> 것은?

┌──┐
│   인공 지능을 면접에 활용하는 것은 바람직하다. 기존 방식의 면접에서는 평가가 주관적 일 여지가 있으나, 인공 지능을 활용한 면접은 그렇지 않다. 인공 지능은 빅데이터를 기반으로 하여 평가하므로 평가가 객관적 이고, 많은 회사들이 인공 지능 면접을 도입하는 추세이다. │
└──┘

① 구체적 : 추상적   ② 면대면 : 비대면   ③ 미온적 : 열정적

④ 자주적 : 독립적   ⑤ 명료하다 : 애매하다

[03~04] 다음 문장의 밑줄 친 어휘와 같은 뜻으로 쓰인 것을 찾아 ○표 하시오.

03
┌──┐
│   인형들이 진열대에 한 줄로 <u>나열</u>되어 있다.   │
└──┘

(1) 검사가 피의자의 죄목을 <u>나열</u>했다.   (   )

(2) 차림표에 음식의 이름이 <u>나열</u>되어 있다.   (   )

04
┌──┐
│   대표 선출 문제로 인해 단체 내부에서 계속해서 <u>파열음</u>이 생기고 있다. │
└──┘

(1) 쟁반을 떨어뜨리는 순간 '쨍그랑'하는 <u>파열음</u>과 함께 유리컵이 깨졌다.   (   )

(2) 경기를 앞두고 팀 선수들 간에 <u>파열음</u>이 커져 훈련이 제대로 이루어지지 않고 있다.

(   )

05 다음 중 밑줄 친 어휘의 쓰임이 적절하지 <u>않은</u> 것은?

① 말의 뜻을 구별해 주는 가장 작은 소리의 단위는 <u>음성</u>이다.

② 나이가 많다는 점은 새로운 일을 시작하는 데에 전혀 <u>장애</u>가 되지 않는다.

③ <u>대안</u>을 제시하지 않고 계속해서 반박만 주고받는 탓에 협상이 끝나지 않았다.

④ '예쁜', '멋지게'처럼 주성분의 내용을 꾸며 주는 문장 성분을 <u>부속 성분</u>이라고 한다.

⑤ 최근 공공장소에서 <u>불특정 다수</u>를 겨냥한 범죄가 계속되어 사회 분위기가 흉흉해졌다.

06 다음 중 밑줄 친 어휘의 의미가 <u>다른</u> 하나는?

① 상품의 <u>유통</u>은 매매를 통해 이루어진다.

② <u>유통</u> 과정을 줄여서 물건의 가격을 낮추었다.

③ 승민이는 <u>유통</u> 기한이 지난 우유를 먹고 배탈이 났다.

④ 알이 부화하지 않은 것은 공기가 잘 <u>유통</u>되지 않았기 때문이다.

⑤ 생산자는 신선한 식품을 소비자에게 제공하기 위해 <u>유통</u> 단계를 줄였다.

07 다음 중 밑줄 친 부분을 바꿔 쓴 표현으로 적절하지 <u>않은</u> 것은?

① 서영이는 부모님과 하고 싶은 일을 재잘재잘 <u>늘어놓았다</u>. → 나열하였다

② 김 교수는 그동안의 연구 성과를 <u>소극적인 태도로</u> 설명하였다. → 구체적으로

③ 기자들이 국회 의원을 따라붙으며 <u>캐묻자</u> 그는 답변을 거부하며 자리를 떴다. → 신문하자

④ 이 소설은 등장인물의 심리를 <u>분명하고 확실하게</u> 묘사하여 큰 인기를 얻었다. → 명료하게

⑤ 그 배우는 오랫동안 촬영을 하면서 맡은 배역과 점점 <u>닮아 가는</u> 것처럼 보였다. → 동화되는

08 다음 중 빈칸에 들어갈 어휘로 적절하지 <u>않은</u> 것은?

> 소현이는 글쓰기 숙제를 하기 위해 인터넷에서 (　　　)을/를 찾아서 주제를 정한 뒤 여러 가지 (　　　)을/를 활용하여 자료를 찾아보았다. 그중에서 필요한 자료만 선정하고 선정한 자료를 바탕으로 (　　　)을/를 작성하였다. <u>초고</u>를 작성한 뒤에는 내용의 (TIP 처음 쓴 원고) 흐름이 (　　　)인지와 맞춤법이 올바른지 점검하며 고쳐쓰기를 했다.

① 개요　　　　　② 글감　　　　　③ 매체　　　　　④ 표절　　　　　⑤ 체계적

09 〈보기〉는 토론의 한 장면이다. 〈보기〉의 토론 단계를 나타내는 어휘로 가장 적절한 것은?

> ✦ 보기 ✦
>
> 찬성 측: 저희는 자율 주행차를 전면적으로 도입해야 한다고 주장합니다. 첫째, 사람이 운전하는 자동차보다 자율 주행차가 안전합니다. 둘째, 자율 주행차는 경제적 이익이 크고 이동이 편리합니다.
>
> 반대 측: 저희는 자율 주행차를 전면적으로 도입해야 한다는 주장에 반대합니다. 첫째, 자율 주행차는 안전하지 않습니다. 둘째, 자율 주행차가 도입되면 사람들의 일자리가 줄어들 것입니다.

① 논점   ② 반박   ③ 서론   ④ 입론   ⑤ 협상

10 다음 중 빈칸에 들어갈 어휘를 순서대로 바르게 짝지은 것은?

> • 다른 사람을 (   )하는 말을 쓰지 않고 서로 존중하는 말을 써야 한다.
> • 현주는 중학생 때부터 가수 ○○○의 심야 라디오 방송을 (   )해 온 열렬한 팬이다.
> • 비대면 수업이 늘어나면서 (   ) 소통을 하기 위한 여러 가지 대안이 등장하고 있다.

① 비방 – 청취 – 쌍방향   ② 비방 – 청중 – 일방적
③ 비방 – 청취 – 일방적   ④ 일반화 – 청취 – 쌍방향
⑤ 일반화 – 청중–쌍방향

11 다음 중 ㉠~㉢에 들어갈 어휘를 바르게 짝지은 것은?

> • 강연자는 유명한 소설의 한 구절을 (㉠   )하여 청중들에게 깊은 울림을 주었다.
> • 화장 시설 설치 문제를 둘러싸고 지방 자치 단체와 주민들의 (㉡   )이/가 첨예하게 대립하고 있다.
> • 정치적 중립성을 지키지 못하는 언론 (㉢   ) 때문에 언론에 대한 국민들의 불신은 점차 커지고 있다.

	㉠	㉡	㉢		㉠	㉡	㉢
①	인용	명예 훼손	보도	②	인용	이해관계	보도
③	인용	이해관계	유통	④	표절	명예 훼손	유통
⑤	표절	이해관계	유통				

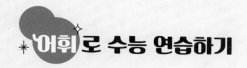

[12~13] 다음 글을 읽고, 물음에 답하시오. | 16시행 수능

▶ 어휘 체크 ☐ 논제 ☐ 입론 ☐ 추첨 ☐ 타당하다 ☐ 신뢰성 ☐ 부실

사회자: 이번 시간에는 '동아리 축제에서 홍보관을 운영할 동아리를 선정할 때 추첨 방식으로 해야 한다.'라는 논제로 토론을 하겠습니다. 찬성 측 입론해 주십시오.

찬성 1: 동아리 축제에서 홍보관을 운영할 동아리를 선정할 때 추첨 방식으로 해야 합니다. 심사 방식의 평가 기준이 타당하지 않고, 평가자 주관이 개입될 수 있어 평가의 신뢰성이 낮아 학생들의 불만이 높기 때문입니다. 반면에 추첨 방식은 선정 과정에서 평가자의 견해가 반영될 수 없습니다. 또한 추첨 방식으로 한다면 홍보관 운영 동아리로 선정될 수 있는 기회가 모든 동아리에 균등하게 부여될 수 있습니다. 그리고 동아리 홍보관 운영 계획서를 준비하는 과정에서 동아리들이 시간과 노력을 불필요하게 들이는 문제도 해소할 수 있습니다.

사회자: 이번에는 반대 측에서 반대 (㉠)해 주십시오.

반대 2: 추첨 방식이 기회를 균등하게 부여한다고 말씀하셨는데, 그럴 경우 동아리 홍보관 운영을 더 잘 계획하고 준비한 동아리가 탈락할 수도 있죠. 준비가 덜 된 동아리가 선정된다면 동아리 홍보관 운영의 부실로 이어질 수 있지 않나요?

찬성 1: 그렇지 않습니다. 선정된 동아리들은 새로운 회원을 모집하기 위해 적극적으로 홍보해야 하므로, 홍보관 운영에 최선을 다할 것입니다.

12 위 토론의 입론에 대한 이해로 가장 적절한 것은?

① '찬성 1'은 용어의 개념을 정의함으로써 논의의 범위를 한정하고 있다.
② '찬성 1'은 새로운 방식이 도입될 때 발생하는 기대 효과를 중심으로 주장하고 있다.
③ '반대 1'은 논제와 관련된 문제 해결의 시급성을 강조하고 있다.
④ '반대 1'은 기존 방식의 긍정적 측면을 근거로 삼아 새로운 방식을 반대하고 있다.
⑤ '반대 1'은 기존 방식을 유지할 때 발생할 수 있는 부정적 측면에 대하여 언급하고 있다.

13 다음 중 ㉠에 들어갈 어휘로 가장 적절한 것은?

① 논점 ② 대안 ③ 반론 ④ 반박 ⑤ 신문

▶ 어휘 체크 ☐ 가짜 뉴스 ☐ 파급력 ☐ 매체 ☐ 유포 ☐ 허위 ☐ 조작 ☐ 여론 ☐ 보도

넘치는 '가짜 뉴스' ⋯ 사실 왜곡과 사회적 갈등 유발 심각

누리소통망 통해 빠르게, 널리 퍼져 '사실 뉴스'보다 더 많이 공유되기도

'가짜 뉴스'가 날로 늘어나며 사회적 문제를 ㉠야기하고 있다. 인터넷의 발전과 스마트폰의 보급, 누리소통망의 발달 등 매체 환경의 변화가 가짜 뉴스의 파급력을 크게 키웠다는 분석이다.

○○에서는 '가짜 뉴스 개념과 대응 방안'이라는 토론회를 개최하였다. 토론 과정에서 매체 환경의 변화로 특히 뉴스의 생산과 유포 양상이 바뀌었다는 점이 지적되었다. 인터넷 등의 매체를 통해 누구나 뉴스를 생산하고 유포할 수 있게 되었다는 점이 가짜 뉴스의 문제점을 심각하게 만들고 있다는 것이다.

미국의 △△ 기관은 지난 미국 대통령 선거 시기에 허위로 조작된 정보가 선거에 영향을 미쳤다고 분석하였다. 실제로 미국 일부 지역에서는 '가짜 뉴스'가 잘못된 여론을 형성하여 사회적 갈등을 유발하였다.

이 토론회에서는 이와 함께 가짜 뉴스를 무엇으로 정의할 것인가에 대한 논의, 가짜 뉴스를 막기 위한 대응 방안에 대한 논의도 있었다.

언론은 정확하고 수준 높은 보도를 하고, 언론 소비자는 가짜 뉴스를 판별하기 위한 능력을 갖추기 위해 노력해야 한다는 것이다.

14 윗글을 읽고 추론할 수 있는 내용으로 적절하지 <u>않은</u> 것은?

① 뉴스는 누구나 만들 수 있겠군.
② 인터넷이 발달하며 가짜 뉴스의 파급력도 커졌겠군.
③ 가짜 뉴스는 실제로 심각한 사회 문제를 낳기도 하는군.
④ 가짜 뉴스를 규제하는 것은 온전한 해결책이라고 볼 수 없겠군.
⑤ 독자는 가짜 뉴스를 판별할 수 있는 능력을 갖추기 위해 노력해야겠군.

15 다음 중 ㉠과 바꿔 쓸 수 있는 말로 가장 적절한 것은?

① 막고　　② 줄이고　　③ 가리키고　　④ 일으키고　　⑤ 가라앉히고

어휘 더하기

▶ '論(논의하다 논)'이 들어가는 한자 성어

갑론을박
갑옷 甲 논의하다 論 새 乙 논박하다 駁

여러 사람이 서로 자신의 주장을 내세우며 상대방의 주장을 반박함.

논공행상
논의하다 論 공 功 다니다 行 상주다 賞

공적의 크고 작음 등을 논의하여 그에 알맞은 상을 줌.

論
논의하다 논

논점일탈
논의하다 論 점찍다 點 잃다 逸 벗다 脫

논설의 요점을 벗어남.

탁상공론
높다 卓 위 上 빌다 空 논의하다 論

현실성이 없는 허황된 이론이나 논의.

5주차

[01~03] 빈칸에 들어갈 한자 성어를 〈보기〉에서 골라 쓰시오.

┌─────────── ✦ 보기 ✦ ───────────┐
│ 갑론을박   논공행상   탁상공론 │
└──────────────────────────────────┘

01 임금은 (   )하여 군사들의 공을 치하하였다.

02 (   )만 하지 말고 실질적인 타개책을 찾아야 한다.

03 형제는 누가 심부름을 다녀올지를 두고 (   )을 벌이고 있다.

📋 답 **01** 논공행상 **02** 탁상공론 **03** 갑론을박

진단평가

30일까지 학습을 마쳤으면
QR 코드를 찍어
진단 평가를 해 보세요.

자주 쓰이는 한자 성어

ㄱ~ㄷ

✦ **각주구검(刻舟求劍)**　융통성 없이 현실에 맞지 않는 낡은 생각을 고집하는 어리석음을 이르는 말.

✦ **간담상조(肝膽相照)**　서로 속마음을 털어놓고 친하게 사귐.

✦ **개과천선(改過遷善)**　지난날의 잘못이나 허물을 고쳐 올바르고 착하게 됨.

✦ **견강부회(牽强附會)**　이치에 맞지 않는 말을 억지로 끌어 붙여 자기에게 유리하게 함.

✦ **견물생심(見物生心)**　어떠한 실물을 보게 되면 그것을 가지고 싶은 욕심이 생김.

✦ **결초보은(結草報恩)**　죽은 뒤에라도 은혜를 잊지 않고 갚음을 이르는 말.

✦ **고군분투(孤軍奮鬪)**　남의 도움을 받지 아니하고 힘에 벅찬 일을 잘해 나가는 것을 비유적으로 이르는 말.

✦ **고진감래(苦盡甘來)**　쓴 것이 다하면 단 것이 온다는 뜻으로, 고생 끝에 즐거움이 옴을 이르는 말.

✦ **과유불급(過猶不及)**　정도를 지나침은 미치지 못함과 같다는 뜻으로, 중용이 중요함을 이르는 말.

✦ **괄목상대(刮目相對)**　눈을 비비고 상대편을 본다는 뜻으로, 남의 학식이나 재주가 놀랄 만큼 부쩍 늚을 이르는 말.

✦ **교언영색(巧言令色)**　아첨하는 말과 알랑거리는 태도.

✦ **군계일학(群鷄一鶴)**　닭의 무리 가운데에서 한 마리의 학이란 뜻으로, 많은 사람 가운데서 뛰어난 인물을 이르는 말.

✦ **근묵자흑(近墨者黑)**　먹을 가까이하는 사람은 검어진다는 뜻으로, 나쁜 사람과 가까이 지내면 나쁜 버릇에 물들기 쉬움을 비유적으로 이르는 말.

✦ **금상첨화(錦上添花)**　비단 위에 꽃을 더한다는 뜻으로, 좋은 일 위에 또 좋은 일이 더하여짐을 비유적으로 이르는 말.

✦ **금의환향(錦衣還鄕)**　비단옷을 입고 고향에 돌아온다는 뜻으로, 출세하여 고향에 돌아가거나 돌아옴을 비유적으로 이르는 말.

✦ **기사회생(起死回生)**　거의 죽을 뻔하다가 도로 살아남.

✦ **난형난제(難兄難弟)**　누구를 형이라 하고 누구를 아우라 하기 어렵다는 뜻으로, 두 사물이 비슷하여 낫고 못함을 정하기 어려움을 이르는 말.

✦ **내우외환(內憂外患)**　나라 안팎의 여러 가지 어려움.

✦ **단사표음(簞食瓢飮)**　대나무로 만든 밥그릇에 담은 밥과 표주박에 든 물이라는 뜻으로, 청빈하고 소박한 생활을 이르는 말.

✦ **동병상련(同病相憐)**　같은 병을 앓는 사람끼리 서로 가엾게 여긴다는 뜻으로, 어려운 처지에 있는 사람끼리 서로 가엾게 여김을 이르는 말.

✦ **등화가친(燈火可親)**　등불을 가까이할 만하다는 뜻으로, 서늘한 가을밤은 등불을 가까이 하여 글 읽기에 좋음을 이르는 말.

✦ **명재경각(命在頃刻)** 거의 죽게 되어 곧 숨이 끊어질 지경에 이름.

✦ **목불식정(目不識丁)** 아주 간단한 글자인 'ㅜ' 자를 보고도 그것이 '고무래(ㅜ자 모양의 기구.)'인 줄을 알지 못한다는 뜻으로, 아주 까막눈임을 이르는 말.

✦ **물아일체(物我一體)** 외부 사물과 자신, 또는 물질세계와 정신세계가 어울려 하나가 됨.

✦ **박장대소(拍掌大笑)** 손뼉을 치며 크게 웃음.

✦ **반신반의(半信半疑)** 얼마쯤 믿으면서도 한편으로는 의심함.

✦ **반포지효(反哺之孝)** 까마귀 새끼가 자라서 늙은 어미에게 먹이를 물어다 주는 효(孝)라는 뜻으로, 자식이 자란 후에 어버이의 은혜를 갚는 효성을 이르는 말.

✦ **방약무인(傍若無人)** 곁에 사람이 없는 것처럼 아무 거리낌 없이 함부로 말하고 행동하는 태도가 있음.

✦ **백년해로(百年偕老)** 부부가 되어 한평생을 사이좋게 지내고 즐겁게 함께 늙음.

✦ **부화뇌동(附和雷同)** 줏대 없이 남의 의견에 따라 움직임.

✦ **사고무친(四顧無親)** 의지할 만한 사람이 아무도 없음.

✦ **사면초가(四面楚歌)** 아무에게도 도움을 받지 못하는, 외롭고 곤란한 지경에 빠진 형편을 이르는 말.

✦ **사필귀정(事必歸正)** 모든 일은 반드시 바른길로 돌아감.

✦ **산천초목(山川草木)** 산과 내와 풀과 나무라는 뜻으로, '자연'을 이르는 말.

✦ **상부상조(相扶相助)** 서로서로 도움.

✦ **새옹지마(塞翁之馬)** 인생의 길흉화복은 변화가 많아서 예측하기가 어렵다는 말.

✦ **생면부지(生面不知)** 서로 한 번도 만난 적이 없어서 전혀 알지 못하는 사람. 또는 그런 관계.

✦ **설상가상(雪上加霜)** 눈 위에 서리가 덮인다는 뜻으로, 난처한 일이나 불행한 일이 잇따라 일어남을 이르는 말.

✦ **섬섬옥수(纖纖玉手)** 가냘프고 고운 손을 이르는 말.

✦ **속수무책(束手無策)** 손을 묶은 것처럼 어찌할 도리가 없어 꼼짝 못 함.

✦ **안분지족(安分知足)** 편안한 마음으로 제 분수를 지키며 만족할 줄을 앎.

✦ **안하무인(眼下無人)** 눈 아래에 사람이 없다는 뜻으로, 방자하고 교만하여 다른 사람을 업신여김을 이르는 말.

✦ **약육강식(弱肉强食)** 약한 자가 강한 자에게 먹힌다는 뜻으로, 강한 자가 약한 자를 희생시켜서 번영하거나, 약한 자가 강한 자에게 끝내는 멸망됨을 이르는 말.

- ✦ 애걸복걸(哀乞伏乞)　소원 등을 들어 달라고 애처롭게 사정하며 간절히 빎.
- ✦ 엄동설한(嚴冬雪寒)　눈 내리는 깊은 겨울의 심한 추위.
- ✦ 역지사지(易地思之)　처지를 바꾸어서 생각하여 봄.
- ✦ 오매불망(寤寐不忘)　자나 깨나 잊지 못함.
- ✦ 우공이산(愚公移山)　우공이 산을 옮긴다는 뜻으로, 어떤 일이든 끊임없이 노력하면 반드시 이루어짐을 이르는 말.
- ✦ 우이독경(牛耳讀經)　쇠귀에 경 읽기라는 뜻으로, 아무리 가르치고 일러 주어도 알아듣지 못함을 이르는 말.
- ✦ 유구무언(有口無言)　입은 있어도 말은 없다는 뜻으로, 변명할 말이 없거나 변명을 못함을 이르는 말.
- ✦ 유방백세(流芳百世)　꽃다운 이름이 후세에 길이 전함.
- ✦ 이구동성(異口同聲)　입은 다르나 목소리는 같다는 뜻으로, 여러 사람의 말이 한결같음을 이르는 말.
- ✦ 일석이조(一石二鳥)　돌 한 개를 던져 새 두 마리를 잡는다는 뜻으로, 동시에 두 가지 이득을 봄을 이르는 말.
- ✦ 일취월장(日就月將)　나날이 다달이 자라거나 발전함.
- ✦ 입신양명(立身揚名)　출세하여 이름을 세상에 떨침.

ㅈ ~ ㅊ

- ✦ 자강불식(自强不息)　스스로 힘써 몸과 마음을 가다듬어 쉬지 아니함.
- ✦ 자문자답(自問自答)　스스로 묻고 스스로 대답함.
- ✦ 자수성가(自手成家)　물려받은 재산이 없이 자기 혼자의 힘으로 집안을 일으키고 재산을 모음.
- ✦ 자초지종(自初至終)　처음부터 끝까지의 과정.
- ✦ 적반하장(賊反荷杖)　도둑이 도리어 매를 든다는 뜻으로, 잘못한 사람이 아무 잘못도 없는 사람을 나무람을 이르는 말.
- ✦ 작심삼일(作心三日)　단단히 먹은 마음이 사흘을 가지 못한다는 뜻으로, 결심이 굳지 못함을 이르는 말.
- ✦ 전전긍긍(戰戰兢兢)　몹시 두려워서 벌벌 떨며 조심함.
- ✦ 전전반측(輾轉反側)　누워서 몸을 이리저리 뒤척이며 잠을 이루지 못함.
- ✦ 전화위복(轉禍爲福)　재앙과 근심, 걱정이 바뀌어 오히려 복이 됨.
- ✦ 절치부심(切齒腐心)　몹시 분하여 이를 갈며 속을 썩임.
- ✦ 조삼모사(朝三暮四)　간사한 꾀로 남을 속여 희롱함을 이르는 말.
- ✦ 주경야독(晝耕夜讀)　낮에는 농사짓고, 밤에는 글을 읽는다는 뜻으로, 어려운 여건 속에서도 꿋꿋이 공부함을 이르는 말.
- ✦ 죽마고우(竹馬故友)　대말을 타고 놀던 벗이라는 뜻으로, 어릴 때부터 같이 놀며 자란 벗.

- **지록위마(指鹿爲馬)** 윗사람을 농락하여 권세를 마음대로 함을 이르는 말.
- **진퇴양난(進退兩難)** 이러지도 저러지도 못하는 어려운 처지.
- **천신만고(千辛萬苦)** 천 가지 매운 것과 만 가지 쓴 것이라는 뜻으로, 온갖 어려운 고비를 다 겪으며 심하게 고생함을 이르는 말.
- **천재일우(千載一遇)** 천 년 동안 단 한 번 만난다는 뜻으로, 좀처럼 만나기 어려운 좋은 기회를 이르는 말.
- **청산유수(靑山流水)** 푸른 산에 흐르는 맑은 물이라는 뜻으로, 막힘없이 썩 잘하는 말을 비유적으로 이르는 말.
- **청천벽력(靑天霹靂)** 맑게 갠 하늘에서 치는 날벼락이라는 뜻으로, 뜻밖에 일어난 큰 변고나 사건을 비유적으로 이르는 말.

ㅋ ~ ㅎ

- **타산지석(他山之石)** 다른 산의 나쁜 돌이라도 자신의 산의 옥돌을 가는 데에 쓸 수 있다는 뜻으로, 본이 되지 않은 남의 말이나 행동도 자신의 지식과 인격을 수양하는 데에 도움이 될 수 있음을 비유적으로 이르는 말.
- **태평성대(太平聖代)** 어진 임금이 잘 다스리어 태평한 세상이나 시대.
- **토사구팽(兎死狗烹)** 토끼가 죽으면 토끼를 잡던 사냥개도 필요 없게 되어 주인에게 삶아 먹히게 된다는 뜻으로, 필요할 때는 쓰고 필요 없을 때는 야박하게 버리는 경우를 이르는 말.
- **표리부동(表裏不同)** 겉으로 드러나는 언행과 속으로 가지는 생각이 다름.
- **풍비박산(風飛雹散)** 사방으로 날아 흩어짐.
- **풍수지탄(風樹之嘆)** 효도를 다하지 못한 채 어버이를 여읜 자식의 슬픔을 이르는 말.
- **함흥차사(咸興差使)** 심부름을 가서 오지 아니하거나 늦게 온 사람을 이르는 말.
- **허장성세(虛張聲勢)** 실속은 없으면서 큰소리치거나 허세를 부림.
- **형설지공(螢雪之功)** 반딧불·눈과 함께 하는 노력이라는 뜻으로, 고생을 하면서 부지런하고 꾸준하게 공부하는 자세를 이르는 말.
- **호가호위(狐假虎威)** 남의 권세를 빌려 위세를 부림.
- **호언장담(豪言壯談)** 호기롭고 자신 있게 말함. 또는 그 말.
- **혼비백산(魂飛魄散)** 혼백이 어지러이 흩어진다는 뜻으로, 몹시 놀라 넋을 잃음을 이르는 말.
- **화룡점정(畫龍點睛)** 무슨 일을 하는 데에 가장 중요한 부분을 완성함을 비유적으로 이르는 말.
- **후회막급(後悔莫及)** 이미 잘못된 뒤에 아무리 후회하여도 다시 어찌할 수가 없음.
- **흥망성쇠(興亡盛衰)** 흥하고 망함과 성하고 쇠함.
- **흥진비래(興盡悲來)** 즐거운 일이 다하면 슬픈 일이 닥쳐온다는 뜻으로, 세상일은 순환되는 것임을 이르는 말.

어휘 찾아보기

중등
도서안내

비주얼 개념서 ────────────────

룩

이미지 연상으로 필수 개념을 쉽게 익히는 비주얼 개념서

국어	문학, 독서, 문법
영어	품사, 문법, 구문
수학	1(상), 1(하), 2(상), 2(하), 3(상), 3(하)
사회	①, ②
역사	①, ②
과학	1, 2, 3

필수 개념서 ────────────────

올리드

자세하고 쉬운 개념,
시험을 대비하는 특별한 비법이 한가득!

국어	1-1, 1-2, 2-1, 2-2, 3-1, 3-2
영어	1-1, 1-2, 2-1, 2-2, 3-1, 3-2
수학	1(상), 1(하), 2(상), 2(하), 3(상), 3(하)
사회	①-1, ①-2, ②-1, ②-2
역사	①-1, ①-2, ②-1, ②-2
과학	1-1, 1-2, 2-1, 2-2, 3-1, 3-2

* 국어, 영어는 미래엔 교과서 관련 도서입니다.

국어 독해·어휘 훈련서 ────────────────

수능 국어 독해의 자신감을 깨우는 단계별 훈련서

독해	0_준비편, 1_기본편, 2_실력편, 3_수능편
어휘	1_종합편, 2_수능편

영문법 기본서 ────────────────

GRAMMAR BITE

중학교 핵심 필수 문법 공략, 내신·서술형·수능까지 한 번에!

문법	PREP
	Grade 1, Grade 2, Grade 3
	SUM

영어 독해 기본서 ────────────────

READING BITE

끊어 읽으며 직독직해하는 중학 독해의 자신감!

독해	PREP
	Grade 1, Grade 2, Grade 3
	PLUS 수능

영어 어휘 필독서 ────────────────

word BITE

중학교 전 학년 영어 교과서 분석, 빈출 핵심 어휘 단계별 집중!

어휘	핵심동사 561
	중등필수 1500
	중등심화 1200

깨우자!
독해력!

깨독

중등 국어

어휘 2
수능편

쪽지 시험+
바른답·
알찬풀이

Mirae N 에듀

깨독

어휘 2
수능편

[01~03] 다음 어휘의 뜻으로 알맞은 것을 골라 ○표 하시오.

01 교만하다

(1) 잘난 체하며 남을 무시하고 말이나 행동이 건방지다. (   )

(2) 시치미를 뚝 떼어 겉으로는 아무렇지 않은 체하는 태도가 있다. (   )

02 부귀공명

(1) 조화로움과 균형에서 느끼는 아름다움. (   )

(2) 재산이 많고 지위가 높으며 공을 세워 이름을 떨침. (   )

03 흐드러지다

(1) 괴로워하고 생각을 하고 고민하다. (   )

(2) 매우 탐스럽거나 한창 싱싱하게 우거져 있다. (   )

[04~05] 다음 밑줄 친 어휘의 뜻으로 알맞은 것을 골라 ○표 하시오.

04

> 그의 시에 등장하는 꽃은 많은 뜻을 함축하고 있다.

(1) 말이나 글이 많은 뜻을 담고 있다. (   )

(2) 주의나 여론, 생각 등을 불러일으키다. (   )

05

> 그는 의료 봉사를 사명으로 알고 아프리카 오지로 지원하여 떠났다.

(1) 맡겨진 임무. (   )

(2) 지역, 사회, 인생 등에 관한 일정한 인식이나 견해. (   )

[06~08] 다음 문장에 알맞은 어휘를 고르시오.

06 올해는 (부음 / 흉년)이 들어 쌀값이 껑충 뛰었다.

07 어디선가 (각박한 / 청승맞은) 유행가 가락이 들려왔다.

08 옛날 사람들은 이 바위에 올라앉아 (풍류 / 풍자)를 즐겼다.

[09~10] 제시된 초성과 뜻을 참고하여 빈칸에 들어갈 알맞은 어휘를 쓰시오.

09 **ㅈㅍ** : 증명하거나 증거가 될 만한 표.

→ 우표는 우편 요금을 지불했다는 표지로 붙이는 (   )이다.

10 **ㅈㅈ** : 자기를 비웃음.

→ 시험에 연속해 떨어지니 (   ) 섞인 웃음밖에 나오지 않았다.

[11~13] 다음 빈칸에 들어갈 어휘를 〈보기〉에서 골라 알맞게 활용하여 쓰시오.

> ◆ 보기 ◆
>
> 더디다   예찬하다   육중하다

11 [   ] 파도에 부딪힌 배가 크게 요동쳤다.

12 그는 새로운 시대를 [   ] 짧은 시를 지었다.

13 시험 결과를 기다리는 동안은 시간이 [   ] 흐르는 느낌이었다.

[14~15] 다음 밑줄 친 어휘의 뜻으로 알맞은 것을 골라 ○표 하시오.

14 파리하고 앙상해진 할머니의 손을 잡아 드렸다.

(1) 고요하고 쓸쓸하다.   (   )

(2) 낡아서 무너지고 떨어지다.   (   )

(3) 몸이 마르고 낯빛이나 살색이 핏기가 전혀 없다.   (   )

15 이 소설에는 해학과 인생에 대한 교훈이 담겨 있다.

(1) 혼자서 지내는 것.   (   )

(2) 익살스럽고도 품위가 있는 말이나 행동.   (   )

(3) 가난한 생활을 하면서도 편안한 마음으로 도를 즐겨 지킴. (   )

[01~03] 다음 어휘의 뜻으로 알맞은 것을 골라 ○표 하시오.

01 간청하다

(1) 간절히 부탁하다. ( )

(2) 마음이 안타깝거나 쓰라리다. ( )

02 일렁이다

(1) 어떤 사실을 자세히 따져서 밝히다. ( )

(2) 크고 긴 물건 등이 이리저리 크게 흔들리다. ( )

03 상이군인

(1) 전투나 군사상 공무 중에 몸을 다친 군인. ( )

(2) 군대에서 다친 군인들을 치료해 주는 의사의 일을 하는 장교. ( )

[04~05] 밑줄 친 어휘의 뜻을 〈보기〉에서 찾아 그 기호를 쓰시오.

◆ 보기 ◆

㉠ 좋은 일이 있을 조짐.

㉡ 그때그때 처한 상황에 맞게 바로 결정하거나 처리함.

04 나는 길에서 동전을 발견하고 하루가 잘 풀릴 <u>길조</u>라고 좋아했다.

( )

05 선장은 <u>임기응변</u>을 발휘하여 바다 한복판에서 생긴 문제를 대처하였다.

( )

[06~07] 다음 문장에 알맞은 어휘를 고르시오.

06 그는 부모님이 돌아가신 후 (낙락장송 / 혈혈단신)으로 혼자 살고 있다.

07 관객의 흥미를 끌기 위해 연극을 (각색 / 방백)하는 과정에서 원작에 없는 등장인물을 추가하였다.

[08~09] 제시된 초성과 뜻을 참고하여 빈칸에 들어갈 알맞은 어휘를 쓰시오.

08 **ㅎㅂㅎㅎ** : 아버지를 아버지라고 부르고 형을 형이라고 부름.

→ 지금 상황은 마치 홍길동처럼 (   )하지 못하는 신세가 되었다.

09 **ㄱㅈ** : 행실이 점잖고 어질며 덕과 학식이 높은 사람.

→ 아버지는 참을성이 없는 나에게 (   )와/과 같은 사람이 되라고 말씀하셨다.

[10~12] 다음 빈칸에 들어갈 어휘를 〈보기〉에서 골라 알맞게 활용하여 쓰시오.

<table>
<tr><td>◆ 보기 ◆</td></tr>
<tr><td>분별하다　　불미스럽다　　득의만만하다</td></tr>
</table>

10 주위가 어두워 형체를 [   ] 수 없다.

11 시험에 합격한 동생은 [   ] 모습으로 들어왔다.

12 공무원들이 부정부패를 저지른 [   ] 사건들이 밝혀졌다.

[13~15] 다음 빈칸에 들어갈 어휘를 찾아 연결하시오.

13 선비는 항상 단정한 (   )을 갖추었다. ・　　　　　　・ ㉠ 계책

14 머리를 짜내 보았으나 뾰족한 (   )이 떠오르지를 않았다. ・　　・ ㉡ 능선

15 산 정상에서 동쪽 (   )을 따라 내려가면 약수터가 나온다. ・　　・ ㉢ 의관

[01~03] 다음 어휘의 뜻으로 알맞은 것을 골라 ○표 하시오.

01 초안

(1) 원고나 문서 등을 처음 대강 적음. 또는 그 원고나 문서.   (   )

(2) 물건을 사고팔고 하여 서로 바꾸기 위해 지나다니는 길.   (   )

02 현학적

(1) 배워서 얻은 지식이 많음을 자랑하고 뽐내는. 또는 그런 것.   (   )

(2) 지위나 수준 따위가 갑자기 빠른 속도로 높아지거나 향상되는. 또는 그런 것.   (   )

03 절체절명

(1) 꼭 있어야 하며 없어서는 안 됨.   (   )

(2) 몸도 목숨도 다 되었다는 뜻으로, 어찌할 수 없는 절박한 경우를 비유적으로 이르는 말. (   )

[04~05] 밑줄 친 어휘의 뜻을 〈보기〉에서 찾아 그 기호를 쓰시오.

┼ 보기 ┼

㉠ 예리한 관찰력으로 사물을 꿰뚫어 봄.
㉡ 인간으로서 당연히 가지는 기본적 권리.

04 이 책에는 글쓴이의 역사에 대한 통찰이 잘 드러나 있다.
(   )

05 선생님은 학생들의 인권을 존중하는 의미에서 교실에서 존댓말을 사용했다.
(   )

[06~07] 다음 문장에 알맞은 어휘를 고르시오.

06 김 사장은 스스로를 낮추어 직원들의 불만을 (겸허하게 / 돈독하게) 수용했다.

07 예절 수업에서 노인에 대한 공경 의식을 (타파하는 / 함양하는) 시간을 가졌다.

[08~09] 제시된 초성과 뜻을 참고하여 빈칸에 들어갈 알맞은 어휘를 쓰시오.

08 **ㅅㅇㅎ**: 산업의 형태가 됨. 또는 그렇게 되게 함.

→ 우리나라는 1960~1970년대에 급속한 (　　　　　)을/를 이루었다.

09 **ㅅㄱㅅㅈ**: 어떤 일을 하기에 아직 때가 이름.

→ 개표율이 5%밖에 되지 않는 지금 당선을 확실시하는 것은 (　　　　　)이다.

[10~12] 다음 빈칸에 들어갈 어휘를 〈보기〉에서 골라 알맞게 활용하여 쓰시오.

┌─────────────── ✦ 보기 ✦ ───────────────┐
　　　고결하다　　　보장하다　　　향유하다
└──────────────────────────────────────┘

10 누구나 예술을 [　　　　　] 수 있는 여건을 마련해야 한다.

11 많은 제자들이 김 선생님의 [　　　　　] 인품을 존경하였다.

12 국가는 개인의 안전을 [　　　　　] 위해 여러 정책을 시행하고 있다.

[13~15] 다음 빈칸에 들어갈 어휘를 찾아 연결하시오.

13 건축의 (　　　　)(으)로 불리는 건축가의 전시회
에 많은 사람들이 몰렸다.　　　　　　　　　•

　　　　　　　　　　　　　　　　　　　• ㉠ 거장

14 그래프를 보면 두 사건 사이에 일정한 (　　　　)
이/가 있다는 점을 알 수 있다.　　　　　　•

　　　　　　　　　　　　　　　　　　　• ㉡ 사각지대

15 대형 화물차는 일반 승용차에 비해 (　　　　)
이/가 넓어 사고에 주의해야 한다.　　　　　•

　　　　　　　　　　　　　　　　　　　• ㉢ 상관관계

[01~03] 다음 어휘의 뜻으로 알맞은 것을 골라 ○표 하시오.

01 궤도

(1) 지구가 지구 위의 물체를 끌어당기는 힘. ( )

(2) 행성, 혜성, 인공위성 등이 중력의 영향을 받아 다른 천체의 둘레를 돌면서 그리는 곡선의 길.

( )

02 변이

(1) 어버이의 성격, 체질, 형상 등의 형질이 자손에게 전해짐. 또는 그런 현상. ( )

(2) 외부 환경의 변화나 유전자의 변화로 성별, 나이와 관계없이 같은 종에서 모양과 성질이 다른 개

체가 존재하는 현상. ( )

03 증산 작용

(1) 세균 등의 미생물을 죽임. ( )

(2) 식물체 안의 수분이 수증기가 되어 공기 중으로 나옴. 또는 그런 현상. ( )

[04~06] 다음 밑줄 친 어휘의 쓰임이 맞으면 ○표, 틀리면 ×표 하시오.

04 나무로 <u>건조한</u> 사찰이나 건물은 화재의 위험이 크다. ( )

05 그 사람은 자신의 무죄를 <u>입증할</u> 증거를 손에 넣었다. ( )

06 경제적인 어려움에 <u>정립한</u> 회사는 이를 해결하기 위해 대책을 마련하였다. ( )

[07~09] 다음 문장에 알맞은 어휘를 고르시오.

07 그는 국악과 대중가요의 (귀소 / 접목)을/를 시도하고 있다.

08 명절을 맞아 백화점에서는 일부 품목에 (국한하지 / 호소하지) 않고 전 품목 할인에 들어갔다.

09 문서나 사진을 (알고리즘 / 클라우드)에 저장하면 컴퓨터를 가지고 다니지 않아도 어디서든 자료를
이용할 수 있다.

[10~11] 다음 밑줄 친 어휘의 뜻으로 알맞은 것을 골라 ○표 하시오.

10

> 국민의 성실과 근면은 경제 발전의 <u>동력</u>이다.

(1) 어떤 일을 발전시키고 앞으로 밀고 나가는 힘. ( )

(2) 수력, 전력, 화력, 원자력, 풍력 등을 사람이 쓸 수 있도록 바꾼 기계적인 에너지. ( )

11

> 내신 성적이 합격 여부에 큰 변수로 <u>작용할</u> 것이다.

(1) 정하여 세우다. ( )

(2) 어떠한 현상을 일으키거나 영향을 미치다. ( )

[12~13] 제시된 초성과 뜻을 참고하여 빈칸에 들어갈 알맞은 어휘를 쓰시오.

12 ㄴㄱㅅ : 물질이 변하지 않고 오래 견디는 성질.

→ 새로 나온 휴대 전화는 이전 제품보다 ( )이/가 높아 튼튼하다.

13 ㅇㄷㅇ : 바깥의 온도가 25℃ 이상인 무더운 밤.

→ ( )이/가 심해 강가로 나가 더위를 식혔다.

[14~15] 다음 빈칸에 들어갈 어휘를 찾아 연결하시오.

14 금강산은 ( )이/가 빼어난 산으로 유명하다. •

• ㉠ 경관

15 빗물은 인간에게 필요한 ( )의 주요 원천이다. •

• ㉡ 담수

[01~03] 다음 어휘의 뜻으로 알맞은 것을 골라 ○표 하시오.

01 매체

(1) 눈으로 보는 감각과 귀로 듣는 감각을 아울러 이르는 말.   (   )

(2) 어떤 작용을 한쪽에서 다른 쪽으로 전달하는 물체. 또는 그런 수단.   (   )

02 자립성

(1) 다른 것과 구별되는 혼자만의 특유한 성질.   (   )

(2) 남에게 매이거나 의지하지 않고 자기 힘으로 해내려는 성질.   (   )

03 자모

(1) 말의 뜻을 구별해 주는 가장 작은 소리의 단위.   (   )

(2) 한 개의 음절을 자음과 모음으로 갈라서 적을 수 있는 하나하나의 글자.   (   )

[04~05] 밑줄 친 어휘의 뜻을 〈보기〉에서 찾아 그 기호를 쓰시오.

─── ✦ 보기 ✦ ───

㉠ 법률 전문가가 아닌 일반 국민 중에서 뽑혀 재판에 참여하고 판단을 내리는 사람.
㉡ 창작물에 대해 저작자나 그 권리를 이어받은 사람이 가지는 배타적이고 독점적인 권리.

04 피고 측은 원고에게 <u>저작권</u> 사용료를 내지 않고 허락 없이 잡지에 글을 실었다.
(   )

05 미국에서는 <u>배심원</u>들의 판결이 실제 판사의 판결에 큰 영향을 준다.
(   )

[06~08] 다음 문장에 알맞은 어휘를 고르시오.

06 주어, 서술어, 목적어, 보어는 문장의 (주성분 / 부속 성분)이다.

07 수업 시간에 배운 내용을 간단하고 (명료하게 / 조잡하게) 요약하여 칭찬을 받았다.

08 음운 변동 중에서 한 음운이 앞이나 뒤에 있는 음운의 영향을 받아 그 음운과 닮아가는 현상이 음운
(교체 / 동화)이다.

[09~10] 제시된 초성과 뜻을 참고하여 빈칸에 들어갈 알맞은 어휘를 쓰시오.

09 ㄴㅇ : 차례대로 죽 벌여 놓음.

→ 뉴스는 사실의 (   )만으로 되는 것이 아니라 구성 작업도 중요하다.

10 ㅍㅇㅇ : 어떤 일이 순조롭게 진행되지 않음을 비유적으로 이르는 말.

→ 회사의 예산 사용 문제로 영업부와 총무부 간에 (   )이/가 빚어지고 있다.

[11~13] 빈칸에 들어갈 어휘를 〈보기〉에서 골라 알맞게 활용하여 쓰시오.

┌─────────────── 보기 ───────────────┐
비방하다   청취하다   타협하다
└──────────────────────────────────┘

11 방송국에서 시민들의 의견을 직접 [   ] 자리를 마련했다.

12 선거에 출마한 후보자들은 상대편을 [   ] 않기로 합의했다.

13 원칙도 중요하지만 가끔은 상황에 맞게 현실과 적당히 [   ] 줄도 알아야 한다.

[14~15] 다음 밑줄 친 어휘의 쓰임이 맞으면 ○표, 틀리면 ×표 하시오.

14 <u>구체적인</u> 일정이 정해지지 않았지만 곧 시작할 예정이다.   (   )

15 스마트폰은 워낙 널리 쓰여 초등학생들에게도 <u>미온적</u>이 되었다.   (   )

1주차

01일 현대시와 관련한 어휘 ❶ 13~15쪽

01 해설 참조	**02** 육중한	**03** 찌뿌드드한
04 파리한	**05** ②	**06** ①
07 결단	**08** 설핏	**09** 고목
10 사명	**11** ⓛ	**12** ㉠
13 ㉢	**14** ⑤	**15** (3) ×

14 '시에서 화자가 사용하는 특징적인 말의 느낌이나 억양.'은 '어조'이다.

15 '1인칭 시점'은 소설에서 이야기를 서술해 나가는 방식이나 관점을 뜻하는 말로, 시의 구성 방법인 시상 전개 방법과 거리가 멀다.

＋개념어 더보기

기승전결	'시상의 제시(기) → 승화(승) → 전환(전) → 마무리(결)'의 순서로 전개되는 시상 전개 방식.
선경후정	먼저 자연 경치를 묘사하고 나중에 정서를 표현하는 시상 전개 방식.
수미상관	시의 처음과 마지막에 같거나 유사한 시구를 배치하는 시상 전개 방식.

01

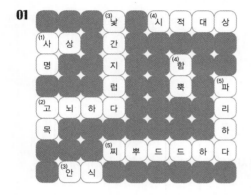

05 심연은 '좀처럼 빠져나오기 힘든 구렁을 비유적으로 이르는 말.'이라는 뜻이므로, '벗어나기 어려운 절망적인 상황을 비유적으로 이르는 말.'인 '나락'과 바꿔 쓸 수 있다.

（오답 풀이） ③ 성자: 지혜와 덕이 매우 뛰어나 길이 우러러 본받을 만한 사람.
④ 자아: 자기 자신에 대한 의식이나 관념.
⑤ 훈장: 나라와 사회에 크게 공헌한 사람에게 국가 원수가 수여하는 휘장.

06 '고뇌하다'는 '괴로워하며 생각을 하고 고민하다.'라는 뜻이므로 '고민하고'와 바꿔 쓸 수 있다.
（오답 풀이） ② 대립하다: 의견이나 처지, 속성 등이 서로 반대되거나 모순되다.

09 더위를 피하는 장소이므로 '주로 키가 큰 나무로, 여러 해 자라 더 크지 않을 정도로 오래된 나무.'라는 뜻의 '고목'이 적절하다. '심연'은 '깊은 못.'을 뜻한다.

10 정치인이 해야 하는 일이라는 의미이므로 '맡겨진 임무.'라는 뜻의 '사명'이 적절하다. '안식'은 '편히 쉼.'을 뜻한다.

02일 현대시와 관련한 어휘 ❷ 19~21쪽

01 해설 참조	**02** 곱살스러운	**03** 천연덕스러운
04 교만하게	**05** 중언부언하며	**06** 뇌고
07 자조	**08** 가까스로	**09** 심상
10 회고하는	**11** 예찬	**12** 연민
13 (2) ○	**14** (3) ○	**15** 관조
16 성찰		

01

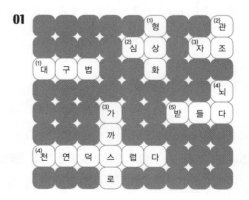

06 나는 발표 내용을 계속 마음속으로 말하며 반복하였다는 의미이므로 '지나간 일이나 한 번 한 말을 여러 번 거듭 말하다.'라는 뜻의 '뇌다(뇌고)'가 적절하다.

07 '자기를 비웃음.'이라는 뜻을 가진 어휘는 '자조'이다. 문장에서는 과거의 자신을 비웃었다는 의미로 사용하였다.

09 시를 읽고 시에 묘사된 풍경이 생생하게 떠올랐다는 의미이므로 '감각에 의하여 얻어진 현상이 마음속에서 재생된 것.'이라는 뜻의 '심상'이 적절하다.

10 자신의 일생을 되돌아본다는 뜻이 되도록 하는 '지나간 일을 돌이켜 생각하는.'이라는 뜻의 '회고하는'이 적절하다.

11 자연의 아름다움에 대한 시를 쓴 것이므로 '무엇이 훌륭하거나 좋거나 아름답다고 찬양함.'이라는 뜻의 '예찬'이 적절하다.
> **오답 풀이** '교만'은 '잘난 체하며 남을 무시하고 건방짐.'이라는 뜻이다.

12 뉴스를 보며 안타까움을 느꼈다는 의미가 되도록 하는 '불쌍하고 가련하게 여김.'이라는 뜻의 '연민'이 적절하다.

13 그의 뒷모습이 눈물에 흐려 잘 보이지 않았다는 의미이므로 '작거나 희미한 것이 보일 듯 말 듯 하게 조금씩 자꾸 움직이다.'의 뜻이 적절하다.

14 할아버지의 뜻을 따랐다는 의미이므로 '가르침이나 명령, 의도 등을 소중히 여기고 마음속으로 따르다.'의 뜻이 적절하다.

15 (가) 화자는 대상을 바라보기만 할 뿐이라고 하였다. 따라서 고요한 마음으로 사물이나 현상을 관찰하거나 비추어 본다는 뜻인 '관조'가 적절하다.
> **오답 풀이** '자조'는 '자기를 비웃음.'이라는 뜻으로 자신에 대한 감정이 드러난 어휘이다. 따라서 그 어떤 감정 표현도 드러내지 않는다는 설명에 적절하지 않다.

16 (나)의 화자는 자신의 삶을 되돌아보고 괴로워하고 있다. 따라서 스스로의 마음을 반성하고 살핀다는 뜻인 '성찰'이 적절하다.
> **오답 풀이** '심상'은 '감각에 의해 얻어진 현상이 마음속에 재생된 것.'이라는 뜻으로 시어가 주는 시각, 촉각과 같은 감각적인 인상을 말한다.

03일 현대시와 관련한 어휘 ❸ 25~27쪽

01 해설 참조 **02** 선회하고 **03** 에는
04 움트기 **05** 환기하기 **06** ㉡
07 ㉠ **08** ○ **09** ○
10 ✕ **11** ○ **12** ②
13 ② **14** 은주

01
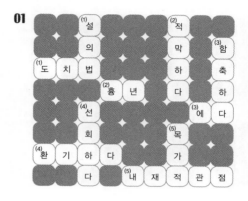

06 '빼앗긴 들에도 봄은 온다.'라는 당연하다고 생각하는 것을 의문형으로 표현하였으므로 ㉡이 적절하다.

07 '나는 아직 찬란한 슬픔의 봄을 기다리고 있을 테요'라는 말의 순서를 바꾸어 표현하였으므로 ㉠이 적절하다.

10 친척 어르신들이 많이 방문하여 세뱃돈을 많이 받을 수 있을 것이라는 의미이므로, '풍년'이 더 적절하다.

12 첫 번째 문장에서는 '자기가 사는 곳 밖의 다른 고장.', 두 번째 문장에서는 '나라 밖의 땅.'이라는 뜻으로 '외지'를 쓸 수 있다.

13 '흐드러진 웃음소리'는 '매우 흐뭇한 웃음소리'를, '적막하기 짝이 없는 생활'은 '외로운 생활'을 뜻한다.
> **오답 풀이** '보기가 좋고 끌리는 데가 있다.'는 '탐스럽다'의 뜻풀이이다.

14 '내재적 관점'은 작품 내부의 요소에 주목하여 작품을 감상하는 방법이므로 '내재적 관점'으로 감상한 친구는 시에서 반복되는 표현, 화자가 사용한 표현 방법 등 작품 자체에 드러난 내적 요소만을 고려하여 감상한 '은주'이다.

01 해설 참조	**02** 일편단심	**03** 낙락장송
04 무릉도원	**05** 사설시조	**06** 해학
07 홍진	**08** 풍류	**09** 백이숙제
10 ㉡	**11** ㉢	**12** ㉠
13 ①	**14** ①	

01 해설 참조	**02** 촉진하기	**03** 조잡하게
04 퇴락한	**05** 즐비하게	**06** 터득할
07 ㉠	**08** ㉢	**09** ㉡
10 ㉣	**11** 원천	**12** 설
13 ⑤	**14** ⑤	**15** ①

01

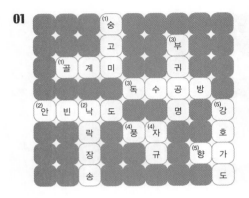

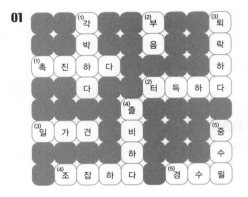

04 살기가 아주 좋은 마을임을 비유하는 표현이어야 하므로 '사람들이 꿈꾸는 이상적인 곳을 비유적으로 이르는 말.'인 '무릉도원'이 적절하다.

05 사설시조는 초장·중장이 제한 없이 길며, 종장도 길어진 시조로, 현실에 대한 풍자와 해학이 드러나는 경우가 많다.
오답 풀이 '향가'는 주로 승려나 화랑이 지은 것으로, 향찰로 기록한 신라 때의 노래이다.

10 조선 전기 자연에서 꿈꾸는 이상을 노래했던 것은 '강호가도'이다. '강호가도'는 조선 시대에 벼슬을 하지 않고 산속에 묻혀 살면서 자연에서 한가롭게 생활하는 삶의 정서를 표현한 것이 많다.

13 신라 시대에 향찰로 기록된 노래는 '향가'이다. 「제망매가」는 10구체 향가로 불교적 성격을 띤다.
오답 풀이 ② '판소리'는 소리꾼과 고수(북치는 사람)가 음악적 이야기를 엮어가며 풀어 나가는 장르이다.
③ '평시조'는 삼장 형식으로 이루어진 가장 기본적이고 대표적인 시조이다.

14 '임이 없이 홀로 있는 방'의 의미를 가장 잘 나타낼 수 있는 한자 성어는 '홀로 지내는 것.'이라는 뜻의 '독수공방'이다.

06 교육을 통해 금융 지식을 알게 만든다는 의미이므로 '깊이 생각하여 이치를 깨달아 알아내다.'라는 뜻의 '터득하다(터득할)'가 적절하다.

12 고전 수필 가운데 우화적인 이야기를 제시한 후 그에 대한 글쓴이의 견해나 의견을 표현하는 형식으로 쓰인 것은 '설'이다. '경수필'과 '중수필'은 현대 수필에 속한다.

13 축하 인사를 보냈다고 했으므로 '사람이 죽었다는 것을 알리는 말이나 글.'이라는 뜻의 '부음'은 적절하지 않다. '좋은 소식.'이라는 뜻의 '희소식'을 쓸 수 있다.

14 ①~④는 서로 뜻이 비슷한 어휘끼리 짝지어져 있지만, '청승맞다'는 '궁상스럽고 처량하여 보기에 몹시 언짢다.'라는 뜻이고 '칠칠맞다'는 주로 '못하다', '않다'와 함께 쓰여 '주접이 들지 아니하고 깨끗하고 단정하다.'를 속되게 이르는 말이므로 서로 의미 관계를 지니지 않는다.

15 ②~⑤의 '각박하다'는 '인정이 없고 삭막하다.'의 뜻으로 쓰였으나 ①의 '각박하다'는 '땅이 거칠고 기름지지 아니하다.'의 뜻으로 쓰였다.

0**6**일 1주차 종합 문제

40~44쪽

01 (1) 설의법 (2) 도치법 (3) 대구법 (4) 열거법
(5) 영탄법 **02** ④ **03** (2) ○
04 (2) ○ **05** ② **06** ①
07 ⑤ **08** ② **09** ⑤

어휘 로 수능 연습하기

10 ② **11** ① **12** ③
13 ②

01 (1) '잊힐 리 없다.'라는 생각을 의문형으로 바꾸어 그 의미를 강조하고 있으므로 '설의법'이다.
(2) '나의 집을'이 '나는 지으리' 앞에 있어야 올바른 어순이지만 어순을 바꾸어 표현하고 있으므로 '도치법'이다.
(3) '~같이'로 끝나는 비슷한 문장 구조를 짝지어 표현하고 있으므로 '대구법'이다.
(4) '추억, 사랑, 쓸쓸함, 동경, 시, 어머니'라는 어휘를 나열하고 있으므로 '열거법'이다.
(5) '아아'라고 탄성을 내지르며 슬픔을 드러내고 있으므로 '영탄법'이다.

02 '풍년'은 '양이나 소득이 매우 많은 경우.'이고 '흉년'은 '양이나 소득이 매우 적은 경우.'이므로 이 둘은 반의 관계이다. 이와 같은 의미 관계를 지니는 것은 '교만하다 : 겸손하다'이다.
오답 풀이 ①, ②, ③, ⑤ 유의 관계이다.

03 잡스럽고 수준이 낮았다는 의미이므로 '말이나 행동, 솜씨 등이 거칠고 잡스러워 품위가 없다.'라는 뜻의 '조잡하다'가 적절하다.
오답 풀이 '빗살처럼 줄지어 빽빽하게 늘어서 있다.'는 '즐비하다'의 뜻풀이이다.

04 학생들의 주의를 끌었다는 의미이므로 '주의나 여론, 생각 등을 불러일으키다.'라는 뜻의 '환기하다'가 적절하다.

05 아이가 말씨나 행동이 빈틈없다는 의미이므로, '말이나 행동 등을 시원스럽게 하지 못하고 꼬물거리다.'라는 뜻의 '아물거리다'는 적절하지 않다.

06 '무관심하게'는 '관심이나 흥미가 없게.'라는 뜻으로 자신도 모르게 하는 것이 아니라 의도를 가지고 하는 것이므로 '아무런 생각이 없어 스스로 깨닫지 못하는 사이.'라는 뜻의 '무심결에'와 바꿔 쓸 수 없다. 제시된 문장에서는 '무심코' 등으로 바꿔 쓸 수 있다.

07 첫 번째 문장에서 바닥에 떨어진 돈을 아무렇지 않게 얼른 줍는 모습은 '천연덕스러웠다'가 적절하다. 두 번째 문장에서 거대한 폭포에서 느낄 수 있는 것으로는 '숭고미'가 적절하다. 세 번째 문장에서 푸른 풀밭에서 소들이 한가롭게 풀을 뜯는 풍경은 '목가적'인 느낌이 적절하다.
오답 풀이 '비장미'는 '인간의 의지가 현실적 상황에 부딪혀 좌절될 때 느껴지는 아름다움.'을 뜻한다.
'해학적'은 '익살스럽고도 품위가 있는 말이나 행동.'을 뜻한다.

08 첫 번째 문장에는 '부귀공명', 두 번째 문장에는 '일편단심', 세 번째 문장에는 '독수공방', 네 번째 문장에는 '안빈낙도'가 적절하다.

09 ㉤은 '고요하고 쓸쓸하다.'라는 뜻이다.
오답 풀이 '인정이 없고 삭막하다.'는 '각박하다'의 뜻풀이이다.

어휘 로 수능 연습하기

[10~11] 길

▶ **어휘 체크**
□ 돌담: 돌로 쌓은 담.
□ 굳다: 흔들리거나 바뀌지 아니할 만큼 힘이나 뜻이 강하다.
□ 드리우다: 빛, 어둠, 그늘, 그림자 등이 깃들거나 뒤덮이다. 또는 그렇게 되게 하다.
□ 더듬다: 잘 보이지 않는 것을 손으로 이리저리 만져 보며 찾다.

◉ **글의 주제**
참된 자아의 회복과 현실 극복 의지

◉ **어휘로 지문 이해하기**
현대시에서는 화자의 태도를 묻는 문제가 자주 출제되므로 이와 관련하여 자주 나오는 어휘의 뜻을 알아두면 좋다. 이 시에서 화자는 문이 '굳게' 닫힌 '돌담' 길을 걸어가며 잃어버린 물건을 찾고 있다. 이때 '부끄럽게'와 같은 시어와 관련지어 화자는 '성찰적' 태도를 지니고 있음을 파악한다면 문제를 푸는 것도 한결 쉬워질 것이다.

10 이 시의 화자는 무언가를 잃어버린 부정적 상황 속에서 자신의 삶을 되돌아보고 있다. '쳐다보면 하늘은 부끄럽게'에서 화자가 자기 성찰을 하고 있음을 알 수 있다.

11 ㉠은 '빛, 어둠, 그늘, 그림자 등이 깃들거나 뒤덮이다. 또는 그렇게 되게 하다.'라는 뜻으로 길에 그림자가 깔렸다는 의미이다. 따라서 ① '깔고'가 적절하다.

'어휘'로 수능 연습하기

> **[12~13] 율리유속**
>
> ▶ 어휘 체크
> □ 공명: 공을 세워서 자기의 이름을 널리 드러냄. 또는 그 이름.
> □ 부귀: 재산이 많고 지위가 높음.
> □ 삼공: 의정부에서 국가 주요 정책을 결정하는 일을 맡아보던 세 벼슬. 영의정, 좌의정, 우의정을 이른다.
> □ 운치: 고상하고 우아한 멋.
> □ 세도가: 정치상의 권세를 휘두르는 사람. 또는 그런 집안.
> □ 필마: 말 한 필의 말.
>
> ● 글의 주제
> 자연 속에서 유유자적하게 풍류를 즐기는 삶에 대한 만족감
> ● 어휘로 지문 이해하기
> 고전 시가에서 화자의 태도를 묻는 경우 작자층이 평민인지 양반인지, 양반이라면 화자가 자연 속에 머물고 있는지 귀양을 가 있는지 등을 먼저 살피는 것이 좋다. 특히 벼슬을 뒤로 하고 자연 속에 머물며 한가함을 즐기는 화자의 태도와 관련하여 속세를 뜻하는 '홍진'과 이와 대비되는 자연을 가리키는 말을 구분할 수 있어야 하고, 화자의 자연 친화적이고 한가로운 태도와 관련되는 '풍류', '강호가도', '안빈낙도', '음풍농월'과 같은 어휘도 알아 두는 것이 좋다.

12 '내 몸을 내마저 잊었는데 남이 아니 잊으랴'는 물음의 형식을 통해 화자의 심리를 드러내고 있다.

13 이 시의 화자는 벼슬을 떠나 자연 속에서 유유자적하는 삶을 살고 있다. '홍진'은 번거롭고 속된 세상을 비유적으로 이르는 말이다.

2주차

07일 현대 소설과 관련한 어휘 ❶ 51~53쪽

01 해설 참조 　**02** 혈혈단신 　**03** 칠흑
04 타향살이 　**05** 길조 　**06** 너끈하다
07 여지없는 　**08** 적적해하는 　**09** ⓒ
10 ⓛ 　**11** ㉠ 　**12** ③
13 ② 　**14** ⑤

01

⑥규	헛	⑧개	성	적	인	물	벼	락
세	명	고	전	타	삭	막	하	다
장	간	하	하	③일	소	설	만	들
길	소	문	다	령	판	리	오	기
조	녀	진	마	이	가	가	름	근
이	끈	엄	⑦복	다	름	다	퇴	로
동	하	마	선	실	하	⑤반	환	헛
④괴	이	하	다	없	다	사	기	락

05 대나무에 꽃이 피는 일이 드물어 꽃이 피면 좋게 보았다고 했으므로 '좋은 일이 있을 조짐.'이라는 뜻의 '길조'가 적절하다.

07 어떻게 해도 변명할 수 없다는 의미이므로 '더 어찌할 나위가 없을 만큼 가차 없다. 또는 달리 어찌할 방법이나 가능성이 없다.'라는 뜻의 '여지없는'이 적절하다.
오답 풀이 '유례없다'는 '같거나 비슷한 예가 없다.'라는 뜻이다.

12 '망그러진 꽃묶음'은 소녀의 죽음을 암시한다고 하였는데, 이처럼 앞으로 일어날 사건에 대하여 미리 독자에게 넌지시 암시하는 것을 복선이라고 한다.

13 '문기'와 같이 사회나 집단의 보편적 성격을 대변하기보다는 인물 고유의 독자적인 성격을 지닌 인물을 개성적 인물이라고 한다. '수만'과 같이 작품 속에서 성격이 변함없이 일관된 인물을 평면적 인물이라고 한다.

14 업무가 많아 한 달 내내 야근을 하게 되면 일찍 퇴근하는 날이 거의 없을 것이다. 따라서 '보통 있는 일.'을 이르는 말인 '다반사'는 적절하지 않다.

01 해설 참조	**02** 무상하다	**03** 애달픈
04 비굴하지	**05** 야멸차게	**06** ㉡-㉣
07 ㉠-㉤	**08** ㉢-㉮	**09** ○
10 ×	**11** ×	**12** ④
13 ③	**14** ⑤	

01

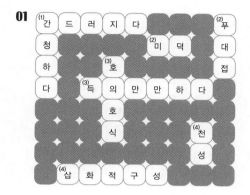

12 '나'는 교내 토론회에서 우승을 했으니 뽐내며 들어왔을 것이다. 따라서 '일이 뜻대로 되어 뽐내는 기색이 가득하다.'라는 뜻의 '득의만만하다'의 활용형 '득의만만해'가 적절하다.

오답 풀이 ⑤ '의기소침하다'는 '기운이 없어지고 풀이 죽은 상태이다.'를 뜻하는 말이다.

13 첫 번째 문장에서는 '종류나 성질이 다른 것을 구별하여 가르다.'라는 뜻의, 두 번째와 세 번째 문장에서는 '바른 생각이나 판단을 하다.'라는 뜻의 '분별하다'가 적절하다.

오답 풀이 ① '기별하다'는 '다른 곳에 있는 사람에게 소식을 전하다.'라는 뜻이다.
④ '분석하다'는 '얽혀 있거나 복잡한 것을 풀어서 개별적인 요소나 성질로 나누다.'라는 뜻으로 첫 번째 문장에 쓰기에 적절하지 않다.
⑤ '선별하다'는 '가려서 따로 나누다.'라는 뜻으로 어떤 것을 골라낼 때 주로 사용한다.

14 '간드러지다'는 '목소리나 맵시 등이 사람의 마음을 움직일 만큼 예쁘고 애교가 있으며, 멋들어지게 보드랍고 가늘다.'라는 뜻이므로 '거칠다'와 바꿔 쓸 수 없다.

---

01 해설 참조	**02** 피란민	**03** 공습
04 사상범	**05** 창공	**06** (2) ○
07 (2) ○	**08** (1) ○	**09** ㉢
10 ㉡	**11** ㉠	**12** ①
13 ②	**14** ④	

01

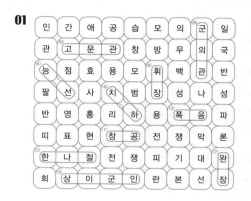

08 '해방'은 우리나라의 광복을 의미하므로 (1)의 뜻이 적절하다.

09 작품과 현실 세계와의 관계에 초점을 두고 작품에 당대 현실이 어떻게 반영되었는지에 주목하여 감상하는 관점은 '반영론'이다.

10 작품과 작가와의 관계에 초점을 두고 작품에 작가의 성장 환경이나 작품 경향에 주목하여 감상하는 관점은 '효용론'이다.

11 작품과 독자와의 관계에 초점을 두고 독자가 작품에서 느끼는 교훈이나 감동에 주목하여 감상하는 관점은 '효용론'이다.

12 '어떤 나라나 사람에게 다스림을 당하는 상황.'이라는 뜻의 '치하'가 적절하다.

13 '군대에서 다친 군인들을 치료해 주는 의사의 일을 하는 장교.'라는 뜻의 '군의관'이 적절하다. 유의어로는 '군의', '의무관', '의무 장교'가 있다.

14 1시간 만에 금세 작업을 마쳤다고 하였으므로 '하루 낮의 절반.'이라는 뜻의 '한나절'은 적절하지 않다.

01 해설 참조	**02** 시비	**03** 장안
04 혼백	**05** ×	**06** ○
07 ○	**08** ×	**09** ㉠-㉣
10 ㉡-㉠	**11** 계책	**12** 의관
13 삼정승	**14** ①	**15** ⑤

01 해설 참조	**02** 불미스러운	**03** 피력하고
04 윤허하고	**05** 잠입한	**06** 상책
07 원작	**08** 방백	**09** 쑥대밭
10 이실직고	**11** (2) ○	**12** (2) ○
13 ⑤	**14** ③	

01

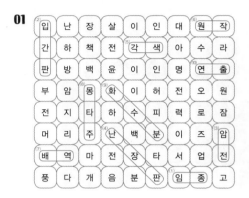

01

09 판소리 사설이 고전 소설로 정착된 작품은 '판소리계 소설'로 『심청전』이 있다.

10 영웅적인 인물을 주인공으로 하여 그가 전쟁에서 활약하는 이야기를 주요 내용으로 하는 고전 소설 유형은 '영웅 군담 소설'로 『박씨전』이 있다.

11 사기꾼이 꾀를 부려 전 재산을 날렸다는 의미이므로 '어떤 일을 이루기 위하여 꾀나 방법을 생각해 냄. 또는 그 꾀나 방법.'이라는 뜻의 '계책'이 적절하다.

12 날씨가 더워도 옷을 갖추어 입었다는 의미이므로 '남자의 웃옷과 갓이라는 뜻으로, 남자가 정식으로 갖추어 입는 옷차림을 이르는 말.'인 '의관'이 적절하다.

13 영의정, 우의정, 좌의정을 이르는 말은 '삼정승'이다.

14 부모로서 키우고 보살피는 자녀가 몇 명인지를 묻는 의미이므로 '부모가 자식을 키우고 보살피는 상태.'라는 뜻의 '슬하'가 적절하다.

15 '편집자적 논평'은 작품 밖 '서술자'가 작품에 직접 끼어들어 사건이나 등장인물에 대하여 평가하거나 정서를 표출하는 방법을 말한다.

06 감기에 걸리지 않도록 예방하는 것이 최선이라는 의미이므로 '가장 좋은 대책이나 방법.'이라는 뜻의 '상책'이 적절하다.

오답 풀이 '하책'은 '가장 나쁜 대책이나 방책.'을 뜻한다.

07 영화로 각색되기 전의 원래 작품인 소설도 영화와 같이 인기를 끌었다는 의미이므로 '연극이나 영화의 대본으로 만들거나 다른 나라 말로 고치기 전의 원래 작품.'이라는 뜻의 '원작'이 적절하다.

08 관객에게는 들리고 상대 배우에게는 들리지 않는다고 설정된 대사는 '방백'이다.

오답 풀이 '독백'은 '배우가 상대역 없이 혼자 말하는 행위. 또는 그런 대사.'라는 뜻이다.

13 배우의 얼굴을 크게 나타내는 기법은 '클로즈업'이다.

14 ㉠에는 '영화나 연극, 드라마 등에서, 역할을 나누어 배우에게 맡기는 일. 또는 그 역할.'이라는 뜻의 '배역'이 적절하다. ㉡에는 '연극에서, 무대를 어둡게 한 상태에서 무대 장치나 장면을 바꾸는 일.'이라는 뜻의 '암전'이 적절하다.

01 (1) 반영론 (2) 표현론 (3) 효용론	**02** ④	
03 ①	**04** ②	**05** ①
06 ③	**07** ①	**08** (2) ○
09 (2) ○	**10** ①	**11** ⑤

'어휘'로 수능 연습하기 **12** ④ **13** ②

14 ③ **15** ⑤

01 (1)은 작품이 지어진 당대 현실을 고려하였으므로 '반영론'이 적절하다. (2)는 작가가 어떠한 사람인지에 주목하였으므로 '표현론'이 적절하다. (3)은 독자에게 주는 교훈에 집중하여 감상하였으므로 '효용론'이 적절하다.

02 '상책'은 '가장 좋은 대책.', '하책'은 '가장 나쁜 대책.'이라는 뜻이므로 '상책'과 '하책'은 반의 관계이다. 이와 같은 의미 관계를 지닌 것은 '길조 : 흉조'이다.
오답 풀이 ①, ②, ③, ⑤ 유의 관계이다.

03 '삭막하다'는 '쓸쓸하고 막막하다.'라는 뜻이고, '비굴하다'는 '용기나 줏대가 없이 남에게 굽히기 쉽다.'라는 뜻이므로 서로 의미 관계를 지니지 않는다.
오답 풀이 ②, ③, ④, ⑤ 유의 관계이다.

04 '임기응변'은 '그때그때의 상황에 맞게 바로 결정하거나 처리함.'이라는 뜻의 한자 성어로, '토대를 탄탄하게 쌓아 놓은 것'과는 거리가 멀다.

05 사람을 꾀는 목소리라는 의미이므로 '임금이 신하의 청을 허락하다.'라는 '윤허하다'는 적절하지 않다. '목소리나 맵시 등이 사람의 마음을 움직일 만큼 예쁘고 애교가 있으며, 멋들어지게 보드랍고 가늘다.'라는 뜻의 '간드러지다(간드러진)'가 더 적절하다.
오답 풀이 ④ '상부상조'는 '서로서로 도움.'이라는 뜻이다. 서로 돕는 관습은 '악덕'보다 '미덕'이 더 적절하다.

06 '밥 먹는 장면', '가방을 메고 현관문을 나서는 장면'을 각각 촬영한 후 이어 붙이는 것이므로 따로 따로 촬영한 장면을 떼어 붙여 하나의 새로운 장면으로 만드는 기법인 '몽타주'가 적절하다.

07 첫 번째 문장은 '도량이 좁고 간사한 사람'인 '소인'과 '행실이 점잖고 어질며 덕과 학식이 높은 사람.'인 '군자'를 대비적으로 설명하고 있다. 두 번째 문장에서 '성인군자'는 '성품이 뛰어나고 덕과 학식이 높아 많은 이들이 본받을 만한 사람.'이라는 뜻이다.

10 치킨 한 마리를 혼자서 다 먹는 것이 어렵지 않다는 의미이므로 '만족하다'라는 뜻은 적절하지 않다. ①의 '너끈하다'는 '모자람이 없이 넉넉하다.'라는 뜻으로 쓰였다.

11 '판가름하다'는 '옳고 그름이나 우열 등을 판단하여 가르다.'라는 뜻이므로, 현대사의 아픔을 판가름한다는 표현은 적절하지 않다.

'어휘'로 수능 연습하기

[12~13] 박씨전

▶ **어휘 체크**
□ 가소롭다: 같잖아서 우스운 데가 있다.
□ 화친: 나라와 나라 사이에 다툼 없이 가까이 지냄.
□ 애걸하다: 소원을 들어달라고 애처롭게 빌다.

◉ **글의 주제**
박씨 부인의 영웅적 기상과 재주

◉ **어휘로 지문 이해하기**
「박씨전」은 실제 역사 속 전쟁의 패배(병자호란)로 인한 패배감을 극복하고자 창작된 '영웅 군담 소설'이다. 이때 지문에서 주인공은 여성 영웅인 박씨이며, '시비' 계화 역시 실력을 겸비한 여성으로 박씨를 전적으로 돕고 있음을 알 수 있을 것이다. 또한 오랑캐 장수들은 조선과 '화친'을 맺었음에도 조선을 침범하였고, 박씨와 계화를 '가소롭게' 여기다가 도리어 '애걸하는' 입장이 됨을 이해한다면 지문을 쉽게 이해할 수 있을 것이다.

12 윗글은 박씨라는 주인공이 오랑캐를 물리치는 이야기를 중심으로 한 영웅 군담 소설에 해당한다.
오답 풀이 ① 「박씨전」은 판소리계 소설이 아니며, 운문체도 쓰이지 않았다.
② '그제야 오랑캐 장수들이 황겁하여 아무리 생각하여도 모두 함몰할지라.'에서 편집자적 논평이 드러나나, 주인공의 활약상을 평가하고 있지는 않다.

③ 등장인물의 독백은 드러나지 않으며, 주인공인 박씨는 내적 갈등을 겪고 있지도 않다.
⑤ 내부 이야기와 외부 이야기가 나오는 액자식 구성으로 전개되고 있지 않다.

13 박씨는 계화에게 자신이 하고 싶은 말을 대신하게 하고 있는데 이는 계화가 박씨의 시녀이기 때문이다. 따라서 ㉠에는 '곁에서 시중을 드는 계집종.'이라는 뜻의 '시비'가 들어가는 것이 적절하다.

어휘 로 수능 연습하기

[14~15] 태평천하

▶ **어휘 체크**

□ 인력거: 사람이 끄는, 바퀴가 두 개 달린 수레. 주로 사람을 태움.

□ 간드러지다: 목소리나 맵시 등이 마음을 움직일 만큼 예쁘고 애교가 있으며, 멋들어지게 보드랍고 가늘다.

□ 경망스럽다: 행동이나 말이 가볍고 조심성 없는 데가 있다.

□ 역정: 몹시 언짢거나 못마땅하여서 내는 성.

□ 농: 실없이 놀리거나 장난으로 하는 말.

◑ **글의 주제**

일제 강점기 한 지주 집안의 세대 간 갈등과 가족의 붕괴

◑ **어휘로 지문 이해하기**

「태평천하」는 구한말에서 일제 강점기에 이르러, 윤 직원 일가의 타락한 삶과 몰락 과정을 그리는 소설이다. '인력거'라는 어휘에서 시대적 배경을 읽고, 윤 직원이 '간드러지게' 염낭끈을 푸는 점잖은 사람인 듯 보여도 실제로는 인력거 삯을 주지 않으려고 '역정'을 내는 사람임을 파악한다면 지문의 내용도 쉽게 이해할 수 있다.

14 '윤 직원'은 방언을 사용하고 있는데 이를 통해 대상을 우스꽝스러운 존재로 희화화하고 있다.

오답 풀이 ① '윤 직원'과 '인력거꾼'의 갈등은 해소되지 않았다.
② '윤 직원'은 부정적 인물이다.
④ 쓸쓸하고 적적한 분위기는 연출되고 있지 않다.
⑤ 인물의 잘못에 대해 서술자가 판단하고 있으나, 관찰자가 아닌 소설 밖 전지적 시점의 서술자이다.

15 '간드러지다'는 '목소리나 맵시 등이 사람의 마음을 움직일 만큼 예쁘고 애교가 있으며, 멋들어지게 보드랍고 가늘다.'라는 뜻이다.

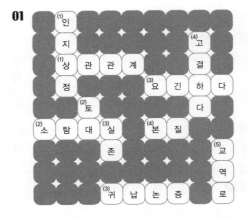

01 해설 참조	**02** 개연성	**03** 전유물
04 사회주의	**05** 불협화음	**06** 홍익인간
07 가설	**08** 실존	**09** 초안
10 ㉠-㉺	**11** ㉢-㉭	**12** ㉡-㉣
13 ④	**14** ②	

01

10 지구와 화성의 환경이 비슷하다는 점을 근거로 화성에도 지구와 같이 생물이 살 것이라고 추론하였으므로 '유추'이다.

11 '소크라테스', '플라톤', '아리스토텔레스'라는 사람이 죽었다는 구체적 사실로부터 '모든 사람은 죽는다.'와 같은 일반적인 결론을 이끌어 내었으므로 '귀납 논증'이다.

12 '모든 사람은 죽는다.'와 같은 일반적인 원리로부터 '소크라테스'라는 특정한 사람이 죽는다는 개별적인 사실을 이끌어 내었으므로 '연역 논증'이다.

13 어려움에 처한 사람을 보면 도움을 주고 싶은 마음이 생기는 것처럼 '사람이면 누구나 가지는 보통의 마음.'은 '인지상정'이다.

14 주변 사람들이 그를 손가락질한다고 하였으므로 '성품이나 인격이 매우 훌륭하고 깨끗하다.'라는 뜻의 '고결하다'는 적절하지 않다.

01 해설 참조	**02** 함양하기	**03** 충만한
04 겸허하게	**05** 돈독한	**06** 타파함
07 ㉠	**08** ㉣	**09** ㉡
10 ㉢	**11** ×	**12** ○
13 ○	**14** ×	**15** ②
16 ⑤	**17** ①	

01 해설 참조	**02** 과반수	**03** 공익
04 집회	**05** 유기체	**06** 저개발 국가
07 ㉢	**08** ㉠	**09** ㉡
10 ㉣	**11** 제국주의	**12** 낙관론자
13 블루 오션	**14** ③	**15** ⑤
16 ⑤		

01

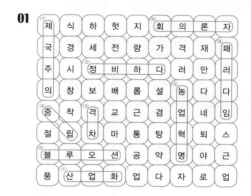

11 '어떤 일을 하기에 때가 이름.'이라는 뜻의 '시기상조'는 적절하지 않다. '무엇인가를 해야 하는 때를 놓친 후에야 뒤늦게 대책을 세움을 이르는 말.'이라는 뜻의 '사후 약방문'이 더 적절하다.

15 '어떤 일을 해낼 수 있는 힘.'이라는 뜻의 '역량'은 '능력'과 바꿔 쓸 수 있다.

오답 풀이 ③ '우상'은 '신처럼 숭배의 대상이 되는 물건이나 사람.'이라는 뜻이다.

16 '어떤 목표에 이르기 위해 시도와 실패를 되풀이하면서 점점 알맞은 방법을 찾는 일.'이라는 뜻의 '시행착오'가 적절하다.

오답 풀이 ② '괄목상대'는 '남의 학식이나 재주가 놀랄 만큼 부쩍 늚을 이르는 말.'이다.

17 머리칼을 정리한다고 하였으므로 '일이나 생각 등을 수습하여 처리하다.'라는 뜻의 '추스르다'는 적절하지 않다. '정신, 건강, 생각, 마음 등을 바로 차리거나 다잡다.' 또는 '태도나 매무새 등을 바르게 하다.'라는 뜻의 '가다듬다'가 적절하다.

오답 풀이 ③ '품격'은 '사물 등에서 느껴지는 품위.'라는 뜻이다.

07 '삼베, 무명 등의 천을 짜는 틀.'이라는 뜻의 '베틀'은 사람이 직접 천을 짜게 되어 있으므로 '산업화' 이후에 자취를 감췄을 것이다.

11 서구의 열강들이 식민지를 개척하던 시기는 다른 나라나 민족을 침략하여 거대한 국가를 건설하려는 경향이 짙었을 때이므로 '제국주의'가 적절하다.

12 그는 어떤 일이 있어도 희망적으로 생각했기에 미소를 지을 수 있었을 것이다. 따라서 '낙관론자'가 적절하다.

13 경쟁자가 별로 없어 성공 확률이 높은 시장은 '블루 오션'이다.

14 조직의 체계를 정리했다는 의미이므로 '흐트러진 체계를 정리하여 제대로 갖추다.'라는 뜻의 '정비하다(정비했다)'와 바꿔 쓸 수 있다.

15 유통 구조를 세우겠다는 의미이므로 '체계나 견해, 조직 등을 확실하게 세우다.'라는 뜻의 '확립하다(확립하기)'와 바꿔 쓸 수 있다.

01 해설 참조	02 ㉣	03 ㉢
04 ㉡	05 ㉠	06 필수불가결
07 재해	08 이윤	09 사회 통념
10 임금	11 사각지대	12 공급
13 ③	14 ③	

01

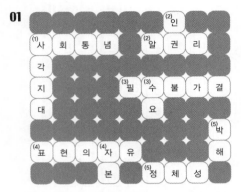

10 노동자 측과 회사 측에서 봉급 인상에 대해 논의하였을 것이므로 '근로자가 노동의 대가로 사용자에게 받는 보수.'라는 뜻의 '임금'이 적절하다.

　오답 풀이 '환율'은 '자기 나라 돈을 다른 나라 돈으로 바꿀 때의 비율.'이라는 뜻이다.

11 인명 피해가 없도록 안전하지 않아 보이는 곳을 꼼꼼히 둘러보겠다는 의미이므로 '관심이나 영향이 미치지 못하는 구역을 비유적으로 이르는 말.'인 '사각지대'가 적절하다.

12 장미를 재배하는 사람이 많아지는 것이므로, '교환하거나 판매하기 위하여 시장에 물품이나 서비스를 제공하는 일.'이라는 뜻의 '공급'이 적절하다.

13 외래 문화 도입으로 우리 민족의 특성이 모호해졌다는 의미이므로 '희소성'보다는 '어떤 존재의 변하지 않는 원래의 특성을 깨닫는 성질.'이라는 뜻의 '정체성'이 더 적절하다.

14 ㉠에는 '개인이 정치·사회적 현실이나 국가 정책에 대한 정보 등을 자유롭게 알 수 있는 권리.'라는 뜻의 '알 권리'가 적절하고 ㉡에는 '자신의 생각이나 의견, 주장 등을 억압 없이 외부에 나타낼 수 있는 자유.'라는 뜻의 '표현의 자유'가 적절하다.

01 해설 참조	02 웅대한	03 착안한
04 경건한	05 재현한	06 기법
07 변주	08 채광	09 선율
10 독자성	11 비약적	12 ①
13 ⑤	14 풍속화	

01

⁽¹⁾피	사	체	다	⁽⁴⁾독	국	어	벼	락
세	사	고	전	가	불	⁽³⁾통	탕	
체	풍	습	화	소	소	성	만	⁽⁴⁾찰
마	창	⁽⁶⁾거	장	악	가	리	⁽⁵⁾구	들
이	틈	엄	마	현	격	동	현	근
고	장	⁽⁸⁾비	마	격	적	하	조	
동	만	약	지	⁽²⁾태	동	하	다	근
⁽⁷⁾현	학	적	음	격	격	실	⁽²⁾변	주

09 피아노 소리가 들렸다는 의미이므로 '소리의 높낮이가 길이나 리듬과 어울려 나타나는 음의 흐름.'이라는 뜻의 '선율'이 적절하다.

　오답 풀이 박자는 '음악적 시간을 구성하는 기본적 단위.'를 뜻한다.

10 비디오 아트만의 구별되는 특성을 살렸다는 의미이므로 '다른 것과 구별되는 혼자만의 특유한 성질.'이라는 뜻의 '독자성'이 적절하다.

11 경력이 짧은데도 감각이 뛰어나 급진적인 성장을 이루었다는 의미이므로 '지위나 수준 등이 갑자기 빠른 속도로 높아지거나 향상되는 것.'이라는 뜻의 '비약적'이 적절하다.

12 '나타내다'는 '어떤 내용을 구체적인 사실로 나타내게 하다.'라는 뜻의 '구현하다(구현하였다)'와 바꿔 쓸 수 있다.

13 '지나치게 어렵다'는 '배워서 얻은 지식이 많음을 자랑하고 뽐내는 것.'이라는 뜻의 '현학적(현학적이어서)'와 바꿔 쓸 수 있다.

14 당대 사람들의 생활상이나 전해 오는 생활 전반에 걸친 습관 등을 그린 그림은 '풍속화'이다.

01 (1) 착안하여 (2) 재현하여 (3) 구현할

02 ② **03** ① **04** ①

05 ④ **06** ④ **07** ③

08 ③ **09** ④ **10** ⑤

어휘로 수능 연습하기 **11** ⑤ **12** ④

13 ④ **14** ④

01 (1)에서는 카메라가 눈의 구조를 단서로 발명되었다는 의미이므로 '착안하여'가 가장 적절하다. (2)에서는 과거의 모습을 영상에 다시 나타내었다는 의미이므로 '재현하여'가 가장 적절하다. (3)에서는 일제 강점기 당시의 민족적 저항 정신을 구체적으로 나타나게 할 목적으로 소설을 창작했다는 의미이므로, '구현할'이 가장 적절하다.

02 아직 평가를 내리기에는 이르다고 말하는 상황이므로 '어떤 일을 하기에 아직 때가 이름.'이라는 뜻의 '시기상조'가 적절하다.

03 팀원 간 관계가 나쁘다는 소문은 사실이 아니라고 해명하는 상황이므로 '어떤 집단 내의 사람들 사이가 원만하지 않음을 비유적으로 이르는 말.'인 '불협화음'이 적절하다.

04 '입춘', '입하', '입추', '동지' 등은 모두 '절기'에 속한다. '절기'란 '한 해를 스물넷으로 나눈 계절의 표준이 되는 것.'을 말한다.

05 '불황'과 '호황'은 반의 관계이다. 그런데 '산업화'는 산업의 형태가 되는 것을, '도시화'는 도시의 문화 형태가 도시가 아닌 지역으로 발전·확대되는 것을 말하므로 서로 의미 관계를 지니지 않는다.

06 '타파하다'는 '부정적인 규제, 관습, 제도 등을 깨뜨려 버리다.'라는 뜻이므로, 어떤 것이 시작되었다는 뜻으로 쓰기에는 적절하지 않다. '어떤 일이 생기려는 기운이 싹트다.'라는 뜻의 '태동하다'가 더 적절하다.

07 ㉠에는 인터넷 이용자가 인터넷 등에 게시된 자기와 관련된 정보를 지워 달라고 요청할 수 있는 권리인 '잊힐 권리'가 적절하다. 또한, 알 권리가 사회적으로 더 필요하다는 입장이므로 ㉡에는 사회 전체의 이익인 '공익'이 적절하다.

08 '자본'이 첫 번째 문장에서는 '상품을 만드는 데 필요한 생산 수단이나 노동력을 통틀어 이르는 말.'이라는 뜻으로, 두 번째 문장에서는 '장사나 사업 등의 기본이 되는 돈.'이라는 뜻으로 쓰였다.

09 '사각지대'가 첫 번째 문장에서는 사물이 보이지 않게 되는 영역이라는 뜻으로, 두 번째 문장과 세 번째 문장에서는 관심이나 영향이 미치지 못하는 구역이라는 뜻으로 쓰였다.

10 첫 번째 문장은 신선한 발상이 SF 드라마의 새로운 가능성을 열었다는 의미이므로 '지평'이 적절하다. 두 번째 문장은 법과 더불어 사회를 유지하기 위해 필요한 것을 말하고 있으므로 '규율'이 적절하다. 세 번째 문장은 물건을 구하기 힘들어지면 가격이 오를 것이라는 의미이므로 '희소성'이 적절하다. 네 번째 문장은 가족은 하나로 연결된 조직체와 같다는 의미이므로 '유기체'가 적절하다.

어휘로 수능 연습하기

[11~12] 「축생도」에 나타난 1960년대 말의 사회상

▶ **어휘 체크**

☐ 피폐하다: 지치고 쇠약해지다.

☐ 병폐: 오랜 시간에 걸쳐 생긴 잘못과 그로 인한 피해.

☐ 매몰되다: 보이지 않게 파묻히다.

◉ **글의 주제**

「축생도」가 그리고 있는 1960년대 말의 사회적 배경

◉ **어휘로 지문 이해하기**

1960~1970년대를 배경으로 한 문학 작품들은 산업화의 어두운 면을 그린 작품들이 많다. 따라서 이러한 작품을 해석하는 글이나 선택지에서 '피폐', '병폐', '그늘' 등의 어휘에 유의하여 읽으면 글의 관점이나 주제를 이해하는 데 도움이 된다.

11 사회의 경제적 여건은 나아졌으나 농민들의 삶은 피폐해졌다고 하였으므로 가난한 이들과 부유한 이들 간의 격차가 커졌을 것이라고 짐작할 수 있다. 따라서 '한 사회에서 가난한 사람과 부자인 사람이 지니는 재산의 차이.'라는 뜻의 '빈부 격차'가 적절하다.
오답 풀이 ② 지문에서 산업화는 정보 격차와 관련이 없다. ③ ㉠이 가리키는 것은 경제적 여건이 나아졌으나 특정 계층인 농민들의 삶은 피폐해졌다는 내용이다.

12 '자본가'는 '많은 자본금을 가지고 그 돈을 빌려주고 이자를 받거나, 그것으로 노동자를 고용하여 기업을 경영함으로써 이윤을 내는 사람.'을 뜻하므로 '사회적 약자'로 보기 어렵다.

어휘 로 수능 연습하기

[13~14] 보드리야르의 소비 사회에 대한 이론

▶ 어휘 체크
☐ 자본주의: 자본을 생산 수단으로 가진 사람이 이윤을 얻기 위해 생산 활동을 하도록 보장하는 경제 체제.
☐ 대중 매체: 신문, 잡지, 영화, 텔레비전 등과 같이 많은 사람에게 대량으로 정보와 사상을 전달하는 수단.
☐ 추상화: 추상적인 것으로 됨. 또는 그렇게 만듦.

◉ 글의 주제
자본주의 사회에서 사물의 유용성이 아닌 기호 가치 때문에 소비하는 현상에 대한 보드리야르의 이론

◉ 어휘로 지문 이해하기
자본주의, 수요와 공급 등과 같은 기초적인 경제 용어와 함께 물건의 가치에는 '기호'로 '추상화'된 '욕망'이 담겨 있다는 관점을 파악하면 지문을 이해하기 쉽다.

13 2문단에서 대중 매체가 현대인들이 자기도 모르는 사이에 욕구를 갖게 만드는 매개가 된다고 하였을 뿐, 공급 자체가 대중 매체를 매개로 하여 대량으로 제공된다고 하지 않았다.
오답 풀이 ② 1문단에서 소비의 원인은 사물이 상징하는 특정 사회적 지위에 대한 욕구라고 하였다.

14 '불과하다'는 어떤 수량이나 수준에 지나지 않은 상태를 의미한다. 따라서 '바로 그것밖에 달리 되지 아니하다.'라는 뜻의 갖는 관용 표현 '지나지 아니하다.'와 바꿔 쓰는 것이 적절하다.

19일 과학 분야의 글과 관련한 어휘 ❶ 127~129쪽

01 해설 참조	**02** 신진대사	**03** 섬유소
04 유전	**05** 건망증	**06** ㉠
07 ㉢	**08** ㉡	**09** ⑤
10 ①	**11** ⑤	**12** (1) ○
13 (2) ○	**14** 해마	

01
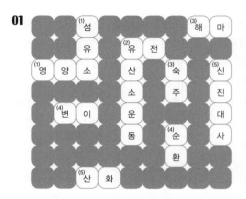

05 서연이가 기록하는 습관을 길러 할 일을 잊지 않으려고 한 것이라는 의미가 되도록 '경험한 일이나 어느 시기 동안의 일을 전혀 기억하지 못하거나 또는 드문드문 기억하기도 하는 기억 장애.'라는 뜻의 '건망증'이 들어가는 것이 적절하다.

10 문맥상 '살균'은 '세균 등의 미생물을 죽임.'이라는 뜻의 '멸균'과 바꿔 쓸 수 있다.

11 '숙주'는 다른 생물에게 영양분을 공급하는 생물이다. 다른 생물의 영양소를 빼앗는 것은 '기생 생물'이다.

12 유산소 운동은 '몸속의 지방을 산화시켜 체중 조절에 효과가 있는 운동.'을 뜻한다. (2)는 '무산소 운동'의 뜻풀이이다.

13 영양소는 '성장 촉진 및 소화, 흡수 등의 생리적 과정에 필요한 에너지를 공급하는 물질.'을 뜻한다. (1)은 '노폐물'의 뜻풀이이다.

14 인상적인 경험이나 반복적인 자극이 있을 때 장기 기억으로 저장되게 하는 데 관여한다고 하였으므로 '해마'가 적절하다.

01 해설 참조	**02** 관측하기	**03** 비례하는
04 입증하기	**05** 정립할	**06** 작용하고
07 ③	**08** ⓒ	**09** ㉠
10 용해	**11** 관성	**12** 마찰력
13 ㉠: 지동설 ⓒ: 공전		**14** 중력

01

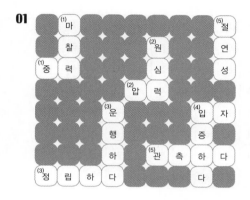

07 밑줄 친 '궤도'는 '행성, 혜성, 인공위성 등이 중력의 영향을 받아 다른 천체의 둘레를 돌면서 그리는 곡선의 길.'이라는 뜻으로 쓰였다. 이와 같은 뜻으로 쓰인 것은 ③이다.
> **오답 풀이** ①, ⑤는 '기차나 전차의 바퀴가 굴러가도록 레일을 깔아 놓은 길.'이라는 뜻으로 쓰였다.
> ②, ④는 '일이 발전하는 본격적인 방향과 단계.'라는 뜻으로 쓰였다.

10 '물질이 액체 속에서 균일하게 녹아 용액이 만들어지는 일.'이라는 뜻의 '용해'가 적절하다.
> **오답 풀이** '용매'는 '어떤 액체에 물질을 녹여서 용액을 만들 때 그 액체를 가리키는 말.'이다.

11 버스가 움직이던 속도로 계속 움직이려는 성질이 작용했기 때문이므로 '관성'이 적절하다.

13 (가)에서 갈릴레이는 지구가 태양 주위를 돈다는 학설을 주장하였으므로 ㉠에는 '지동설'이 적절하다. (나)에서 코페르니쿠스는 태양 주위를 다른 천체들이 도는 모형을 만들었으므로 ⓒ에는 '공전'이 적절하다.

14 물을 높은 곳에서 낮은 곳으로 떨어지게 하는 힘이면서, 암석을 대기권으로 끌어당기는 힘은 '중력'이다.

01 해설 참조	**02** 생장	**03** 교란
04 메탄	**05** 귀소	**06** 경관
07 담수	**08** 열대야	**09** 광합성
10 (2) ○	**11** ⓒ	**12** ㉠
13 ⓒ	**14** ⑤	

01

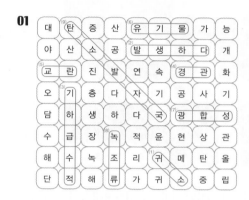

04 소가 트림을 할 때 생기는 기체인 메탄은 기존의 화석 연료를 대체할 에너지로 연구되고 있지만 동시에 지구 온난화를 가속하는 온실가스 중 하나이기도 하다.

05 농가에서 기르는 벌이 집으로 돌아오지 않고 사라지는 현상에 대해 이야기하고 있으므로 '동물이 집이나 둥지로 돌아감.'을 뜻하는 '귀소'가 적절하다.

10 겨우살이는 다른 나무에 뿌리를 내려 함께 살아가면서, 물과 양분이라는 이익을 얻고 있으므로 '서로 다른 종류의 생물이 함께 생활하며, 한쪽이 이익을 얻고 다른 쪽이 해를 입다.'라는 뜻이 적절하다.

14 증산 작용은 식물체 안의 물이 수증기가 되어 공기 중으로 나오는 현상을 말한다. 물이 증발하면서 열을 빼앗기기 때문에 식물체의 열기도 식히고 식물체 주변의 기온도 낮아지는 효과가 생긴다.
> **오답 풀이** ② 반사 작용: 빛이나 전파 등이 다른 물체의 표면에 부딪혀 나아가던 방향이 반대 방향으로 바뀌는 것.
> ③ 운반 작용: 강물, 빙하, 바람, 파도와 같은 자연적인 힘에 의하여 흙이나 모래, 자갈 등의 물질이 다른 곳으로 옮겨지는 작용.
> ④ 자정 작용: 오염된 물이나 땅이 저절로 깨끗해지는 작용.

01 해설 참조	**02** 운영 체제	**03** 증강 현실
04 플랫폼	**05** 클라우드	**06** 송신기
07 동기화	**08** 블록체인	**09** 알고리즘
10 (3) ○	**11** ⑤	**12** ③

01

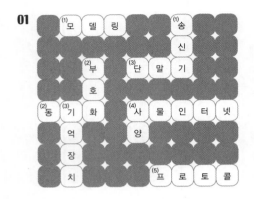

04 사람들이 어떠한 서비스를 쉽게 이용할 수 있도록 하는 온라인 기반 환경은 '플랫폼'이다.

05 온라인상에 여러 문서, 이미지, 파일을 올려 두고 어디서든 자유롭게 열람 및 공유할 수 있는 시스템은 '클라우드'이다.

06 방송을 내보내는 장치이므로 '송신기'가 적절하다.

07 휴대 기기에 저장된 자료가 다른 기기에서도 동시에 작동되도록 하는 기능이므로 '동기화'가 적절하다.

10 '메타버스'는 아바타를 활용해 현실 세계와 같은 사회적·경제적·문화적 활동이 가능한 가상 공간을 뜻한다.

11 매우 많은 양의 정보를 분석하여 부가 가치를 만들고 있다는 의미이므로 '빅 데이터'가 적절하다.

12 밑줄 친 사양과 ③에서의 '사양'은 '설계 구조.'를 이르는 말이다.
오답 풀이 ①, ②의 '사양(辭讓)'은 '겸손하여 받지 않거나 응하지 않음. 또는 남에게 양보함.'이라는 뜻이다.
④, ⑤의 '사양(斜陽)'은 '새로운 것에 밀려 점점 몰락해 감.'이라는 뜻이다.

01 해설 참조	**02** 보급	**03** 접목
04 신축성	**05** 하중	**06** 내구성
07 도입하는	**08** ⓒ	**09** ⓒ
10 ㉠	**11** (2) ○	**12** (3) ○
13 ④	**14** ③	

01

건	접	목	융	비	침	신	축	성
조	편	문	하	중	편	도	자	국
도	논	보	성	집	소	조	명	장
자	핑	사	급	사	소	내	논	착
반	편	테	편	문	도	구	평	하
최	논	집	동	력	자	성	편	다
리	적	어	평	트	력	직	논	집
기	오	화	곡	국	고	하	탄	성

06 저가 제품이 오래 견디지 못하고 금세 망가진다는 의미이므로 물질이 변하지 않고 오래 견디는 성질을 의미하는 '내구성'이 적절하다.
오답 풀이 '내재성'은 '어떤 사물이나 범위 안에 들어 있는 성질.'이라는 뜻이다.

07 키오스크나 로봇과 같은 무인 서비스 기계와 시스템을 가게에 들여왔다는 뜻이므로 '기술, 물자, 이론 등을 들여오다.'라는 뜻의 '도입하다'가 적절하다.
오답 풀이 '도용하다'는 '남의 물건이나 명의를 몰래 쓰다.'라는 뜻이다.

11 전기는 사람이 쓸 수 있는 기계적인 에너지이므로 (2)의 뜻이 적절하다.

12 자동차가 올바르게 움직이도록 조절하기 어려웠다는 의미이므로 (3)의 뜻이 적절하다.

13 백화점의 모든 제품을 할인 판매하였다는 뜻이므로 '범위를 일정한 부분에 한정하다.'라는 뜻의 '국한하다'는 적절하지 않다.

14 적은 비용으로 쉽게 이용할 수 있고 현지의 자원을 활용하는 '적정 기술'이 적절하다.

01 (1) 경관 (2) 알고리즘 (3) 단말기 (4) 숙주
02 (1) 운영 체제 (2) 내구성 (3) 하중 (4) 변이
03 ④　　　**04** ③　　　**05** ⑤
06 ①　　　**07** ⑤　　　**08** ⑤
09 ②

어휘 로 수능 연습하기　　**10** ①　　**11** ③
12 ⑤　　　**13** ①

01 (1) 풍경이 빼어난 사찰을 볼 수 있다는 의미가 되도록 하는 '경관'이 적절하다.
(2) 인공 지능 기반의 규칙이 적용되어 사용자가 원하는 정보가 노출된다는 의미가 되도록 하는 '알고리즘'이 적절하다.
(3) 정보가 실시간으로 출력되는 것이므로 '단말기'가 적절하다.
(4) 기생 식물이 의존하는 생물을 말하고 있으므로 '숙주'가 적절하다.

02 (1) 컴퓨터의 명령어가 전달되는 곳을 말하고 있으므로 '운영 체제'가 적절하다.
(2) 휴대폰이 튼튼해 고장이 적고 오래 사용할 수 있다는 의미이므로 '내구성'이 적절하다.
(3) 자동차의 무거운 무게를 타이어가 견딘다는 의미이므로 '하중'이 적절하다.
(4) 독감 바이러스의 특성에 대해 말하는 상황이므로 '변이'가 적절하다.

03 '오존을 많이 포함하고 있는 대기층.'이라는 뜻의 '오존층'이 적절하다. 오존층은 지상에서 20~25km 정도 떨어져 있으며 인체나 생물에 해로운 태양의 자외선을 잘 흡수하는 성질이 있다.

04 밑줄 친 '정립(定立)하다'는 '정하여 세우다.'라는 뜻이다. 그러나 ③에서는 국제 질서를 바로 세운다는 의미로 쓰였으므로 '바로 서다. 또는 바로 세우다.'라는 뜻을 가진 동음이의어 '정립(正立)하다'이다.

05 '선천적'과 '후천적'은 반의 관계이다. 이와 같은 의미 관계인 것은 '원심력'과 '구심력'이다. '원심력'은 원의 바깥으로 나아가는 힘이고 구심력은 원의 중심으로 나아가려는 힘이다.

06 해충은 농작물에 기생하는 벌레를 의미하므로 '서로 다른 종류의 생물이 함께 생활하며, 한쪽이 이익을 얻고 다른 쪽이 해를 입음.'이라는 뜻의 '기생'이 들어가는 것이 적절하다.

07 첫 번째 문장에는 '신진대사', 두 번째 문장에는 '섬유소', 세 번째 문장에는 '열대야', 네 번째 문장에는 '프로토콜'이 적절하다.

08 가상 세계와 현실 세계의 경계를 초월한 세상을 '메타버스'라고 한다. 또한, 현실 세계에 디지털 요소를 덧입혀 마치 실제로 존재하는 것처럼 보여 주는 방법은 '증강 현실'이다.

09 소셜 커뮤니티 등에서 수집된 방대한 양의 정보를 '빅 데이터'라고 한다. 지방을 산화시키는 운동은 '유산소 운동'이다. 세균을 죽여 없애는 것은 '멸균'이다.

어휘 로 수능 연습하기

[10~11] 지구의 하루는 왜 짧아지는 것일까?

▶ **어휘 체크**
☐ 화석: 아주 옛날에 살았던 생물의 뼈, 활동 흔적 등이 땅속에 묻혀 굳어져 지금까지 남아 있는 것.
☐ 인력: 공간적으로 떨어져 있는 물체끼리 서로 끌어당기는 힘.
☐ 운동량: 물리에서, 운동하는 물체의 질량과 속도를 곱한 양.

◉ **글의 주제**
지구의 자전 주기가 느려지는 현상을 통해 알아보는 지구의 1년의 날수가 짧아지는 이유

◉ **어휘로 지문 이해하기**
산호의 '생장' 속도가 시간대에 따라 다른 것을 보고 지구의 1년의 날수는 줄고 있다는 사실이 밝혀졌다는 점과, 이러한 현상의 원인이 달의 '공전' '궤도'가 늘어나고 지구의 '자전' 속도가 느려지기 때문임을 알면 글을 이해하기 쉽다.

10 산호는 낮과 밤의 생장 속도가 다르다고 했지만, 밤에 생장 속도가 더 빠르다고 하지는 않았다.

오답 풀이 ②, ④ (가)에서 4억 년 전에는 1년이 400일 정도였으며, 웰스는 산호 화석에 나타난 성장선을 세는 방법으로 이를 알아냈다고 하였다.

③, ⑤ (나)에서 지구와 달은 서로의 인력 때문에 '자전 속도'가 줄어들며, 달의 공전 '궤도'가 늘어나는 것으로 운동량이 보존된다고 하였다.

11 (나)에서 지구와 달이 서로의 인력 때문에 자전 속도가 줄어든다고 했으므로, ㉠에 들어갈 어휘는 '자전'이 적절하다.

어휘 로 수능 연습하기

[12~13] 우주에서는 폐수를 어떻게 여과할까?

▶ 어휘 체크
- 등속: 같은 속도.
- 여과하다: 액체 속에 들어 있는 알갱이나 가라앉은 물질을 걸러 내다.

◉ 글의 주제
원심력을 활용해 중력이 낮은 우주 공간에서 폐수를 여과하는 원리

◉ 어휘로 지문 이해하기
'관성'으로 인해 가상의 힘인 '원심력'이 발생할 때, '원심력'을 '중력'처럼 활용할 수 있다는 것이 글의 핵심 내용이다. '원심력', '구심력', '관성' 등 핵심 어휘에 집중해 글을 읽는다면 문제도 쉽게 풀 수 있다.

12 우주 공간은 중력이 거의 없어서, 우주 정거장이 회전하여 만든 원심력으로 우주인을 끌어당긴다고 하였다.

오답 풀이 ①, ② 1문단에서 구심력과 반대 방향인 원심력은 가상의 힘이라고 하였다.

③, ④ 2문단에서 우주인은 원심력을 중력처럼 인식하게 되며, 폐수에도 원심력이 작용하여 우주에서 물을 여과할 수 있다고 하였다.

13 '여과하다'는 '액체 속에 들어 있는 알갱이나 가라앉은 물질을 걸러 내다.'라는 뜻이다. 바꿔 쓸 수 있는 어휘로는 '거르다'가 적절하다.

25일 말하기 상황과 관련한 어휘 165~167쪽

01 해설 참조 **02** ㉢ **03** ㉠

04 ㉠ **05** ㉣ **06** 고수하고

07 조정하는 **08** 일반화 **09** 이해관계

10 일반화 **11** 감성 **12** ④

13 ⑤ **14** ③

01

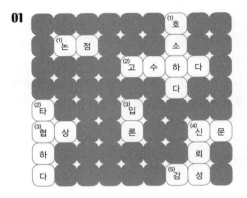

07 사람들의 의견을 모으고 조율한다는 의미이므로 '조정하는'이 알맞다. '호소하다(호소하는)'는 '자신의 어렵거나 억울한 사정을 다른 사람에게 알려 도움을 청하다.'라는 뜻이다.

08 개별적인 결과를 모든 상황에 공통으로 적용할 수 있게 했다는 의미이므로 '일반화'가 알맞다.

12 빈칸에 공통으로 들어갈 어휘는 '자신의 행위에 스스로 책임을 질 자격을 가진 독립된 개인.'이라는 뜻의 '인격'이다.

13 '법률 전문가가 아닌 일반 국민 중에서 뽑혀 재판에 참여하고 판단을 내리는 사람.'은 '배심원'이다.

14 상대방이 토론의 중심이 되는 문제점에서 벗어난다는 의미이므로 '이미 알고 있는 일이 사실인지 거짓인지 확인하기 위해 캐물음.'이라는 뜻의 '신문'은 적절하지 않다. '어떤 문제에 대해 서로 의논하거나 의견을 내며 다툴 때 중심이 되는 문제점.'이라는 뜻의 '논점'을 쓸 수 있다.

01 해설 참조　　**02** ㉢　　**03** ㉡

04 ㉠　　**05** 과장하지　　**06** 구체적인

07 비방한　　**08** ×　　**09** ○

10 ×　　**11** ㉠　　**12** ㉡

13 ㉢　　**14** ②　　**15** ⑤

16 ③

01

⁷⁾표	절	고	칠	쓰	규	⁶⁾개	요	죽
과	장	⁸⁾객	사	코	마	개	작	감
체	장	관	차	서	중	⁹⁾명	조	⁴⁾왜
체	계	적	왜	구	사	예	작	곡
권	절	적	자	본	논	훼	명	하
간	결	하	다	박	작	손	료	다
공	동	체	배	글	감	반	방	지
³⁾구	체	적	알	원	숭	¹⁾저	작	권

06 계획에 성공하려면 그에 맞는 실제적이고 세밀한 계획이 필요하므로 '구체적'이 적절하다.
　오답 풀이　'관념적'은 '현실적이지 않고 추상적인 경향을 가지는. 또는 그런 것.'이라는 뜻이다.

10 글을 쓰게 된 동기나 목적 등의 문제 상황은 글의 첫머리인 '서론'에 쓰는 것이 더 적절하다.

14 '추상적'은 '일정한 형태와 성질을 갖추고 있지 않은. 또는 그런 것.' 또는 '구체적이지 않아 막연하고 일반적인. 또는 그런 것.'이라는 뜻이므로 '구체적'과 반의 관계이다.
　오답 풀이　①, ③, ④, ⑤ 유의 관계이다.

15 '공공연하게 다른 사람의 사회적 평가를 떨어뜨리는 사실 또는 허위 사실을 지적하는 일.'에 해당하는 '명예 훼손'이 적절하다.

16 경찰이 언론에 사건에 대한 주요 정보를 발표하고 자금이 나온 곳을 조사하고 있다는 의미이므로 '전체 내용 중에서 주요 내용을 뽑아 간략히 정리한 것.'이라는 뜻의 '개요'와 '사물이나 말 등이 생기거나 나온 근거.'라는 뜻의 '출처'가 적절하다.

01 해설 참조　　**02** 음운　　**03** 예사소리

04 원순 모음　　**05** 안울림소리　　**06** 조음

07 음운 변동　　**08** ㉡　　**09** ㉢

10 ㉠　　**11** ②　　**12** ㉡-㉮

13 ㉠-㉯　　**14** ④

01

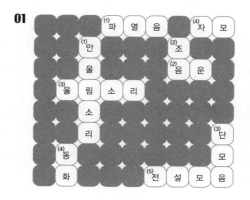

05 발음할 때 목청이 떨리지 않고 나는 소리를 '안울림소리', 목청이 떨려 울리는 소리를 '울림소리'라고 한다.
　오답 풀이　'거센소리'는 안울림소리 중 발음 기관의 근육을 긴장시켰다가 숨을 거세게 터뜨려 내는 소리이다.

06 '말소리를 내는 데 관여하는 발음 기관의 움직임을 통틀어 이르는 말.'이라는 뜻의 '조음'이 적절하다.
　오답 풀이　'조율'은 '악기의 소리를 기준이 되는 음에 맞게 조정함.' 또는 '여러 입장의 차이에서 생긴 문제를 해결하기 위하여 정도를 조절함을 비유적으로 이르는 말.'이다.

11 '장애'는 '가로막아서 어떤 일을 하는 데 거슬리거나 방해가 됨. 또는 그런 일이나 물건.'이라는 뜻이므로, '일을 해 나가는 데에 걸리거나 막히는 장애물을 비유적으로 이르는 말.'이라는 뜻의 '걸림돌'과 바꿔 쓸 수 있다.

14 '파열음'은 첫 번째 문장에서는 '깨어지거나 갈라져 터지면서 나는 소리.', 두 번째 문장에서는 '어떤 일이 순조롭게 진행되지 않음을 비유적으로 이르는 말.', 세 번째 문장에서는 '안울림소리 중 폐에서 나오는 공기의 흐름을 막았다가 터뜨리면서 내는 소리.'라는 뜻으로 쓰였다.

01 해설 참조	**02** 단일어	**03** 복합어
04 자립성	**05** 안은문장	**06** 이어진문장
07 겹문장	**08** ㉡-㉮	**09** ㉢-㉯
10 ㉠-㉰	**11** ④	**12** ③
13 ①		

01 해설 참조	**02** 시사	**03** 면대면
04 유통	**05** 보도	**06** 폭로
07 시청각	**08** 매체	**09** ㉠
10 ㉢	**11** ㉡	**12** (2) ○
13 (1) ○	**14** ①	**15** ②

01

(낱말 퍼즐 그림)

08 '빵이'는 주어, '맛있다'는 서술어로 모두 '주성분'이다.

09 '매우'는 '까맣다'를 꾸며 주는 '부속 성분'이다.

10 '희경아'는 사람을 부르는 말로, '독립 성분'이다.

11 첫 번째 문장에서는 대중문화가 돈벌이를 추구하는 방식에 끌려다니면 문화의 질이 낮아질 것이라는 의미로 '종속'이 쓰였고, 두 번째 문장에서는 앞뒤 문장이 서로 대등하지 않고 '의도'의 조건적인 의미 관계로 결합하였음을 의미하는 '종속'이 쓰였다.

12 '나열'은 첫 번째 문장에서는 '차례대로 죽 벌여 놓음.', 두 번째 문장에서는 '나란히 줄을 지음.'이라는 뜻으로 쓰였다.
오답 풀이 ① '검열'은 '어떤 행위나 사업 등을 살펴 조사하는 일.'을 뜻한다.
② '교열'은 '문서의 내용 중에 잘못된 것을 바로잡음.'을 뜻한다.

13 ㉠에는 기자가 전문가의 말을 자신의 글에 끌어 썼다는 뜻인 '인용'이 적절하다. ㉡에는 실제 사실과 신문에 실린 말을 맞대어 검토하는 자세가 필요하다는 뜻이므로 '대조'가 적절하다.

01

(낱말 퍼즐 그림)

03 비대면인 온라인과 반대되는 상황이므로 '얼굴과 얼굴을 마주 보고 대하는.'이라는 뜻의 '면대면'이 적절하다.

04 농산물은 쉽게 썩거나 상해 생산자에서 소비자에게 이르기까지 신선함을 유지하기 어렵다는 의미이므로 '유통'이 적절하다.

06 사생활을 드러내어 알리는 일에 강하게 대응하겠다는 뜻이므로 '폭로'가 적절하다.
오답 풀이 '공공성'은 '한 개인이나 단체가 아닌 일반 사회 구성원 전체에 두루 관련되는 성질.'이라는 뜻이다.

13 다양한 정보를 교환할 수 있는 뉴 미디어가 뿌리 내릴 것이라고 하였으므로 '쌍방향'의 뜻은 '양쪽을 서로 향하는.'이 적절하다.
오답 풀이 '가지고 있는 뜻이 서로 통하는 것.'은 '의사소통적'의 뜻이다.

14 '의견, 보고, 방송 등을 듣다.'라는 뜻의 '청취하다'는 미술관에서 그림을 보는 행위와 어울리지 않는다.

15 첫 번째 문장의 '기존의 것과 달리 새롭다'는 부분과 정보 교환의 상호 교환을 가능하게 한다는 특성으로 보아 '뉴 미디어'가 적절하다.

01 (1) 합성어 (2) 원순 모음 (3) 주성분

02 ④ **03** (2) ○ **04** (2) ○

05 ① **06** ④ **07** ②

08 ④ **09** ④ **10** ①

11 ②

어휘로 수능 연습하기 **12** ② **13** ⑤

14 ④ **15** ④

02 '주관적'은 '자신의 생각이나 관점을 기준으로 하는 것.'이라는 뜻이고 '객관적'은 '개인의 생각이나 감정에 치우치지 않고 사실이나 사물을 있는 그대로 보거나 생각하는 것.'이라는 뜻이므로, 서로 반의 관계이다. ④의 '자주적'과 '독립적'은 서로 유의 관계이다.

05 말의 뜻을 구별해 주는 가장 작은 소리의 단위는 '음운'이다. '음성'은 '사람의 목소리나 말소리.'를 뜻한다.

06 ④의 '유통'은 '공기 등이 막힘이 없어 흘러 통함.'이라는 뜻이다.

오답 풀이 ①, ②, ③, ⑤의 '유통'은 '상품이 생산자에게서 소비자에게 이르기까지 여러 단계에서 거래되는 활동.'을 뜻한다.

07 '구체적으로'는 '실제적이고 세밀한 부분까지 담고 있는.'이라는 뜻이므로 적절하지 않다. 제시된 문장에서 '소극적인 태도로'는 '태도가 소극적인.'의 뜻인 '미온적'과 바꿔 쓸 수 있다.

08 '표절'은 '시나 글, 노래 등을 지을 때에 남의 작품 일부를 몰래 따다 씀.'이라는 뜻이므로 빈칸에 들어가기에 적절하지 않다. 빈칸에는 차례대로 '글감', '매체', '개요', '체계적'이 적절하다.

09 〈보기〉에서는 찬성 측과 반대 측이 토론의 논제에 대해 자신의 주장과 근거를 밝히고 있으므로 '토론에서, 논제에 대한 자신의 주장과 근거를 제시하여 자신의 주장이 정당함을 입증하는 것.'이라는 뜻의 '입론'이 적절하다.

10 남을 깎아내리거나 해치는 말을 쓰지 않는다는 것이므로 첫 번째 문장에는 '비방'이 적절하다. 그리고 라디오 방송을 들은 것이므로 두 번째 문장에는 '청취'가 적절하다. 또한, '비대면 수업'으로 보아 '쌍방향 소통'이 가능하므로 세 번째 문장에는 '쌍방향'이 적절하다.

11 타인의 소설 구절을 끌어 쓴 것이므로 ㉠에는 '인용'이 적절하다. 그리고 지방 자치 단체와 주민들은 이익이나 손해를 보는지 여부로 대립하고 있으므로 ㉡에는 '이해관계'가 적절하다. 또한, 언론에 대한 불신이 커지는 것이므로 ㉢에는 '보도'가 적절하다.

어휘로 수능 연습하기

[12~13] 홍보관 운영 동아리 선정 방식을 결정하는 토론

▶ **어휘 체크**

☐ 논제: 논설이나 논문, 토론 등의 주제나 제목.

☐ 추첨: 제비를 뽑음.

☐ 타당하다: 일의 이치로 보아 옳다.

☐ 신뢰성: 굳게 믿고 의지할 수 있는 성질

☐ 부실: 내용이 실속이 없고 충분하지 못함.

◉ **글의 주제**

'홍보관을 운영할 동아리를 선정하는 방안은 추첨 방식으로 결정해야 한다.'는 논제에 대한 토론

◉ **어휘로 지문 이해하기**

지문은 토론의 '입론' 과정을 다루고 있다. 찬성 측은 심사 방식은 '타당'하지 않고 '신뢰성'이 낮다고 말하며 자신의 주장을 입증하고 있고, 반대 측은 '반대 신문'을 통해 찬성 측의 주장을 반박하고 있는 상황을 파악한다면 지문을 쉽게 이해할 수 있을 것이다.

12 '찬성 1'은 추첨 방식이 신뢰성이 높고, 동아리들에 기회가 균등하게 부여되며 동아리들이 불필요한 시간과 노력을 들이지 않을 수 있다는 기대 효과를 주장하고 있다.

오답 풀이 ① '찬성 1'은 용어의 개념을 정의하고 있지 않다.

③ 문제 해결의 시급성을 강조하는 것은 '찬성 1'이다.

④, ⑤ '반대 1'은 기존 방식이 아닌 '찬성 1'이 도입을 주장하는 방식의 문제점을 이야기하고 있다.

13 '반대 2'는 '준비가 덜 된 동아리가 선정된다면 동아리 홍보관 운영의 부실로 이어질 수 있지 않나요?'라며 질문을 통해 추첨 방식의 문제점을 이야기하고 있다. 이렇게 질문을 통해 상대측의 주장을 반박하는 것을 '반대 신문'이라고 한다.

어휘 로 수능 연습하기

[14~15] 가짜 뉴스의 파급력과 심각성

▶ **어휘 체크**
□ 파급력: 어떤 일의 여파나 영향이 차차 다른 데로 미치는 힘.
□ 유포: 세상에 널리 퍼짐. 또는 세상에 널리 퍼뜨림.
□ 허위: 진실이 아닌 것을 진실인 것처럼 꾸민 것.
□ 조작: 어떤 일을 사실인 듯이 꾸며 만듦.
□ 여론: 사회 대중의 공통된 의견.

● **글의 주제**
가짜 뉴스의 유통과 심각성

● **어휘로 지문 이해하기**
매체 영역에서는 '가짜 뉴스'와 같이 사회 현상과 관련된 신조어가 많이 등장한다. 특히 이러한 신조어와 관련된 쟁점을 다루는 문제도 출제되므로, '매체', '여론' 등 평소 자주 나오는 여러 매체와 관련한 어휘를 알아두는 것이 좋다.

---

14 윗글에서는 가짜 뉴스의 해결책을 다루지 않았다.
오답 풀이 ① 2문단에서 뉴스는 누구나 생산하고 유포할 수 있다고 하였다.
② 1문단에서 매체 환경의 변화로 가짜 뉴스의 파급력이 커졌다고 하였다.
③ 3문단에서 가짜 뉴스는 미국 일부 지역에서 잘못된 여론을 형성해 사회적 갈등을 유발했다고 하였다.
⑤ 가짜 뉴스가 사실을 왜곡하며 사회적 갈등을 유발한다면 독자는 가짜 뉴스를 판별할 수 있는 능력을 갖추기 위해 노력해야 함을 추론할 수 있다.

15 '야기하다'는 일이나 사건 등을 끌어 일으키다.'라는 뜻이므로 '일으키다(일으키고)'와 바꿔 쓸 수 있다.

쪽지 시험 정답

1주차
01 (1) ○	**02** (2) ○	**03** (2) ○
04 (1) ○	**05** (1) ○	**06** 흉년
07 청승맞은	**08** 풍류	**09** 증표
10 자조	**11** 육중한	**12** 예찬하는
13 더디게	**14** (3) ○	**15** (2) ○

2주차
01 (1) ○	**02** (2) ○	**03** (1) ○
04 ㉠	**05** ㉡	**06** 혈혈단신
07 각색	**08** 호부호형	**09** 군자
10 분별할	**11** 득의만만한	**12** 불미스러운
13 ㉢	**14** ㉠	**15** ㉡

3주차
01 (1) ○	**02** (1) ○	**03** (2) ○
04 ㉠	**05** ㉡	**06** 겸허하게
07 함양하는	**08** 산업화	**09** 시기상조
10 향유할	**11** 고결한	**12** 보장하기
13 ㉠	**14** ㉢	**15** ㉡

4주차
01 (2)	**02** (2) ○	**03** (2) ○
04 ○	**05** ○	**06** ×
07 접목	**08** 국한하지	**09** 클라우드
10 (1) ○	**11** (2) ○	**12** 내구성
13 열대야	**14** ㉠	**15** ㉡

5주차
01 (2) ○	**02** (2) ○	**03** (2) ○
04 ㉡	**05** ㉠	**06** 주성분
07 명료하게	**08** 동화	**09** 나열
10 파열음	**11** 청취하는	**12** 비방하지
13 타협할	**14** ○	**15** ×

www.mirae-n.com

학습하다가 이해되지 않는 부분이나 정오표 등의 궁금한 사항이 있나요?
미래엔 홈페이지에서 해결해 드립니다.

교재 내용 문의
나의 교재 문의 | 수학 과외쌤 | 자주하는 질문 | 기타 문의

교재 정답 및 정오표
정답과 해설 | 정오표

교재 학습 자료
개념 강의 | 문제 자료 | MP3 | 실험 영상

Contact Mirae-N
www.mirae-n.com
(우)06532 서울시 서초구 신반포로 321
1800-8890

수학 EASY 개념서

개념이 수학의 전부다! 술술 읽으며 개념 잡는 EASY 개념서

수학 0_초등 핵심 개념
1_1(상), 2_1(하),
3_2(상), 4_2(하),
5_3(상), 6_3(하)

수학 필수 유형서

 유형완성

체계적인 유형별 학습으로 실전에서 더욱 강력하게!

수학 1(상), 1(하), 2(상), 2(하), 3(상), 3(하)

미래엔 교과서 연계 도서

자습서

 자습서

핵심 정리와 적중 문제로 완벽한 자율학습!

국어 1-1, 1-2, 2-1, 2-2, 3-1, 3-2
영어 1, 2, 3
수학 1, 2, 3
사회 ①, ②

역사 ①, ②
도덕 ①, ②
과학 1, 2, 3
기술·가정 ①, ②
제2외국어 생활 일본어, 생활 중국어, 한문

평가 문제집

 평가 문제집

정확한 학습 포인트와 족집게 예상 문제로 완벽한 시험 대비!

국어 1-1, 1-2, 2-1, 2-2, 3-1, 3-2
영어 1-1, 1-2, 2-1, 2-2, 3-1, 3-2
사회 ①, ②
역사 ①, ②
도덕 ①, ②
과학 1, 2, 3

내신 대비 문제집

 시험직보 문제집

내신 만점을 위한 시험 직전에 보는 문제집

국어 1-1, 1-2, 2-1, 2-2, 3-1, 3-2
영어 1-1, 1-2, 2-1, 2-2, 3-1, 3-2

* 미래엔 교과서 관련 도서입니다.

예비 고1을 위한 고등 도서

룩

이미지 연상으로 필수 개념을 쉽게 익히는 비주얼 개념서

국어 문학, 독서, 문법
영어 비교문법, 분석독해
수학 고등 수학(상), 고등 수학(하)
사회 통합사회, 한국사
과학 통합과학

올리드

탄탄한 개념 설명, 자신있는 실전 문제

수학 고등 수학(상), 고등 수학(하), 수학Ⅰ, 수학Ⅱ, 확률과 통계, 미적분
사회 통합사회, 한국사
과학 통합과학

수학중심

개념과 유형을 한 번에 잡는 개념 기본서

수학 고등 수학(상), 고등 수학(하), 수학Ⅰ, 수학Ⅱ, 확률과 통계, 미적분, 기하

유형중심

체계적인 유형별 학습으로 실전에서 더욱 강력한 문제 기본서

수학 고등 수학(상), 고등 수학(하), 수학Ⅰ, 수학Ⅱ, 확률과 통계, 미적분

BITE

GRAMMAR 문법의 기본 개념과 문장 구성 원리를 학습하는 고등 문법 기본서

핵심문법편, 필수구문편

READING 정확하고 빠른 문장 해석 능력과 읽는 즐거움을 키워 주는 고등 독해 기본서

도약편, 발전편

word 동사로 어휘 실력을 다지고 적중 빈출 어휘로 수능을 저격하는 고등 어휘력 향상 프로젝트

핵심동사 830, 수능적중 2000

손쉬운

작품 이해에서 문제 해결까지 손쉬운 비법을 담은 문학 입문서

현대 문학, 고전 문학

수학 개념을 쉽게 이해하는 방법?
개념수다로 시작하자!

수학의 진짜 실력자가 되는 비결 -
나에게 딱 맞는 개념서를 술술 읽으며 시작하자!

개념
이해
친구와 수다 떨듯 쉽고 재미있게,
베테랑 선생님의 동영상 강의로 완벽하게

개념
확인·정리
깔끔하게 구조화된 문제로 개념을 확인하고,
개념 전체의 흐름을 한 번에 정리

개념
끝장
온라인을 통해 개개인별 성취도 분석과
틀린 문항에 대한 맞춤 클리닉 제공

| 추천 대상 |

• 중등 수학 과정을 예습하고 싶은 초등 5~6학년
• 중등 수학을 어려워하는 중학생

수학은 순서를 따라 학습해야 효과적이므로,
초등 수학부터 꼼꼼하게 공부해 보자.

개념이 수학의 전부다
수학 개념을 제대로 공부하는 EASY 개념서

개념수다 시리즈 (전7책)

0_초등 핵심 개념
1_중등 수학 1(상), 2_중등 수학 1(하)
3_중등 수학 2(상), 4_중등 수학 2(하)
5_중등 수학 3(상), 6_중등 수학 3(하)

초등 핵심 개념
한 권으로 빠르게 정리!